C-V2X 车联网与车路协同关键技术

蒋建春　林　峰　著

科 学 出 版 社
北 京

内 容 简 介

本书主要针对 C-V2X 车联网与车路协同系统的发展趋势及应用需求，以 C-V2X 通信、车联网应用层标准为基础，以 C-V2X 车联网与车路协同应用为目标，分析车联网系统组成及设备功能、车辆 V2X 通信消息预处理、车路协同路侧感知关键技术等内容，并以 C-V2X 典型应用——车路协同防撞预警模型设计为实例，讲述如何进行基于 C-V2X 通信的车路协同应用开发。本书系统介绍了 C-V2X 系统组成、通信技术、系统各个模块的功能，车路协同关键技术设计及其典型应用研发，方便广大读者系统地理解和掌握 C-V2X 车联网与车路协同系统基本结构及关键技术，并开展相关技术研究及应用研发。

本书可作为 C-V2X 车联网初学者的参考用书，也可为车路协同应用开发者提供关键技术设计思路。

图书在版编目(CIP)数据

C-V2X 车联网与车路协同关键技术 / 蒋建春，林峰著. —北京：科学出版社，2024.8

ISBN 978-7-03-078585-5

Ⅰ. ①C… Ⅱ. ①蒋…②林… Ⅲ. ①汽车-物联网②交通运输管理-智能系统 Ⅳ. ①U469-39②U495

中国国家版本馆 CIP 数据核字（2024）第 105160 号

责任编辑：戴 薇 王国策 吴超莉 / 责任校对：赵丽杰
责任印制：吕春珉 / 封面设计：东方人华平面设计部

科学出版社 出版
北京东黄城根北街 16 号
邮政编码：100717
http://www.sciencep.com
北京中科印刷有限公司印刷
科学出版社发行 各地新华书店经销
*
2024 年 8 月第 一 版 开本：B5（720×1000）
2024 年 8 月第一次印刷 印张：14 1/4
字数：285 000

定价：145.00 元

（如有印装质量问题，我社负责调换）
销售部电话 010-62136230 编辑部电话 010-62135319-2030

前　言

PREFACE

随着通信技术、人工智能的不断发展，人们正在进入一个网络化与智能化的时代，汽车与交通领域也迎来了一系列令人兴奋的创新和变革。汽车不断走入千家万户，在给人们带来便捷的同时，也给社会带来了新的挑战。驾乘安全、交通效率、出行便捷化是车辆与交通亟待解决的问题。汽车电动化、智能化、网联化、共享化是其发展的主要趋势，基于车路协同的智能网联汽车与智能交通是我国倡导的技术方向。同时，车路协同系统是未来智慧城市建设的重要内容之一。

蜂窝车联网（cellular-vehicle to everything，C-V2X）“高可靠、低时延”的特点，可满足汽车智能驾驶、智能交通产业的需求。C-V2X 车联网技术是一种基于通信技术的创新，它将车辆、道路基础设施和移动设备连接在一起，实现了车辆之间、车辆与道路基础设施之间以及车辆与移动设备之间的即时通信和数据传输。通过 C-V2X 通信，车辆可以实现实时信息的交换，解决人、车、路、信息平台之间的信息孤岛问题，提高行车安全性，减少交通事故的发生，并为驾驶员提供更加智能化的驾驶体验。C-V2X 低时延车联网在智能汽车和智能交通领域的研究结果，推动了信息化与工业化融合，引领了汽车产业商业模式创新，使交通工具演变成智能平台，将大大提升交通安全和交通效率。

车路协同是 C-V2X 通信的重要应用之一，它通过对车辆与道路基础设施进行连接，实现了车辆与交通信号灯、路况监测设备等之间的信息交换和协同操作。通过车路协同技术，交通管理部门可以更加精确地掌握交通状况，及时调整信号灯的配时，提高交通效率和道路通行能力。车路协同系统是自动化、通信、计算机、人工智能等多个学科的交叉融合。基于 C-V2X 通信的车路协同关键技术的相关研究，可以形成车路协同技术体系，促进智能网联汽车与智慧城市协同发展，可以为相关行业可持续发展提供技术支撑。

国家各部委及地方政府从政策、法规、项目等方面对 C-V2X 车联网与车路协同关键技术研究及应用提供支持，各部委、产业联盟、企事业单位等积极加强相关标准及规范的制定，为 C-V2X 车联网与车路协同系统的应用推广添砖加瓦。汽车、通信、计算机、智能交通、自动控制等相关行业密切配合，解决系统关键技术问题，突破系统应用的瓶颈，使得车路协同系统的研究与应用推广在我国各地如火如荼地开展，相关工作已经打通了车路协同系统中的理论、技术、标准、芯片、模组、设备、系统等各个环节，逐渐形成完整的生态，相关技术与产品逐步走向市场，已经达到了大规模应用的基本条件。

本书旨在介绍 C-V2X 车联网与车路协同系统的基本原理、关键技术和应用场景。本书从 V2X 车联网技术的发展历程、C-V2X 通信技术、车联网应用层标准、V2X 车联网系统组成及其功能、C-V2X 车联网与车路协同关键技术及其应用等方面，系统分析和介绍其系统结构、标准、设备研发、关键技术设计与应用开发等内容。通过本书，读者可以系统地学习和了解 C-V2X 车联网与车路协同系统架构、关键技术及其应用的相关内容，了解该领域的最新进展和发展趋势，深入理解这些技术对交通行业的影响和推动作用。

最后，感谢所有为本书的出版提供支持和帮助的人员。希望本书能够为读者提供有价值的信息和知识，帮助读者更好地理解和应用 C-V2X 车联网与车路协同，推动交通行业的创新和发展。

目 录

CONTENTS

第1章　绪　　论

车路协同系统是包含智能网联汽车（intelligent and connected vehicle，ICV）与智能交通的综合系统，即由车辆、通信网络、路侧基础设施、云服务平台等组成的通信、感知、计算、决策控制系统。车路协同系统离不开智能网联汽车、车载单元与其他设备通信（vehicle-to-everything，V2X）车联网、路侧基础设施、云服务平台的支撑。本章将对车路协同系统中的V2X车联网与车路协同系统的基本概念、研究现状和发展趋势进行分析，让读者对车路协同系统有一个整体认识。

1.1　V2X车联网概述

1.1.1　V2X车联网简介

1. V2X车联网基本概念

如图1.1所示，车辆的发展经历了机械时代、电子时代、软件时代，现在正处于智能网联时代。每个时代的特征与相关行业的发展相关联。随着微电子、计算机、通信、人工智能与大数据等技术的不断发展及应用，车辆的智能化、网联

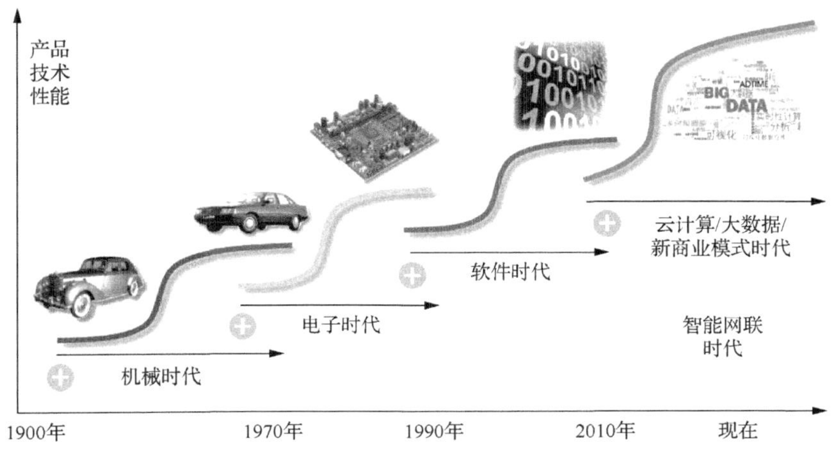

图1.1　车辆发展历程

化成为其发展的主要趋势。智能网联汽车也是产业变革、两化融合、智慧城市及国家竞争力的重要体现。

车联网（internet of vehicle）的概念源于物联网，是物联网的一个重要应用，是以行驶中的车辆为信息感知对象，借助新一代信息通信技术，按照约定的通信协议和数据交互标准，实现车与 X（即车与车、人、路、云、图）之间的网络连接，进行无线通信和信息交换，实现一个车联网中各个对象协同的综合系统。车联网通过车与车、车与路、车与云等互相联结，收集、处理并共享大量信息，为智能交通、智慧城市服务，提高人们行车安全与出行效率，提高城市的智能化程度，实现节能减排。

传统的车联网是指通过装载在车辆上的无线通信设备，实现在信息网络平台上对所有车辆的属性信息和静态、动态信息的提取及有效利用，主要以 Telematics［telecommunications（电信）与 informatics（信息）的合成词］为代表，并根据不同的功能需求对所有车辆的运行状态进行有效监管并提供综合服务。随着通信技术与应用的不断发展和融合，对车联网的理解也在不断深入。如今的车联网是指利用车载电子传感装置，通过移动通信技术、汽车导航系统、智能终端设备与信息网络平台，实现信息互联互通，从而对车、人、道路、环境等资源进行有效智能监控、调度、管理的网络系统，即 V2X 车联网。典型的 Telematics 车联网与 V2X 车联网的组成对比如图 1.2 所示。

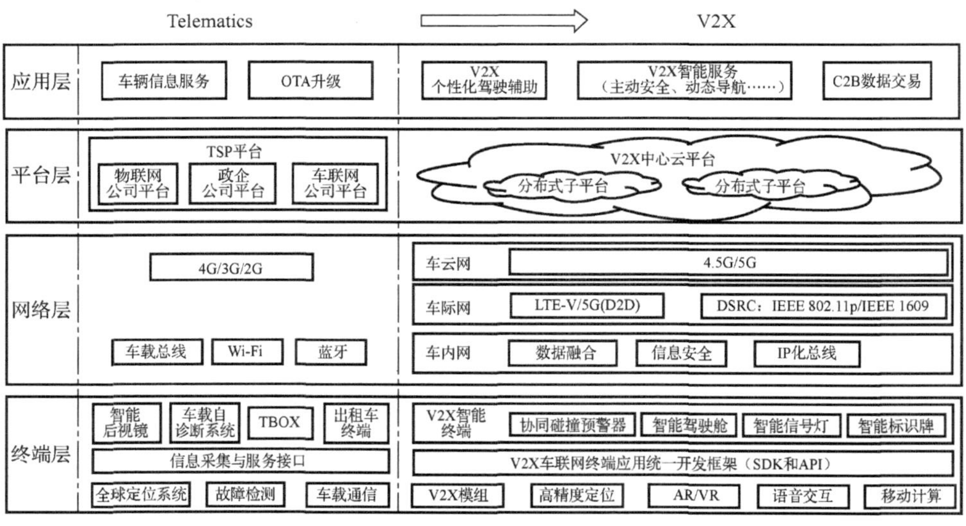

图 1.2　典型的 Telematics 车联网与 V2X 车联网的组成对比

OTA：over-the-air technology，空中下载技术；TSP：telematics service provider，汽车远程服务提供商；C2B：customer to business，消费者到企业；TBOX：telematics box，车载 T-BOX；DSRC：dedicated short range communications，专用短程通信；SDK：software development kit，软件开发工具包；API：application programming interface，应用程序接口；AR：augmented reality，增强现实；VR：virtual reality，虚拟现实；D2D：device to device，设备到设备。

V2X 车联网技术是车与车、车与路、车与人、车与服务平台等车与外界环境进行数据通信、信息交互的通信技术，属于车际网。V2X 车联网技术是智能网联汽车、智能交通、智慧城市、无人驾驶等的技术保障和发展突破口，主要包括车–车（vehicle-to-vehicle，V2V）、车–基础设施（vehicle-to-infrastructure，V2I）、车–行人（vehicle-to-pedestrian，V2P）、车–互联网（vehicle-to-network，V2N），如图 1.3 所示。V2V 是指通过车载终端进行车辆间的通信，车载终端可以实时获取周围车辆的车速、位置、行车情况等信息，车辆间可以构成一个互动的平台，实时交换文字、图片和视频等信息。V2V 通信主要应用于车辆防碰撞预警、车–车协同等场景。V2I 是指车载设备与路侧基础设施（如红绿灯、交通摄像头、路侧单元等）进行通信，路侧基础设施可以获取附近区域车辆、道路、行人、天气等信息并实时发布。V2I 通信主要应用于实时信息服务、车辆监控管理、不停车收费、绿波通行控制等场景。V2P 是指弱势交通群体（包括行人、骑行者等）使用用户设备（如手机、笔记本式计算机等）与车载设备进行通信。V2P 通信主要应用于车–行人防碰撞预警、车–行人协同等场景。V2N 是指车载设备通过接入网/核心网与云平台连接通信，云平台通过 V2N 与车辆之间进行数据交互，并对获取的数据进行存储和处理，提供车辆所需要的各类应用服务。V2N 通信主要应用于车辆导航、交通事件信息发布、车辆远程监控、紧急救援、信息娱乐服务等场景。

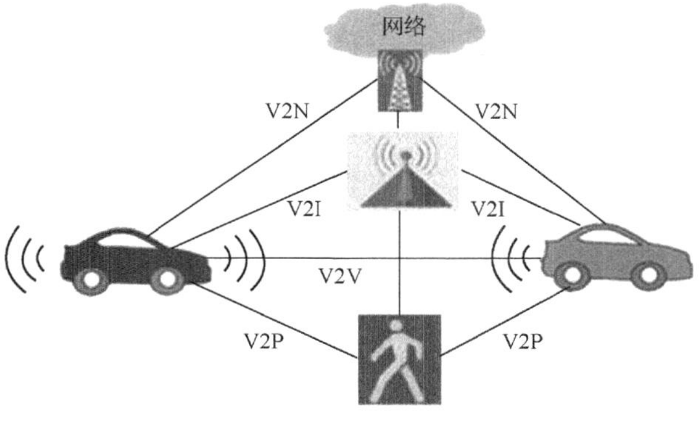

图 1.3 车联网技术

2. V2X 车联网的主要作用

智能化与网联化是未来汽车发展方向之一。2023 年末全国民用汽车保有量 33618 万辆（包括三轮汽车和低速货车 706 万辆），其中私人汽车保有量 29427 万辆，民用轿车保有量 18668 万辆[1]。随着汽车保有量的不断增加，以及移动高速网络和物联网的发展，车载智能终端作为智能网联汽车的核心部件之一，可以使传统汽车实现车联网功能，实现车辆的远程管理，促进智能网联汽车的发展，未来可实现“智慧交通”，提高出行效率，减少交通事故。V2X 车辆网的主要作用如下。

（1）提升交通安全。通过 V2X 车载终端设备、移动终端及智能路侧设备的多源感知融合，对道路环境实时状况进行感知、分析和决策，在可能发生危险或碰撞的情况下，智能网联汽车会进行提前告警，并可以结合先进驾驶辅助系统（advanced driving assistance system，ADAS）实现自动避障或刹车，提高安全性。

（2）提高交通运行效率。通过 V2X 增强交通感知能力，实现交通系统网联化、智能化，构建智慧交通体系，通过动态调配路网资源，实现拥堵提醒、优化路线诱导，为城市大运量公共运输工具及特殊车辆提供优先通行权限，提高城市交通运行效率。

（3）为智慧城市提供服务。车城协同是未来智慧城市建设的重要内容之一，通过 V2X 可将车辆与智慧城市的其他系统连接起来，打造城市综合监管平台与智慧出行平台，全面提升政府监管、服务运营、人民出行水平。

（4）支持实现自动驾驶。通过信息协同共享、分析和决策，为智能网联汽车提供碰撞预警等服务，为自动驾驶提供辅助决策能力，提升自动驾驶的安全性；降低车辆适应各种特殊道路条件的成本，加快自动驾驶落地。

V2X 车联网可以把汽车变成驾驶员的一种工具，扩展感知范围，它可以在驾驶员察觉之前注意到突然跑上公路的动物，或者用 V2X 通信检测驾驶员难以察觉的拐角处的停车标志或者其他车辆并提醒驾驶员，还可以在有遮挡或者能见度不好的情况下对车辆周围的交通对象和交通信号了如指掌，安全高效地通过交通路口。

随着车联网技术向着智能化、网联化方向演进，通信技术也聚焦于智能网联汽车、自动驾驶等不同阶段的应用中。V2X 车联网是汽车、电子、信息通信、交通运输和交通管理等行业深度融合的新兴产业形态，是培育新的经济增长点、加快新旧动能接续转换的重要载体。V2X 通信技术作为智能网联汽车中的信息交互关键技术，主要用于实现车间信息共享与协同控制的通信保障。V2X 从时间、空间维度方面扩大了车辆对交通与环境的感知范围，可见 V2X 能实现车辆与外界之间的信息共享，提前获知周边车辆的操作信息、交通控制信息、拥堵预测信息、视觉盲区等周边环境信息，能在避免交通事故、提升道路安全、缓解拥堵、提高交通效率、降低能耗、降低环境污染等方面取得显著效果。

当前智能汽车技术高速推进，辅助驾驶、自动驾驶技术也得到了快速发展且日益成熟，车辆防撞预警功能日渐完善。在车辆防撞预警领域，主要以自动驾驶为主要实现方案。目前，自动驾驶技术主要处在有条件的自动化和部分自动化阶段，主要采用以机器视觉、雷达为核心的车辆检测、识别、预警方案。该方案可以较为准确地识别出视距范围内的车辆，同时可以对识别车辆的距离、位置、速度进行检测。随着 V2X 车联网及智能网联汽车的发展，V2X 技术在车辆防撞预警领域的优势日渐明显，相较摄像头、雷达的视距范围内的车辆探测能力，V2X 技术可以实现非视线（not line of sight，NLOS）范围内的车辆探测、扫描。

因此，通过将“人-车-路-云”交通参与要素有机地联系在一起，不仅可以支撑车辆获得比单车感知更多的信息，如解决非视距感知或非理想条件感知等问题，与传统车载激光雷达、毫米波雷达、摄像头、超声波等车载感知设备优势互补，为自动驾驶汽车提供雷达无法实现的超视距和复杂环境感知能力，促进自动驾驶技术的成熟和应用；还有利于构建智慧交通体系，如解决车辆优先级管理、交通优化控制等问题，促进汽车和交通服务的新模式、新业态发展。

3. V2X 车联网主要通信技术

目前，V2X 车联网通信技术标准主要有美国提出的专用短程通信（DSRC）和我国提出的蜂窝车联网（C-V2X）两类。作为一种专用短程通信标准，DSRC 是基于 IEEE 802.11p 技术制定的，目前国际上已经形成欧洲 CEN/TC278、美国 ASTM/IEEE、日本 ISO/TC204 等 DSRC 标准化体系。DSRC 车联网系统最初在美国、日本等进行了部署。1999 年，美国率先将 DSRC 技术应用到智能交通领域，如车辆的碰撞预警、先进的车辆控制、交通调度，以及交通管理信息和电子不停车收费等场景中。

C-V2X 是基于第 3 代合作伙伴计划（the 3rd generation partnership project，3GPP）标准提出的，它是基于 4G/5G 等长期演进（long term evolution，LTE）移动通信技术演进形成的车用无线通信技术，包含了两种通信接口：一种是车-人-路之间的短距离直接通信接口（PC5），另一种是终端-基站之间的通信接口（Uu 接口），可实现长距离和更大范围的可靠通信。目前，C-V2X 是基于 3GPP 全球统一标准的通信技术，包含 LTE-V2X 和 5G-V2X，从技术演进角度讲，LTE-V2X 支持向 5G-V2X 平滑演进。

表 1.1 对 DSRC 与 C-V2X 两种通信技术标准做了对比。

表 1.1 DSRC 与 C-V2X 两种通信技术标准对比

对比项	DSRC	C-V2X
通信标准	802.11p	蜂窝通信（LTE、5G）
制定组织	IEEE	3GPP
相关支持方	通用、丰田等车企，NXP（恩智浦）、Cohda Wireless（寇达无线）等芯片厂家支持	福特、通用、一汽、长安等车企，华为、中兴、大唐、高通、Wireless 等通信企业
主要优势	技术标准制定早、测试应用早	通信距离覆盖范围更广、可靠性更高、时延更低、部分功能可复用 4G/5G 网络
应用国家/地区	美国、日本、欧洲等国家/地区	中国、美国、日本、欧洲等国家/地区

在车辆网联化方面，随着 C-V2X 车联网通信技术的快速发展，车辆网联化程度逐步加深。同时，C-V2X 车联网通信技术及 5G 通信的发展进一步解决了车联网的组网、传输问题，网络时延进一步降低，车辆高速运行时的网络连接更加稳定，这些都进一步促进了车辆网联化发展，实现了“人-车-路-云”多平台的互联互通。

4. V2X 车联网与智能网联汽车的关系

1）智能汽车

智能汽车是一个集环境感知、规划决策、多等级辅助驾驶等功能于一体的综合系统，它集中运用了计算机、现代传感、信息融合、通信、人工智能及自动控制等技术，是典型的高新技术综合体。目前，人类对智能汽车的研究主要致力于提高汽车的安全性、舒适性，以及提供优良的人车交互界面。

2）智能网联汽车

V2X 车联网与智能汽车的有机联合，是搭载先进的车载传感器、控制器、执行器等装置，并融合现代通信与网络技术，实现车与人、车、路、后台等智能信息交换共享，实现安全、舒适、节能、高效行驶，并最终替代人来操作的新一代汽车。图 1.4 所示为智能网联汽车与自动驾驶汽车的关系，V2X 车联网和智能汽车技术结合后就是智能网联汽车，其最终目标是实现无人驾驶。

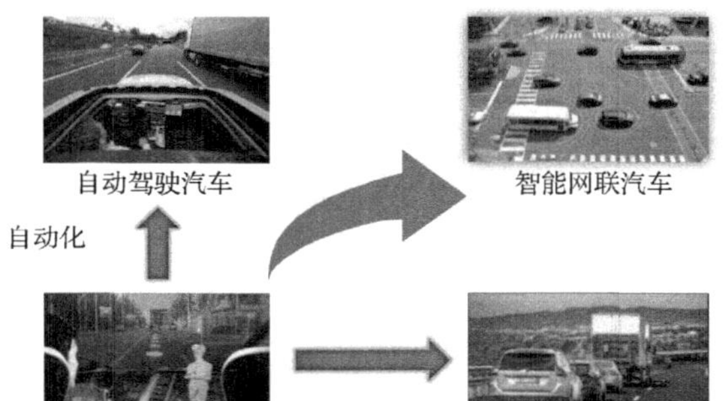

图 1.4 智能网联汽车与自动驾驶汽车的关系

3）ADAS

先进驾驶辅助系统（ADAS）会利用安装在车上的各式各样的传感器（毫米波雷达、激光雷达、单/双目摄像头及卫星导航），在汽车行驶过程中随时感应周围的环境，收集数据，进行静态及动态物体的辨识、侦测与追踪，并结合导航地图数据，进行系统的运算与分析，从而预先让驾驶员察觉到可能发生的危险，有效增加汽车驾驶的舒适性和安全性。

ADAS 的实用功能非常多，根据《道路车辆 先进驾驶辅助系统（ADAS）术语及定义》[2]（GB/T 39263—2020）的分类，ADAS 的功能分为信息辅助类与控制辅助类，其中信息辅助类包括前向碰撞预警（forward collision warning，FCW）、后向碰撞预警（rear collision warning，ROW）、车道偏离预警（lane departure warning，LDW）、变道碰撞预警（lane changing warning，LCW）、盲区监测（blind spot detection，BSD）、后方交通穿行提示（rear crossing traffic alert，RCTA）、前方交通穿行提示（front crossing traffic alert，FCTA）、车门开启预警（door open warning，DOW）等；控制辅助类包括紧急制动辅助（emergency braking assist，EBA）、智能泊车辅助（intelligent parking assist，IPA）、交通拥堵辅助（traffic jam assist，TJA）等。ADAS 主要功能模块如图 1.5 所示。

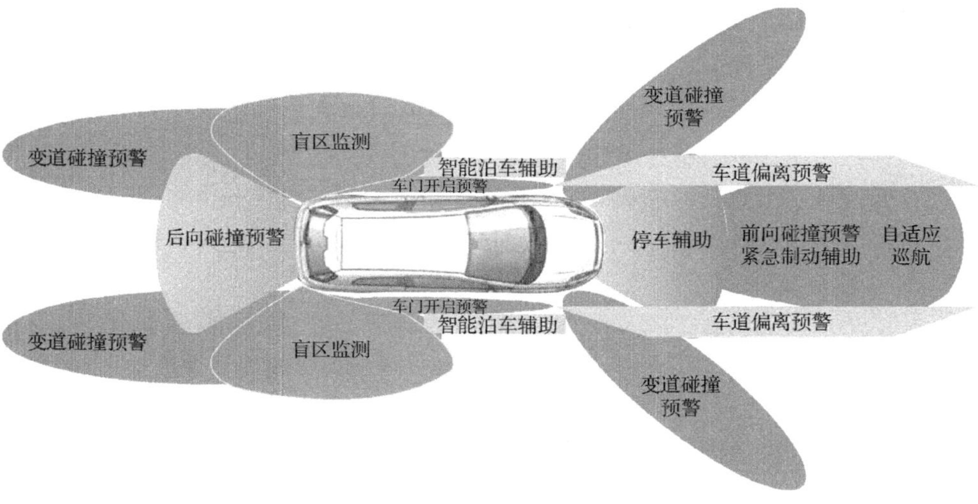

图 1.5 ADAS 主要功能模块

中华人民共和国工业和信息化部（简称工业和信息化部）、中华人民共和国国家发展和改革委员会（简称国家发展改革委）、中华人民共和国科学技术部（简称科技部）联合印发《汽车产业中长期发展规划》[3]，指导汽车产业的发展，将智能网联汽车作为我国汽车产业发展的抓手，明确智能网联汽车发展的方向，制定智能网联汽车发展计划。该规划中将车联网、C-V2X、5G 通信作为智能网联汽车发展的重要突破口，深度融合互联网、物联网等技术，逐步推进智能网联汽车的发展、应用和部署，重视中国智能网联汽车产业创新联盟在智能网联汽车发展中的指导和协调作用，为智能网联汽车的技术研发、标准制定、测试规范等进行统一协调、部署[4]。

工业和信息化部、国家标准化管理委员会联合修订了《国家车联网产业标准体系建设指南（智能网联汽车）（2023 版）》，其中确定了智能网联汽车标准体系，同时组建了全国汽车标准化技术委员会智能网联汽车技术委员会，用以指导智能网联汽车标准的制定。另外，中国汽车工程学会制定了我国车联网应用层和应用数据交互标准《合作式智能运输系统 车用通信系统应用层及应用数据交互标准（第一阶段）》（T/CSAE 53—2020）[4]，以指导 C-V2X 车联网应用系统的统一和兼容[5]。

在车载设备、路侧设备建设方面，已经确定了我国智能网联汽车 V2X 通信频率、V2X 通信数据交互格式与协议、车载设备与应用的统一接口。同时，我国提出了针对车联网与智能网联汽车通信的 C-V2X 通信标准，加速推进车联网与智能网联汽车向 5G 技术的演进。

1.1.2 国外 V2X 车联网产业和技术发展趋势

V2X 技术产业链由上、中、下游组成，上游为芯片、传感器等厂商；中游以主机厂、通信设备厂商为主；下游为通信服务等厂商。美国、日本和欧洲等国家/地区在 DSRC 车联网方面形成了较完善的产业链，并在产业链中上游形成强强联合。美国在中游拥有通用、福特等主机厂；欧洲依托博世、大陆、奥托立夫等配件商以及宝马、大众、沃尔沃等主机厂，在中上游也拥有较强优势；日本同样在中上游拥有丰田、本田、马自达等主机厂。多方聚焦中游，在应用技术区域形成三足鼎立的局面。

经过一系列的发展，V2X 应用技术广泛应用在信息播报、驾驶安全、提高交通效率等方面。2016 年 3 月，戴姆勒股份公司（现更名为梅赛德斯-奔驰集团股份公司）发布了高速公路自动驾驶连接（highway pilot connect）系统演示视频。资料中显示，在配备高速公路自动驾驶连接系统后，驾驶员可以将卡车的控制权交给卡车的内嵌系统，从而解放其双手。配备高速公路自动驾驶连接系统的卡车可以组成自动驾驶队列，进行编队行驶，车辆之间通过 V2X 通信与车辆传感器保持车辆间安全距离，从而确保队列行驶的安全性。同时，高速公路自动驾驶连接系统通过 V2X 通信实现对高速路况的应急处理，如前方临时占道时，汽车电控单元上会要求手动改变车道并发出高频的提示音，驾驶员可根据提示进行变道，若驾驶员未做出规避动作，则系统会自动制动并开启双闪。通用汽车公司在 2017 年推出支持 V2V 通信的凯迪拉克 CTS轿车。

然而，由于大多数主机厂对应用技术的核心——控制技术依然采取保守态度，通过控制车辆执行机构的权限形成技术壁垒，因此大多数应用开发商在无法获取车辆控制机构的执行权的情况下，仅能通过声音及图像预警的方式实现功能的雏形，无法形成闭环控制系统。这对应用技术在车辆上的推广形成了不利的局面。

目前，美国有将近 50 个 DSRC 车联网示范项目，各个示范项目的道路长度从几英里到几百英里不等（如美国怀俄明州的 I-80 走廊），车联网示范项目主要选取一些 V2V、V2I、V2P 用例进行示范应用。另外，虽然示范项目较多但 V2X［车载单元（on board unit，OBU）+路侧单元（road side unit，RSU）］的实际部署数量还比较少，主要是因为其在商业模式上还需要探索。一些主要的示范项目如下。

美国密歇根州安娜堡市的车联网测试场：该测试场由密歇根大学交通研究所（university of Michigan transportation research institute，UMTRI）和美国交通运输部共同建立，在安娜堡市部署了 3150 个 OBU 和 70 个 RSU，并将测试产生的关键数据提供给美国交通运输部用于分析和后续立法。

美国俄亥俄州哥伦布市的智慧城市项目：哥伦布市作为智慧城市挑战赛的获胜者，将对城市的基础设施进行全方位的升级与改造。目前，其在车联网方面仍在与美国交通运输部合作制定车联网方面的行动计划，并在 2019 年部署了 3000 个 OBU 和 175 个 RSU。

1.1.3 我国 V2X 车联网通信技术发展状况

在产业方面，我国 V2X 车联网发展相对较晚，但发展迅速，在产业中下游聚集了大量的技术研发力量，而在上游的芯片行业依然较为薄弱，核心技术依然掌握在欧美厂商手中。

在 C-V2X 通信技术的研发方面，2016 年，中国信息通信研究院、大唐电信、华为汽车、上汽集团、长安汽车、重庆邮电大学、清华大学、中国移动等 8 家单位联合参与制定了我国的 LTE-V2X 标准及样机的研制工作。2018 年，我国开展了 5G 重大专项的项目实施工作，包括 5G 产品研发规模应用和 5G 芯片及通信模块相关的专项。在 5G 重大专项中，长安汽车作为整车企业参与了上海辰芯公司牵头的 LTE-V2X 通信模组及应用专项，负责 LTE-V2X 通信模组的应用测试工作；重庆邮电大学参与了中国电信牵头的 5G 产品研发规模应用专项，负责 C-V2X 关键技术研发及应用相关的工作。

LTE-V2X 标准分两个阶段完成。第一阶段优先完成基于终端直通（device to device，D2D）模式的 V2V 标准化，作为 3GPP R14 技术规范的一部分，第一阶段的标准于 2016 年 9 月已经完成；第二阶段完成 LTE-V2X 完整标准，包括基于蜂窝网的 V2V、V2I、V2P 通信等，2017 年完成了应用标准的制定与发布。国内外通信企业，如华为、中信科智联、高通等在 2018 年开始陆续推出了 LTE-V2X 的芯片和模组。

在应用示范测试方面，自 2016 年上海汽车城的国家智能网联汽车示范区建立以后，各地的示范区、智能化试验场如同雨后春笋般出现。北京、重庆 i-VISTA、武汉光庭、吉林启明信息等地的示范区建立，标志着中国的 C-V2X 智能网联产业迈入技术测试、验证及示范的新阶段。2018 年 2 月 9 日，“国家智能汽车与智慧交通（京冀）示范区海淀基地”作为北京市首个自动驾驶车辆封闭测试场，在工业和信息化部、北京市经济和信息化局、北京市交通委员会、北京市公安交通管理局、北京市科学技术委员会、北京市海淀区人民政府、北京智能车联产业创新中心、北京市海淀区汽车驾驶学校相关领导的见证下正式启用。百度、北汽新能源、北汽福田、恒润经纬、禾多科技等企业的自动驾驶车辆在海淀基地内的研发测试正式启动。2018 年 8 月 18 日，首届 i-VISTA 自动驾驶汽车挑战赛在重庆召开，结合 C-V2X 技术，测试验证智能网联汽车车路协同及智能驾驶相关的功能。随着车联网与智能驾驶应用示范的推进，C-V2X 车联网技术不断成熟，相关规范也在不断制定和完善中。

由于 LTE-V2X 技术可以平滑演进到 5G-V2X 及该通信技术优势，美国与欧洲各国逐渐注意到 C-V2X 车联网技术的重要性，加大了在 C-V2X 车联网方面的投入和研究。随着 LTE、5G 等通信技术的不断发展，许多依赖低时延、高可靠性的新应用有了发展空间，使得基于 C-V2X 通信的高等级智能辅助驾驶及自动驾驶成为可能。借助 C-V2X 无线通信技术，可突破单车智能在非视距感知、车辆信息共享等技术方面的瓶颈，助力实现汽车自动驾驶功能的应用，包括前向碰撞预警等主动安全类预警应用、高速编队行驶等部分自动驾驶应用以及面向未来的完全自动驾驶应用。

随着 C-V2X 及 5G 技术的发展，更大数据吞吐量、更低时延、更高安全性和更海量连接等特性，极大地促进了智能驾驶和智慧交通发展。通过 5G+C-V2X 搭建的“车-路-云”协同系统，一方面可以推动智能网联汽车快速发展，提供更安全、更智能的出行方式；另一方面可以有效赋能智能路况综合感知、动态协同交通控制等功能，为智能交通发展奠定基础。

1.2 车路协同系统简介

1.2.1 车路协同基本概念

1. 什么是车路协同

由于信息感知的不完善，车辆存在视觉盲区，无法准确感知行人、障碍物、其他车辆的状态信息，容易发生交通事故。同时，一个智能交通系统应该能够有效地解决拥堵问题。目前的智能交通系统存在信息统计不准确与不实时，以致交通调度不合理而引起交通效率低下、交通事故响应不及时造成的拥堵现象严重等问题。因此，提高交通场景中的感知识别精度与准确性，实时调度与快速处理交通事故，可以有效解决交通效率低下问题。因此，针对交通安全、交通效率、碳排放等问题，寻找最优解，让每个人的出行变得安全、高效、经济和绿色，是众多研究工作者的共同目标。

所谓车路协同，就是采用先进的无线通信和新一代互联网等技术，在车、路、人、环境之间全方位实施车-车、车-路、车-人等动态实时信息交互；同时采用先进的技术，通过协同感知识别、协同决策、协同控制等方法，在全时空动态交通信息采集与融合的基础上开展车辆主动安全控制和道路协同管理，充分实现“人-车-路-云”的有效协同，提高交通安全与交通效率，从而形成的安全、高效和环保的道路交通系统。

车路协同基于5G、C-V2X等通信技术，构建“人-车-路-云”高度协同的广覆盖与直连通信协同的融合网络互连环境，实现车路协同控制、车车协同编队、远程操作等高级/完全自动驾驶业务，最终支撑实现完全自动驾驶，从而助力智能驾驶和智能交通，如图1.6所示。

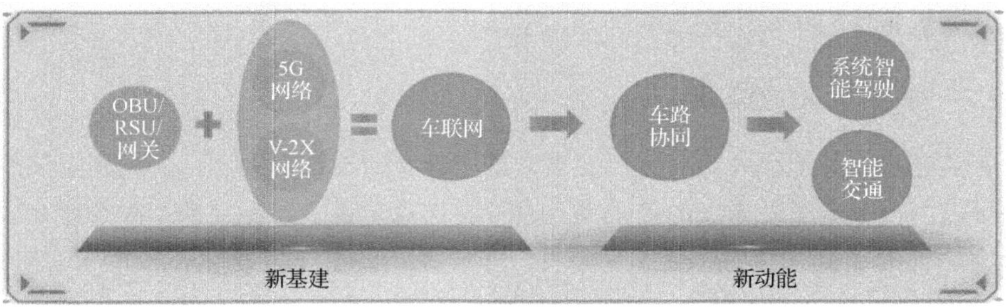

图1.6 车联网与车路协同的关系

2. 为什么需要车路协同

随着通信和互联网技术的快速发展，汽车智能化也在进一步升级。人们对驾驶安全的需求日益显著，互联网的加入增强了汽车的用户体验，提高了汽车的娱乐休闲、便捷出行、用户服务等属性，V2X车联网、辅助驾驶、智能网联汽车、自动驾驶等技术的快速发展也为实现驾驶安全需求提供了更多的途径。

交通运输业属于国民经济基础性、先导性、战略性和服务性行业，不仅是经济行稳致远的压舱石，还承载着人民群众对美好生活的向往。完善基于车路协同的智慧交通基础设施建设，加大投资力度，可以为各项经济活动的开展提供更完善、更全面的基础性服务。可以预见，大城市对交通基础设施的要求会越来越高。物理空间总是有限的，交通智能化是保持城市竞争力的必由之路。

在车路协同系统中，利用V2X车联网技术，再结合智能网联汽车、智能路侧系统、云端大数据平台等，实现“人-车-路-云”协同感知与决策控制，可以有效提高交通效率和交通安全。通过测算，以车路协同为基础的智能交通，将提升15%～30%的通行效率。基于车路协同的智能交通，不仅可以提高通行效率，还可以降低能耗，减少空气污染，惠及每一个有出行需求的人。例如，通过建设高等级智能道路，大力发展车路协同和自动驾驶，构建安全、便捷、高效、低碳的智能化出行服务体系等，可以让城市更智能、更绿色。

智能网联汽车与智能交通发展是一个持续且漫长的过程，行人、智能车、非智能车和其他交通对象将长期成为未来道路交通的主要参与者。如何将这些交通参与者协同起来提高交通效率和交通安全将是需要解决的问题，可以通过 C-V2X 将交通参与者和路侧感知系统连接起来，以解决混合交通环境非智能体交通对象的环境感知问题，将单体智能变成群体智能以降低对交通参与者智能化的要求，利用人工智能、博弈论等算法提高交通安全和交通效率。

在车路协同系统中，V2X 车联网可以为协同式智能网联汽车提供支撑，为协同式智能交通管理与信息服务（智能交通）提供支撑，也可以为汽车电商、后服务、智能制造等提供信息服务。

1.2.2 车路协同主要应用

随着汽车智能化与网联化的发展，其所涉及的感知识别、决策控制系统复杂性更高，与车身其他系统的信息交互、控制也越来越多，各方都希望其能变成一个模块化的、可移植的、便于管理的汽车子系统。汽车网联化能让“人-车-路”之间形成联系，解决“人-车-路-云”之间的信息孤岛问题，通过无线网络技术实现“人-车-路-云”相互之间的信息交换，组成一张无形的大网。以前的车联网主要以 2G/3G/4G 蜂窝通信技术为主，已经实现定位导航、远程通信、智能交通、车载娱乐、车辆诊断、远程控制、车队管理和紧急救援等功能。现在的车联网以 C-V2X 作为主要的通信方式，“高可靠、低时延”，可满足汽车智能驾驶、智能交通产业的需求。C-V2X 低时延车联网在智能驾驶和智能交通方面的研究结果，推动了信息化与工业化融合，引领汽车产业商业模式创新，使交通工具演变成智能平台，将大大提升生产效率和交通效率。基于 C-V2X 的车路协同系统将车辆与路侧、云端协同起来，可提高交通安全、交通效率与交通信息服务。车路协同典型应用如图 1.7 所示。

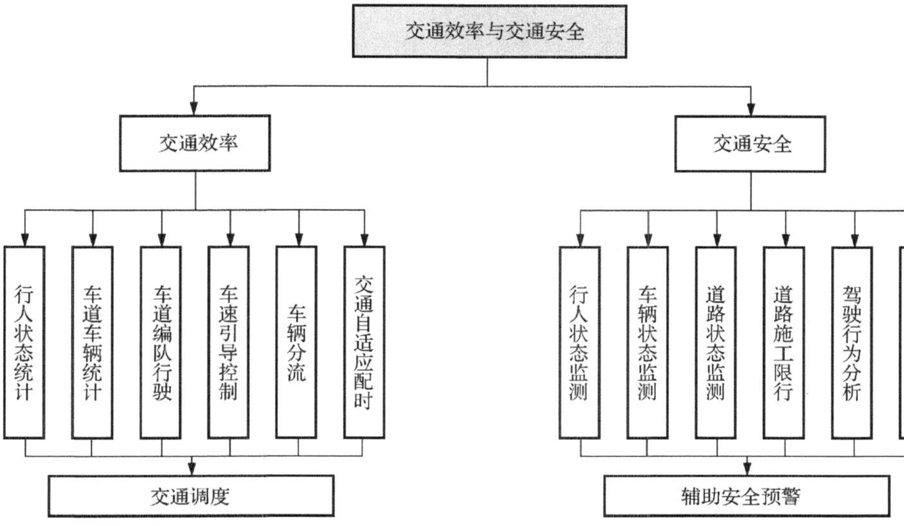

图 1.7 车路协同典型应用

1. 交通效率

随着当前社会的不断发展和进步，尤其是城市化的迅速发展，人们在享受城市化带来诸多便利的同时，不可避免地会遇到各式各样的问题，诸如环境污染、就业困难、住房紧张、道路拥堵等问题。提及道路，包括城市道路、区县道路及乡村道路都会必不可少出现的一个共同问题就是道路拥堵。当前城市化发展越来越快，城市车辆增长迅速，城市道路拥堵问题更加严重，尤其是在十字路口。为解决交通拥堵问题，世界各国都投入了巨大财力、人力、物力，采取了拓宽道路、修建高架和立交桥等相关措施。我国各级政府管理部门陆续出台各项政策来应对当前的交通堵塞问题。在国家层面上，国务院发布了《“十四五”现代综合交通运输体系发展规划》[6]，明确了有关交通治理的工作任务与发展方向。在地方政府层面，各级政府都积极响应国家号召，以北京为首的城市已发布相关工作计划，明确了交通治理的具体任务和预期结果。目前，与发达国家相比，我国的交通管理水平还有较大差距，尤其是在城市交通信号灯的协同管理控制方面。基于此背景，提高交通信号协调控制能力就显得尤为重要。与其他措施相比，高效可靠的城市交通信号灯协同管理控制水平具有成本低、实时性强、效果显著、可操作性好等特点。

交通信号控制作为现代交通管理控制的一项先进技术手段，对缓解交通堵塞和提高交通通行效率具有重要作用。交通信号控制是指通过合理的信号变化，引导交通道路上车辆快速有效地通行。信号控制分为单点控制和多点控制，也就是所谓的区域协调控制，其在对交叉口的协调控制中显得尤为重要，其通过将一条干道或整个区域内的交叉口连接起来，对整个区域内的交叉口进行联合控制，最大程度上使区域内的车辆通行顺畅、缓解交通拥堵。在将多个交叉口连接起来进行协调控制的方法中，绿波协调控制是较为有效的一种控制方式。绿波协调控制通过将一条主干道上的两个或多个交叉口连接起来进行协调控制，寻找交叉口之间的最佳相位差，满足协调干道上各个交叉口的交通需求。目前，对于如何改进现有交通信号协调控制理论，提出更高效、更贴合实际的交通控制方法显得尤为重要。

然而，现实中智能交通实时配时存在的主要问题是，交通对象与交通事件的实时统计监测存在困难，定位精度不高，监测统计不准确，事件分析响应慢等。由于缺乏系统地信息实时统计与分析，造成交通调度的依据数据不准确、不实时，因此路口实时交通调度与区域协同调度还存在困难。

通过车路协同技术对不同时段、不同车道的交通对象进行实时信息采集与统计，对交通信号灯进行实时动态配时、对不同路段车速进行动态引导、对车辆进行编队控制等，可提高交通通信效率。其应用主要包括红绿灯信息推送、红绿灯车速引导、前方拥堵提醒、路口视频/图片点播和道路事件提醒等。红绿灯信息推送和红绿灯车速引导可以向驾驶员推送前方红绿灯实时信息，推荐不停车通过红绿灯的建议车速，进而提升路口通行速度，减少车辆油耗；前方拥堵提醒和路口视频/图片点播功能对前方拥堵车道及拥堵路段进行提醒或提供前方路口的实时画面，从而引导车辆分流，提升出行效率，减少道路拥堵情况；道路事件提醒会提前通知驾驶员前方道路事故、施工、管制信息，也对易发事故路段进行提醒，从而提高行驶安全，减少道路拥堵和二次事故的发生。

在车路协同环境下，一些特殊车辆通行可以从交通调度层面得到实现，如公交车、救护车、消防车、紧急出警车辆等。通过 C-V2X 通信，实时获取车辆类型、位置、速度等信息，从中可以定位特殊车辆的车道、车辆位置、出警状态等信息，再结合交通信号灯的相位状态及剩余时间，动态调整特殊车辆所在车道的通行时间，从而提高通行效率。

2. 交通安全

据中华人民共和国公安部（简称公安部）统计[5]，2021 年全国机动车保有量达 3.95 亿辆，其中汽车 3.02 亿辆；机动车驾驶员达 4.81 亿人，其中汽车驾驶员 4.44 亿人。2021 年全国新注册登记机动车 3674 万辆，新领证驾驶员 2750 万人。2014～2017 年交通事故发生数分别为 196812 起、187781 起、212846 起、203049 起；2014～2017 年交通事故受伤人数分别为 226430 人、199880 人、211882 人、209654 人，死亡人数分别为 58523 人、63772 人、63093 人、58022 人。持续增长的汽车保有量和机动车驾驶员人数，使得交通事故已经成为 15～29 岁青少年人群死亡的主要“杀手”。

同西方发达国家相比，我国汽车工业发展较晚，道路基础设施建设起步晚，设施不够完善。尽管近几年我国汽车交通事故已经较往年有所改善，在汽车保有量和机动车驾驶员人数不断快速增长的前提下，交通事故发生率趋于平稳并且略有下降，但是交通事故死亡率依然较高，表明我国道路交通状况仍待完善。

交通事故的产生，除了人为因素外，车辆之间的信息交互不及时也是重要原因。如果车辆之间可以通过实时通信方式获取其他车辆的位置信息（如遮挡情况下的车辆感知）、车辆状态信息（如紧急故障、制动踏板失灵、紧急制动、疲劳驾驶、变道等）、协同感知信息（如坑洼、障碍物、行人、动物等），驾驶员可以提前预判和操作，避免和减少交通事故的发生。

传统的主动安全应用是基于计算机视觉系统（摄像头、雷达等传感器，图像处理芯片和机器学习算法），实现前向碰撞预警、车道线保持等主动安全预警应用，如 Mobileye（无比视）智能行车预警系统等。通过车联网的 V2X 通信，可以为车辆提供增强的行车环境感知能力，可以实时动态获取车辆周围的交通道路和交通对象情况，可以实现超视距的交通对象识别、预警、信息提示等，将感知范围扩大到车载传感器不可及的范围，提高驾乘安全，从而避免大多数碰撞事故，同时可以为面向自动驾驶的车辆协同控制提供支持。

3. 自动驾驶

未来，随着 5G、V2X、人工智能等新一代信息通信技术的不断成熟及应用，将逐步构建“人-车-路-云”高度协同的互联环境，实现车路协同控制、车辆协同编队、远程操作等高级/完全自动驾驶业务，移动出行服务将向着协同式、智能化方向发展，最终实现完全自动驾驶。

4. 智慧城市

随着信息通信技术的不断发展，以车路协同为基础的智能交通系统成为未来智慧城市建设的重要标志，基于 C-V2X 的车路协同系统可以使城市信息服务便捷化、特色化，可提供更加完善的信息服务。通过车路协同系统，可以有针对性地为驾乘人员提供便捷和特色服务，如路径优化、近场支付、娱乐信息服务、驾驶行为分析与建议等。除此之外，汽车网联化使得车辆成为城市中的一个重要的信息感知与交互终端，同时结合城市其他网络系统，如移动互联网络、物联网、智能家居、智能电网等，整个城市将成为一个庞大的信息交换平台。具备“车路协同”甚至“车城协同”的智慧城市能为居民提供高效、环保、智能、便捷的出行与生活体验，促进人与人、人与社会的和谐共处。

1.2.3 车路协同系统国内外研究现状

车路协同是未来智慧城市建设的重要内容之一，车路协同系统涉及智能网联汽车、C-V2X 网络、智能交通、智慧城市等多个领域，是自动化、通信、计算机等多个学科的交叉融合。研究基于 C-V2X 通信的车路协同关键技术，可形成车城一体化融合协同控制技术体系，协同发展智慧城市与智能网联汽车，打造智慧出行平台，为未来城镇可持续发展提供技术支撑。

1. 国外车路协同系统发展状况

美国、欧洲各国、日本等通过战略规划，积极探索汽车智能网联与智能交通系统（intelligent transportation system，ITS）协同发展路径。2020 年 4 月，美国发布《智能交通系统（ITS）战略规划 2020—2025》，提出关注 5G、V2X 等创新技术的快速发展和应用。其后续发布了《自动驾驶对公路基础设施的影响》报告、《道路车辆协同自动驾驶相关术语分类方法和定义》标准等，明确打造车路协同系统对提高交通系统安全性、效率、可靠性，以及对加速自动驾驶部署的巨大作用，并积极推动 C-V2X 车路协同基础设施建设。

欧盟道路交通研究咨询委员会（European Road Transport Research Advisory Council，ERTRAC）已更新发布《网联、协作和自动化出行路线图（征求意见稿）》，提出面向 2050 年的网联、协作和自动驾驶的长远发展目标。此外，日本依托战略创新方案（strategic innovation project，SIP）项目，在东京开展了新一轮大规模示范项目，通过公共网络向车辆传递各种交通环境信息，验证 V2N 对自动驾驶的支持作用。

2. 国内车路协同系统发展状况

中国城市规划设计研究院和中国信息通信研究院联合发布的《智慧城市基础设施与智能网联汽车协同发展的 2021 年度研究报告》指出，智能网联汽车与智慧城市协同发展成为必然趋势。我国在车路协同系统相关领域的研究已经走在世界前列，引领着技术发展和标准的制定。车路协同系统可以促进面向智能网联驾驶、智能交通等协同发展，催生大量新业态、新模式、新产业，提升交通安全与交通效率，赋能智慧城市与节能减排，推动智能网联汽车和智慧城市协同发展，有利于汽车强国、交通强国及新型城镇化建设。

我国智能网联新型基础设施建设取得初步进展，工业和信息化部先后批复重庆、无锡、天津、长沙等国家级车联网先导区，积极推进 C-V2X 车路协同基础设施建设、互联互通验证、规模化应用推广等。中华人民共和国住房和城乡建设部（简称住建部）和工业和信息化部确定北京、重庆、上海、广州、武汉、长沙等

16 个城市为智慧城市基础设施与智能网联汽车协同发展试点城市，不断提升智慧城市基础设施智能化水平、实现不同等级智能网联汽车在特定场景下的示范应用。

目前，试点城市已开展一系列探索，并取得阶段性建设成效。但是还有相当一部分关键技术尚未解决，如“车-路-云”一体化融合控制系统中的信息共享、决策控制、资源协同还未形成统一的架构体系，无法实现系统之间的有效协同。

参 考 文 献

[1] 中华人民共和国国家统计局. 中国统计年鉴 2023[M]. 北京：中国统计出版社，2023.

[2] 国家市场监督管理总局，国家标准化管理委员会. 道路车辆 先进驾驶辅助系统（ADAS）术语及定义：GB/T 39263—2020[S]. 北京：中国标准出版社，2020.

[3] 中华人民共和国工业和信息化部，国家发展和改革委员会，中华人民共和国科学技术部. 汽车产业中长期发展规划[EB/OL].（2017-04-25）[2023-08-18]. https://www.gov.cn/xinwen/ 2017-04/25/content_5188815.htm.

[4] 中国汽车工程学会. 合作式智能运输系统 车用通信系统应用层及应用数据交互标准（第一阶段）：T/CSAE 53—2020[S]. 北京：中国汽车工程学会，2020.

[5] 中华人民共和国国家统计局. 中华人民共和国 2021 年国民经济和社会发展统计公报[EB/OL].（2022-02-28）[2023-08-20]. https://www.gov.cn/xinwen/2022-02/28/content_5676015.htm.

[6] 国务院“十四五”现代综合交通运输体系发展规划[EB/OL].（2022-01-18）[2023-08-20]. https://www.gov.cn/xinwen/2022-01/18/content_5669136.htm.

第 2 章　V2X 通信技术分析

V2X 通信技术主要包括两种技术路线，一种是基于 802.11p 的 DSRC 通信技术，另一种是基于 LTE-V2X 和 5G NR-V2X 的 C-V2X 通信技术。本章将对这两种通信技术的通信网络架构、通信协议、通信频率等进行分析说明，读者可以了解这两种技术的特点和通信网络组成。

2.1　V2X 车联网通信标准

2.1.1　DSRC 通信技术

从技术角度讲，DSRC 是一类短距离通信技术，是现代生活中不可或缺的专用短程通信技术，对短程（数十米的距离）中高速行驶的车辆进行识别和连接时是比较成熟、稳定的。例如，高速电子收费（electronic toll collection，ETC）专用通道就是实现车辆身份识别、电子扣费、不停车、免取卡和无人值守车辆的通道。

2002 年，美国材料与试验协会（American Society for Testing and Materials，ASTM）通过了 DSRC 标准 E2213-02，该标准于 2003 年 9 月作为 ASTM E2213-03 重新发布（现行标准是 ASTM E2213-031 2018），在标准 E2213-03 的基础之上，IEEE 802.11p 和 IEEE 1609 工作小组开始制定车载环境下的无线通信标准[1]。2006 年，IEEE 通过了 IEEE 1609.1～1609.4 系列标准。2010 年 7 月，IEEE 802.11p 标准正式发布，该标准是 DSRC 的物理层和 MAC 层标准，是针对 ITS 中的相关应用对 IEEE 802.11 标准的扩充延伸。2018 年 12 月，IEEE 802.11p 的演进版本 IEEE 802.11bd 开始标准化工作。其中，物理层关键技术尽可能重用 IEEE 802.11ac 2013 物理层技术，支持后向兼容 IEEE 802.11p，支持 10MHz 和 20MHz 信道带宽，支持低密度奇偶校验（low density parity check，LDPC）和双载波调制（dual carrier modulation，DCM），支持训练序列（midamble）机制，支持 MCS 到 256QAM，支持往返时间（round-trip time）测距等内容。MAC 层关键技术包括支持新的物理层设计，支持后向兼容、与 IEEE 802.11p 共存，支持 20MHz 带宽信道接入性能提升和上层协议的接口等[2]。

基于 IEEE 802.11p 技术改进的车联网无线接入层技术和标准主要包括物理层及 MAC 层的技术和标准。ETC 指采用无线通信技术手段使得车道收费过程全自动化，当车辆通过收费口时，车载电子标签自动与安装在路侧或门架上的天线进行无线信息交互，并自动从用户账户扣除通行费。其中，ETC 系统中车载电子标签与路侧收费设备之间的无线短距离通信也被认为是一种 DSRC 技术，但不同于 IEEE 802.11p，这是一种低速率、低功耗的有源射频识别（radio frequency identification，RFID）通信技术[3]。需要指出的是，V2X 的 V2I 应用可以实现不停车收费，不需要单独的 ETC。

DSRC 标准协议栈结构如图 2.1 所示。在 DSRC 协议栈中，IEEE 802.11p 协议定义了物理层（physical layer，PHY）和介质访问控制（medium access control，MAC）子层；IEEE 1609 系列标准定义了多信道操作、网络服务及各通信实体安全。由于 IEEE 802.11 系列标准仅支持低速移动场景，为支持车联网通信高速移动环境，IEEE 802.11p 协议基于 IEEE 802.11 系列标准进行了技术改进，制定了更严格的邻信道抑制指标，配合美国联邦通信委员会（Federal Communications Commission，FCC）的信道频谱规划，以 IEEE 802.11 补充协议的形式与 IEEE 802.11 协议一同发布。IEEE 802.11 中定义的基本业务集合（basic service set，BSS）适用于有接入点（access point，AP）的场景。在车联网高速移动的场景下，通过接入 AP 进行节点间通信可能导致通信连接持续时间短、通信不稳定。因此，IEEE 802.11p 的 MAC 子层采用增强分布式信道接入（enhanced distributed channel access，EDCA）支持差异化的服务质量（quality of service，QoS）需求，采用新的不属于 BSS 上下文（outside the context of a BSS，OCB）的通信模式，降低通信连接建立过程中的时延。IEEE 1609.4 在 MAC 子层之上定义了 MAC 扩展子层，支持多信道操作。

逻辑链路控制（logical link control，LLC）子层对 IEEE 802.2 协议进行了最小修改，其帧格式完全相同，可指示上层不同的传输类型。对于数据链路层之上的网络层和传输层，根据应用类型分类信息（安全应用和非安全应用），并提供两种传输方式。其中，IEEE 1609.3 定义了 WAVE 短消息（WAVE short message，WSM）和对应的 WSM 协议（WAVE short message protocol，WSMP）来支持 DSRC 安全应用的网络层和传输层的相关功能，并定义了 WAVE 服务通告（WAVE service advertisement，WSA）消息，用于通知给定地点的 DSRC 消息的可用性；非安全应用也可以使用 WSMP，但主要通过传统的传输控制协议（transmission control protocol，TCP）/用户数据报协议（user datagram protocol，UDP）和 IP 栈进行传输。WSMP 的协议头开销小，通常用于防碰撞的单跳消息；多跳消息可利用 IPv6 等路由功能实现[4]。

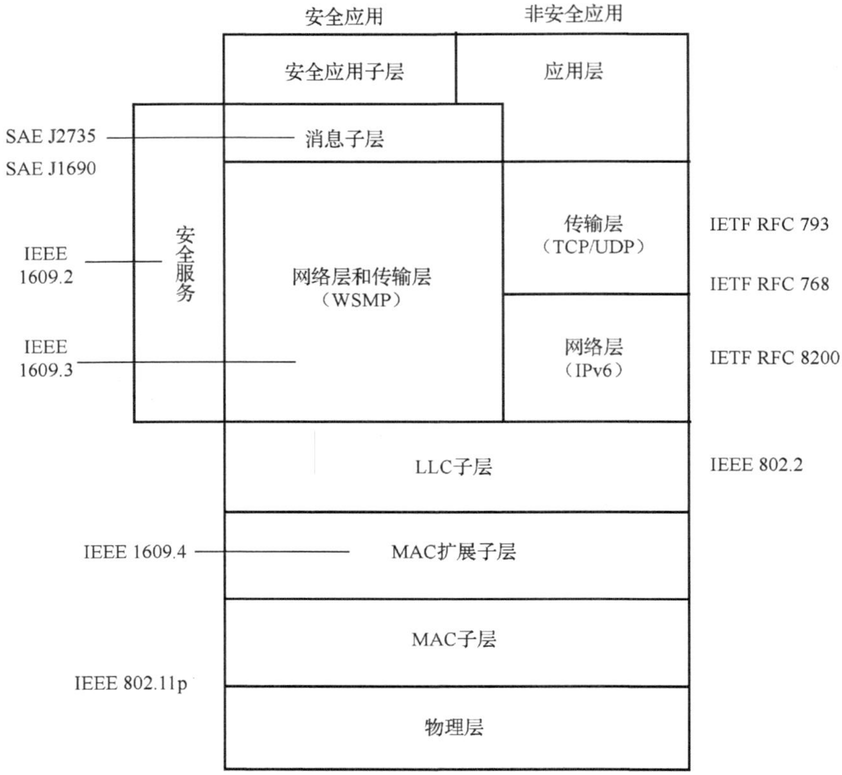

图 2.1 DSRC 标准协议栈结构

2.1.2 C-V2X 通信技术

IEEE 802.11p 可扩展性差以及无法很好地应对高速移动的车联网通信提出的挑战，与 C-V2X 相比，存在明显的性能差异和标准进展差异。最初，蜂窝车用无线通信技术中的 LTE-V2X 是基于 4G 蜂窝网络的 V2X 通信技术，就像是手机接入 3G/4G 网络一样。LTE-V2X 针对车辆应用定义了两种通信方式：蜂窝通信方式（LTE-V-cell）——需要基站作为控制中心，以及直通通信方式（LTE-V-direct）——无须基站作为支撑，如图 2.2 所示。

蜂窝通信方式利用基站作为集中式的控制中心和数据信息转发中心，由基站完成集中式调度、拥塞控制和干扰协调等，可以显著提高 LTE-V2X 的接入和组网效率，保证业务的连续性和可靠性，主要用于道路事故/施工提醒、交通信号灯提醒、车速引导、动态地图等信息服务。直通通信方式利用车与车间的直接通信，针对道路安全服务的低时延及高可靠传输要求、节点高速运动、隐藏终端等挑战，进行了资源分配机制增强，用于车辆与周边车辆、路侧基础设施、行人等节点的低时延、高可靠的通信，重点是满足前向碰撞预警、十字路口防碰撞预警、紧急车辆预警等行车安全类车联网应用需求。

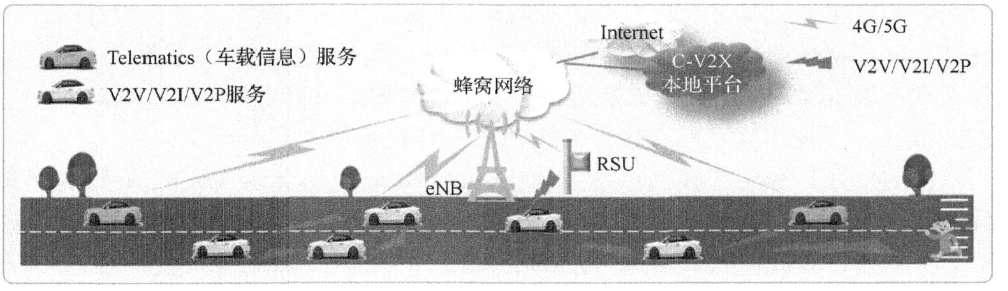

图 2.2　LTE-V2X 通信方式示意图

目前，C-V2X 的研究主要集中在 LTE-V2X 的应用和 5G-V2X 的研究上。5G 网络能够在提供 99.999%稳定性的同时实现小于 1ms 的通信时延，因此 5G-V2X 可以支持更多面向高度自动驾驶的车联网业务。3GPP 针对 C-V2X 定义了车辆编队、传感器信息交互、先进驾驶和远程驾驶等业务场景，为将来实现更高级别的自动驾驶提供支撑。

C-V2X 标准协议栈架构如图 2.3 所示。在 C-V2X 协议栈中，数据以服务数据单元（service data unit，SDU）的形式来自上层，以协议数据单元（protocol data unit，PDU）的形式到达下层。专用短消息协议（dedicated short message protocol，DSMP）是为车路协同环境下专用短消息最优化操作专门设计的协议，主要用于在不同通信实体间传输数据。数据从一个通信实体发送，通过请求（request）分别经过应用层、网络层、数据链路层和物理层逐层完成数据的传递，数据在底层通过空中接口发送，到达接收端的接入层，在接收端实体再经过逐层传递，最终将数据传输到接收端的应用层，交付给各个应用。

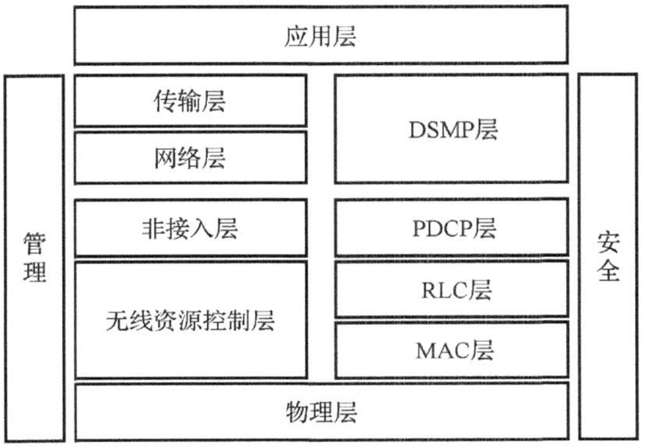

图 2.3　C-V2X 标准协议栈架构

分组数据汇聚协议（packet data convergence protocol，PDCP）实体用于维护编号和加密信息等。每个 PDCP SDU 被分配一个 PDCP 序列号并加密，以便使只有对等的 PDCP 实体才可以对其进行解码。PDCP 的数据被发送到无线链路控制（radio link control，RLC）层。它被缓存在 RLC 传输缓冲区中，直到在 MAC 层的请求下以 RLC PDU 的形式发送。将一个流分配给节点上的一个 PDCP 和一个 RLC 实体，并同步发送端和接收端的 PDCP/RLC 实体。

RLC 有 3 种工作模式：透明模式（transparent mode，TM）、不确认模式（unacknowledged mode，UM）和确认模式（acknowledged mode，AM）。TM 不执行任何操作，因此，RLC SDU 与 RLC PDU 完全对应。UM 在传输时对 PDU 进行分割/连接，在接收时对 PDU 进行重组、重复检测和重新排序。AM 在此基础上增加了自动重复请求（automatic repeat request，ARQ）机制，以确保 RLC PDU 的可靠传输。

MAC 层对来自不同流的 RLC PDU 进行调度和多路复用，并将它们封装为 MAC 传输块，通过物理层发送。物理层负责完成信道编码/解码、调制/解调、天线映射及其他典型的物理层功能。

在实际应用中，LTE-V-Cell 技术可以为车辆提供高速数据的连续性传输，LTE-V-Direct 技术可以实现车车之间的信息交互，避免车辆碰撞发生事故。车辆通过基站或路侧设备获得与远端 ITS 服务器的 IP 地址接入；通过不同的基站或路侧设备时，通过云平台获得分发的远距离车辆的信息；车辆间直接交互与道路安全相关的低时延安全服务信息；当处于非视距场景时，车辆在十字路口由于建筑物的遮挡不能直接交互低时延安全业务，此时可以通过基站或路侧设备的转发来获得车辆间的道路安全信息。在上述场景中，可采用 LTE-V-Cell 模式和 LTE-V-Direct 模式进行通信。表 2.1 列出了 LTE-V2X 通信技术相关标准。

表 2.1　LTE-V2X 通信技术相关标准

分类	标准名称	标准等级	标准化组织
总体	《基于 LTE 的车联网无线通信技术 总体技术要求》（YD/T 3400—2018）	行标	CCSA
应用层	《合作式智能运输系统 专用短程通信 第 3 部分：网络层和应用层规范》（GB/T 31024.3—2019）	国标	CCSA 和 C-ITS
	《合作式智能运输系统 车用通信系统应用层及应用数据交互标准（第一阶段）》（T/CSAE 53—2020）	团体标准	SAE-China/C-ITS
网络层	《合作式智能运输系统 专用短程通信 第 3 部分：网络层和应用层规范》（GB/T 31024.3—2019）	国标	CCSA 和 C-ITS
空口技术	《基于 LTE 的车联网无线通信技术 空中接口技术要求》（YD/T 3340—2018）	行标	CCSA
安全	《基于 LTE 的车联网通信安全技术要求》（YD/T 3594—2019）	行标	CCSA

在可用性方面，DSRC 通信技术具有不依赖网络基础设施（如具有安全性管理和互联网接入等功能）和自组网的良好特性，所以基于 DSRC 标准的 V2X 网络稳定性强，不会因为传输瓶颈和单点故障的原因导致整个系统无法工作。虽然 IEEE 802.11p 有先发优势，有成熟的标准和良好的网络稳定性，但是 C-V2X 具有以下 3 个优点[5]。

（1）远距离数据传输可达性更好。IEEE 802.11p 网络采用多跳中继进行远距离数据传输，可能会受中继节点的影响，可靠性不高。LTE-V2X 可利用 LTE 基站与云端服务器连接，进行如高清影音等类型数据的高速传输，具有更好的信息可达性。IEEE 802.11p 与 LTE-V2X 通信距离对比如图 2.4 所示。

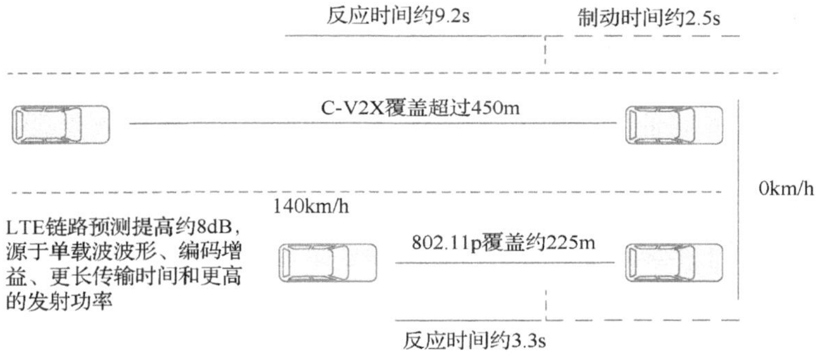

图 2.4 IEEE 802.11p 与 LTE-V2X 通信距离对比

（2）非视距传输可靠性更高。C-V2X 可利用蜂窝基站转发的方式支持非视距场景，由于基站可高架、天线高度更高，因此可提高非视距场景的信息传输可靠性。C-V2X 提供更安全的驾驶体验，可以延长驾驶员的反应时间，可以支持相对速度最高达 500km/h 的移动通信。

（3）网络建设和维护优势。尽管 IEEE 802.11p 可利用现有的 Wi-Fi 基础进行产业布局，但是 Wi-Fi 接入点未达到蜂窝网络的广覆盖和高服务质量，不仅 IEEE 802.11p 的新建路侧设备需要投入大量资金进行部署，IEEE 802.11p 的 V2X 通信安全相关设备、安全机制维护也需要新投入资金。C-V2X 可以利用现有蜂窝通信网络中的基站设备和安全设备等进行升级扩展，支持车路通信和安全机制，可以利用已有蜂窝通信商用网络，支持安全证书的更新以及路侧设备的日常维护。

2.1.3 V2X 车联网通信技术发展趋势

1. 国外 V2X 车联网通信技术发展路线分析

美国早在 2015 年就推出了 ITS 的五年（2015—2019）规划[6]。规划主题为“改变社会前进方式”，技术目标是“实现网联汽车应用”和“加快自动驾驶”。该规划定义了 6 个项目大类，包括加速部署（accelerating deployment）、网联汽车（connected vehicles）、自动驾驶（automation）、新兴能力（emerging capabilities）、互操作（interoperability）和企业数据（enterprise data）。其中，加速部署代表所有项目的最终目标，网联汽车、自动驾驶和新兴能力是技术发展的 3 条路径，互操作和企业数据是 ITS 发展的基石。

欧盟建立了 C-ITS 平台以在车联网的部署中发挥更加突出的作用。该平台是一个包括国家主管部门、C-ITS 利益相关方和欧盟委员会在内的合作框架，以在欧盟范围内部署可互联互通的 C-ITS 达成共识。欧盟相关国家和道路运营管理机构为了协调部署和测试活动而建立了 C-Roads 平台，以共同制定和分享技术规范，并进行跨站点的互操作测试验证。

日本于 2016 年发布了高速公路自动驾驶和无人驾驶的实施路线报告书，于 2020 年在部分地区实现了自动驾驶功能。日本内务和通信部组建研究组推进车联网发展，日本汽车工业协会定义了车联网的潜在用例，日本跨部委战略创新促进计划（cross-ministerial strategic innovation promotion program，SIP）在评估无线接入技术实现车联网用例的有效性，且日本已经进行了多个车联网联合测试。

自 2014 年下半年起，韩国开始在全国多个地区部署智能交通试点。韩国规划于 2040 年之前实现基于连接路与一切交通功能实体（connection of road to everything，CoRE）的智能交通，目前短期阶段重点实现交通事故多发地段的智能交通功能，部署智能道路交通试点，实现交通事故 100%现场处理，将交通事故伤亡降低 50%。

在 V2X 研究前期，美国、欧洲等国家/地区在 DSRC 技术方面进行了大量的研究及应用测试，积累了丰富的经验。但 DSRC 技术存在很多局限性，很难成为 V2X 技术的发展趋势。现如今，国内外主要倾向于发展与 5G 技术兼容性较好的 5G NR-V2X 和 LTE-V2X 这两项技术。

国际社会的顶层设计规划呈现三大特点：一是将 V2X 及相关产业视为战略性新兴产业，在国家层面开展顶层设计；二是强调 V2X 等新一代信息技术与传统汽车、交通、智慧城市等的融合创新发展；三是强制立法对部分重点领域大力推动和强力引领。国际社会通过开展 V2X 技术试验和应用示范拥有了大量的数据集，这些数据集一方面可以用于 V2X 技术通信性能和应用功能有效性的分析，另一方面可以进行与汽车、交通、智慧城市的应用融合示范和协同发展研究。目前，C-V2X 通信技术已经写入 3GPP 标准，国际社会普遍倾向采用 C-V2X 车联网技术，这也为我国推进 C-V2X 发展，实现技术创新和产业发展的赶超提供了契机。

随着 V2X 车联网技术的演进和不断发展成熟，一方面，V2X 车联网与智能网联汽车的结合能有效地提高交通系统的感知能力、信息双向交互能力；另一方面，C-V2X 能提升智能网联汽车的感知、控制能力，推进辅助和自动驾驶车辆的市场化进程。目前，C-V2X正在从信息服务业务向安全出行和交通效率业务发展，并逐步向支持实现自动驾驶的协同服务业务演进，而业务的推进进程取决于RSU的覆盖率。

随着LTE-V2X技术向5G-V2X的演进，可以提供超低时延（1ms）、超高传输速率、更多用户支持、更加丰富的应用场景及业务种类，这使得LTE-V2X正逐步取代并超越DSRC。

5G技术的发展将加快汽车智能化、网联化的发展，随着边缘计算、网络功能虚拟化、软件定义网络和网络切片等5G新兴技术的不断发展完善，未来车联网体系结构将会更加灵活，未来差异化性能指标带来的技术需求难题也将不断被攻克。

2. 我国V2X车联网通信技术发展状况

我国是全球最大的汽车生产国和销售国，且汽车行业正处在向新能源、智能网联和自动驾驶等转型升级的关键机遇期，未来汽车将是5G终端的最大用户。我国车企正处在“变道超车”的产业升级与变革机遇期，汽车工业经过多年与跨国公司的合资，已培育了相对完整的本土汽车产业供应链。大唐、华为等企业在车联网技术标准、样机开发、产业合作、应用示范等方面已取得主导地位和领先优势。与自动驾驶技术中常用的摄像头或激光雷达相比，V2X拥有更广的使用范围，能突破视觉死角和跨越遮挡物获取信息，同时可以和其他车辆及设施共享实时驾驶状态信息，并通过研判算法产生预测信息。另外，V2X是唯一不受天气状况影响的车用传感技术，无论雨、雾或强光照射都不会影响其正常工作。

C-V2X业务随着车路协同以及5G的逐步成熟向着更加安全、协同、智能、绿色的方向演进，是汽车、交通、通信、IT与互联网产业跨行业协同的重要发展方向。C-V2X车联网不断增强的广度和深度覆盖引入了更广泛的交通参与者和更复杂的驾驶工况，如“弱势交通参与者”的深入研究；而结合人工智能和机器学习、高精度定位等技术，配合高级自动驾驶和道路智能化的发展，加强了远程遥控驾驶、特殊工况无人驾驶等新业务的研究。可以预见，随着C-V2X车联网及C-V2X网联协同智能在C-V2X业务中发挥越来越重要的作用，其功能安全将面临巨大的挑战。

与此同时，为推动C-V2X业务和产业落地，政府及C-V2X车联网相关产业各方联合起来共同推动产业协同，在技术、法规、政策、商业模式等方面，结合C-V2X和5G商用，加快国内C-V2X车联网的发展。

（1）加强标准制定，促进产品研发。加快对增强业务场景的细分场景、主要技术要求、应用层数据交互需求的研究，加强相关标准制定工作，促进新业务与测试场景库的协作，促进相关产品研发，指导相关基础设施建设。

（2）加强安全保障，促进持续发展。智能网联汽车、智能交通、智慧城市等相关行业在关注业务演进的同时，也注重新业务对通信安全、信息安全、功能安全等方面的新要求，完善安全防护能力，加强数据安全管理与身份可信认证。

（3）加强统筹协调，促进行业发展。为加快车联网应用推进路线图的制定，找准应用落地切入点与发展路径，中央各部委与各级政府制定了相关政策法规，分步实施，明确了各阶段优先实施的典型业务需求，促进了行业协调有序发展。

综上所述，随着我国 5G 与 C-V2X 技术的发展、基础设施的建设以及北斗导航系统组网成功，我国车联网技术的发展与应用日渐加快，相关部门建立了健全的法律法规，为车联网技术的发展保驾护航，使我国具备支撑汽车行业跨越性发展的能力。

3. C-V2X 通信技术演进进程

面对车联网应用在通信时延、可靠性和数据速率等方面的更高需求，3GPP、欧洲电信标准组织（European Telecommunications Standards Institute，ETSI）、国际标准化组织（International Organization for Standardization，ISO）等国际标准化组织积极开展标准化工作。3GPP 为车辆通信的增强进行了标准研究和开发。3GPP V2X 标准化进展如图 2.5 所示。

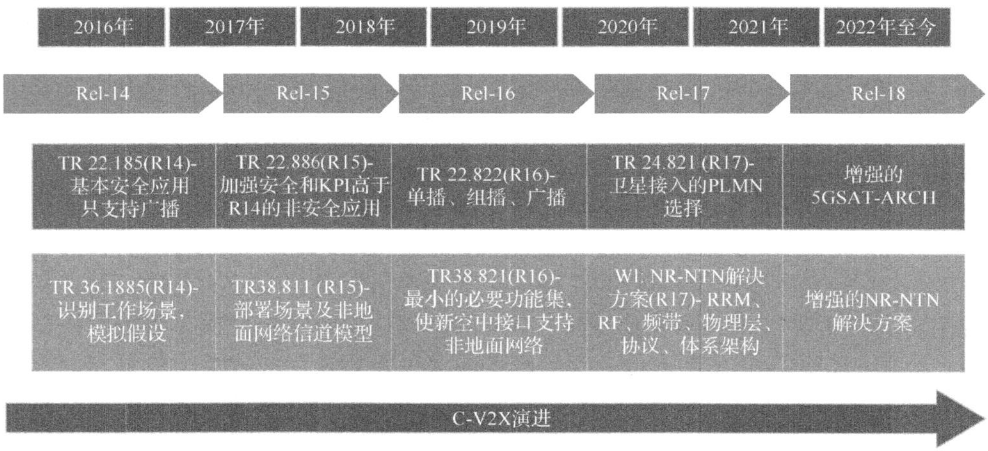

图 2.5　3GPP V2X 标准化进展

C-V2X 技术在 3GPP 的标准化发展可以分为 3 个阶段[7]。第一个阶段，3GPP 14 基于 LTE-V2X 标准化工作于 2017 年 3 月完成，面向基本的道路安全业务的通信需求，引入了工作在 5.9GHz 频段的直通链路（PC5 接口）通信方式，并对公众移动蜂窝网的 Uu 接口进行了优化。第二个阶段，3GPP R15 对 LTE-V2X 的增强标准化工作于 2018 年 6 月完成，主要是在 PC5 接口引入了载波聚合、高阶调制等技术以提升数据速率，并引入可降低时延的部分技术。3GPP R15 的 5G 标准重点针对增强移动宽带场景，没有对 V2X 业务进行针对性设计和优化。第三个阶段，支持5G-V2X的3GPP R16+版本标准于2018年6月启动研究，在2020年7月冻结，与LTE-V2X/LTE-eV2X形成互补关系。

（1）LTE-V2X标准进展：3GPP已经完成对R14 LTE-V2X相关标准化工作，主要包括业务需求、系统架构、空中接口技术和安全研究4个方面。在业务需求方面，目前已经定义了包含车与车、车与路、车与人以及车与云平台的27个用例和LTE-V2X支持的业务要求，并给出了7种典型场景的性能要求。在系统架构方面，目前已经确定了在PC5接口的邻近服务（proximity services，prose）和Uu接口的LTE蜂窝通信的架构基础上增强支持V2X业务，并明确增强架构至少要支持采用PC5接口传输的V2X业务和采用Uu接口传输的V2X业务。在空中接口技术方面，目前已经明确了PC5接口的信道结构、同步过程、资源分配、同载波和相邻载波间的PC5和Uu接口共存、无线资源控制（radio resource control，RRC）信令和相关的射频指标及性能要求等，并研究了如何通过增强Uu接口传输与PC5接口传输来支持基于LTE-V2X的业务。在安全方面，目前已经完成了支持V2X业务的LTE架构增强的安全方面的研究。

（2）LTE-eV2X标准进展：LTE-eV2X是指支持V2X高级业务场景的增强型技术研究阶段（R15）。目标是在保持与R14后向兼容性的前提下，进一步提升V2X直通模式的可靠性、数据速率和时延性能，以部分满足V2X高级业务需求。标准TS 22.886中已经定义了25个用例共计五大类增强的V2X业务需求，包括基本需求、车辆编队行驶、半/全自动驾驶、传感器信息交互和远程驾驶。目前，正在进行的“3GPP V2X第二阶段标准研究”主要包括载波聚合、发送分集、高阶调制、资源池共享及减少时延、缩短传输时间间隔（transmission time interval，TTI）的可行性及增益等技术。

（3）5G-V2X标准进展：该阶段是指基于5G NR的技术研究阶段（R16+），用于支持V2X的高级业务场景。5G-V2X与LTE-V2X在业务能力上体现了差异化，在5G-V2X支持更先进业务能力的同时，结合LTE能力，考虑对LTE-V2X进行增强。

主要标准化内容如下：基于PC5和Uu接口支持高级V2X业务；对PC5接口支持单播、组播和广播3种模式，以提供支撑不同业务的能力；NR-V2X支持覆盖范围内（in-coverage），部分覆盖（partial-coverage）和覆盖范围外（out-of-coverage）通信；NR-V2X基于通用的架构支持直通链路在中低频和毫米波频段工作；支持LTE-V2X和NR-V2X共存。此外，Uu接口网络引入了V2X通信切片、多接入边缘计算（multi-access edge computing，MEC）、服务质量（QoS）预测等特性，以满足车联网低时延、高可靠性、大带宽等需求。为满足车联网计算处理能力和跨服务平台互联互通等方面的需求，ETSI针对多接入MEC技术的服务场景、参考架构等开展了一系列标准化工作，2017年立项了“App移动性

API 规范”“MEC 对 V2X 支持研究”等项目；2018 年启动了“V2X API 规范”项目，开展支持 V2X 的 MEC API 定义。

3GPP 也将支持 MEC 功能作为 5G 网络架构设计的重要参考，3GPP SA1 在 2016 年开启 MEC 平台需求研究，随后 SA2、SA5 分别从 5G 网络架构与 MEC 融合、MEC 平台管理等角度启动研究。3GPP TS 23.501①中已经明确将支持边缘计算功能作为未来 5G 网络架构设计的重要参考。此外，LTE-V2X 车联网技术与标准于 2019 年 8 月正式由 ISO 发布，标志着 C-V2X 技术纳入 ISO 定义的智能交通通信框，从而支持各设备之间基于 C-V2X 技术实现即时通信。

国内各行业协会和标准化组织高度重视我国 C-V2X 标准的推进工作，包括中国通信标准化协会（China Communications Standards Association，CCSA）、全国智能运输系统标准化技术委员会、中国智能交通产业联盟、车载信息服务产业应用联盟、中国汽车工程学会及中国智能网联汽车产业创新联盟等都已积极开展 C-V2X 相关研究及标准化工作，初步形成了覆盖 C-V2X 标准协议栈各层次、各层面的标准体系。

全国汽车标准化技术委员会、全国智能运输系统标准化技术委员会、全国通信标准化技术委员会和全国道路交通管理标准化技术委员会共同签署了《关于加强汽车、智能交通、通信及交通管理 C-V2X 标准合作的框架协议》，四方将建立高效顺畅的沟通交流机制，相互支持和参与标准研究制定，共同推动 C-V2X 等新一代信息通信技术在汽车、智能交通及交通管理中的应用。在各方的积极合作下，我国 C-V2X 标准化工作取得显著进展。一是核心技术和设备标准修订基本完成。CCSA 基本完成了 C-V2X 总体架构、空中接口、通信安全、网络层、消息层等技术标准和测试规范的制定，以及车载、路侧、基站、核心网等设备技术要求和测试方法等基础标准的制定，如表 2.2 所示。二是行业应用类标准随产业发展持续完善。全国汽车标准化技术委员会在智能网联汽车分技术委员会下设立“网联功能及应用标准工作组”，推动 C-V2X 标准向汽车商用方向延伸，完成“智能网联汽车通信需求分析”研究。另外，交通运输和管理行业也在考虑相关技术及应用标准的制定。总体来看，行业应用类标准将在产业整个周期内长期、持续开展，支持商用的系统要求和应用标准还亟待制定。

表 2.2　CCSA C-V2X 核心技术标准

标准分类	标准名称
接入层协议	《基于 LTE 的车联网无线通信技术 总体技术要求》（YD/T 3400—2018）
	《基于 LTE 的车联网无线通信技术 空中接口技术要求》（YD/T 3340—2018）

① 3GPP TS 23.501 是第三代合作伙伴计划（3GPP）的一项技术规范。

续表

标准分类	标准名称
网络层协议	《基于 LTE 的车联网无线通信技术　网络层技术要求》（YD/T 3707—2020）
	《基于 LTE 的车联网无线通信技术　网络层测试方法》（YD/T 3708—2020）
消息层协议	《基于 LTE 的车联网无线通信技术　消息层技术要求》（YD/T 3709—2020）
	《基于 LTE 的车联网无线通信技术　消息层测试方法》（YD/T 3710—2020）
通信安全	《基于 LTE 的车联网通信安全技术要求》（YD/T 3594—2019）
	《基于 LTE 的车联网无线通信技术　安全证书管理系统技术要求》（YD/T 3957—2021）
系统（平台）	《面向 LTE-V2X 的多接入边缘计算　总体需求和业务架构》（YD/T 4358—2023）
	《面向 C-V2X 的多接入边缘计算　服务能力开放和接口技术要求（第一阶段）》（YD/T 4359—2023）
	《基于 LTE 的车联网无线通信技术 MEC 平台测试方法》（YD/T 4477—2023）
设备	《基于 LTE 的车联网无线通信技术　支持直连通信的车载终端设备技术要求》（YD/T 3756—2024）
	《基于 LTE 的车联网无线通信技术　支持直连通信的车载终端设备测试方法》（YD/T 3848—2021）
	《基于 LTE 的车联网无线通信技术　支持直连通信的路侧设备技术要求》（YD/T 3755—2020）
	《基于 LTE 的车联网无线通信技术　支持直连通信的路侧设备测试方法》（YD/T 3847—2021）
	《基于 LTE 的车联网无线通信技术　基站设备技术要求》（YD/T 3592—2019）
	《基于 LTE 的车联网无线通信技术　基站设备测试方法》（YD/T 3629—2020）
	《基于 LTE 的车联网无线通信技术　核心网设备技术要求》（YD/T 3593—2019）
	《基于 LTE 的车联网无线通信技术　核心网设备测试方法》（YD/T 3847—2021）

国内各标准组织的相关标准化工作已支持形成我国 C-V2X 标准体系，包括应用定义及需求、总体技术要求、关键技术、信息安全等多个方面。但是，大部分标准是分散在不同的团体组织或行业标准化委员会内来开展研究制定的，仍然需要相互之间的统筹协同，以推进形成体系完整的统一国家标准。

2.1.4　V2X 通信频率分配

2002 年，欧盟委托欧洲电子通信委员会（Electronic Communications Committee，ECC）将 5.795～5.805GHz 分配给初始的车-路系统，各国可以将该频段扩展至 5.815GHz。2008 年，ECC 为安全类相关的 ITS 应用分配了 30MHz 带宽（5875～5905MHz 频段），并建议将 5.905～5.925GHz 频段作为安全类相关的 ITS 应用的扩展频段。另外，ECC 建议为非安全类相关的 ITS 应用分配 20MHz 带宽（5855～5875MHz 频段）。除了 5.9GHz 频段外，63～64GHz 频段（1GHz 带宽）也被分配给 ITS 应用以应对高级 ITS 应用对容量的需求，但由于传播特性差，迄今为止还没有技术或系统使用该频段。ITS-G5 标准可采用 5470～5725MHz 免许可频段，与无线接入系统共享频谱。欧洲车联网通信标准由欧洲电信标准组织（ETSI）制定，包括地理位置路由协议和用于支持在 5.9GHz 频段进行车与车通信的接入层协议，即 ITS-G5。ITS-G5 包括物理层和数据链路层。数据链路层分为两个子层：MAC 子层和 LLC 子层。物理层和 MAC 子层基于 IEEE 802.11p 演进而来，LLC 子层基于 IEEE 802.2 演进而来。ITS-G5 还引入了分散式拥塞控制以避免网络过载。

在频率分配方面，美国联邦通信委员会于 1999 年率先为基于 IEEE 802.11p 的 ITS 业务在 5.9GHz 频段划分了 5.850～5.925GHz，带宽共计 75MHz，共 7 个信道（每个信道 10MHz）。其中，172 号信道（5855～5865MHz）被指定为提供安全应用的车与车通信专用信道，178 号信道（5885～5895MHz）为控制信道。FCC 还考虑在 176 号信道上开展一些提供 V2P 应用及其他业务的试验。

日本在 20 世纪 90 年代末将 5770～5850MHz 划分为 DSRC 信道，主要用于车辆信息和通信系统、电子通信系统应用。2012 年 2 月，日本无线工业及商贸联合会发布的规范《700MHz 频段智能交通系统》（ARIB STD-T109）中将 755.5～764.5MHz 频段划分给 ITS 的道路安全应用，带宽为 9MHz，中心频率为 760MHz。目前，5800MHz 频段中除了 ETC/占用的频谱外，仍存在潜在频谱供更多的 ITS 技术使用，如 C-V2X。

2018 年 10 月，工业和信息化部为支持我国智能网联汽车产业发展，印发了《车联网（智能网联汽车）直连通信使用 5905－5925MHz 频段管理规定（暂行）》，规划了共 20MHz 带宽的专用频率资源，用于基于 LTE 演进形成的 V2X 智能网联汽车的直连通信技术，同时，对相关频率、台站、设备、干扰协调的管理作出了规定。

2.2 C-V2X 通信网络架构

2.2.1 C-V2X 网络系统结构

C-V2X 通信网络业务涉及云端、路侧端和车载端 3 个部分。其中，云端与第三方业务应用的信息中心为路侧端和车载端发送全局的业务控制、业务共享信息，并存储全局设施、环境、用户、业务信息；路侧端与路侧信号控制器或者边缘服务器相连，收集驾驶、交通环境状态信息，进行路侧决策并发送路侧业务控制到车载端；车载端收集路侧控制信息、全局信息、周边环境信息以进行动态感知及实时决策。

C-V2X 系统架构如图 2.6 所示。

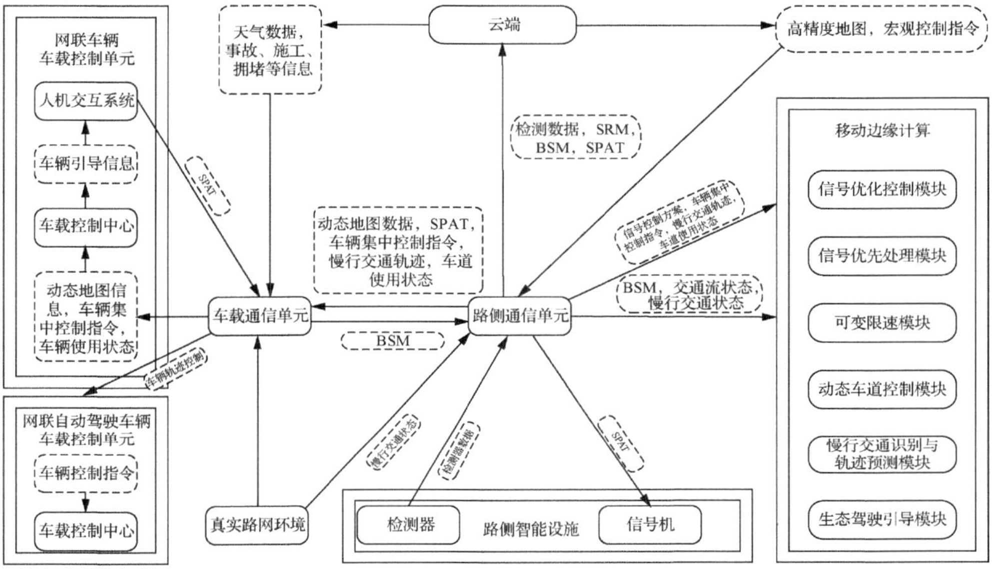

图 2.6　C-V2X 系统架构[8]

SPAT：signal phase and timing message，信号灯消息；BSM：basic safety message，基本安全消息。

LTE-V2X 是第一种蜂窝车联网（C-V2X）无线通信技术，定义了蜂窝通信方式和直连通信方式有机结合的系统架构及控制方式、物理层信道结构、资源分配方法和同步机制等关键技术，即确立了 C-V2X 的基本系统架构和技术原理。C-V2X 的系统架构原理包括蜂窝通信方式、直连通信方式及其对应的 Uu 接口、PC5 接口，如图 2.7 所示。

C-V2X 技术在 3GPP 的标准化分为两个阶段，包括 LTE-V2X 和 NR-V2X，二者互相补充，标准设计充分考虑了后向兼容性和前向兼容性。

（1）LTE-V2X：3GPP R14 完成基于 LTE-V2X 的标准化工作，在蜂窝通信中引入支持 V2X 短距直连通信的 PC5 接口，支持面向基本道路安全业务的通信需求，主要实现辅助驾驶和中低速自动驾驶功能。3GPP R15 是对 LTE-V2X 的增强，支持部分车联网增强应用需求。

（2）NR-V2X：3GPP R16 为支持高级 V2X 业务需求，研究基于 5G NR 的 PC5 接口和 Uu 接口的增强，已于 2020 年 6 月冻结①，3GPP R17 NR-V2X 标准化工作于 2022 年 6 月冻结。

---

① 冻结是指后续不能有新的特性加到这个版本里。这是为了防止后续把新的特性加到之前的版本里，导致厂家不停地去迭代，影响厂家整体开发的时间表。

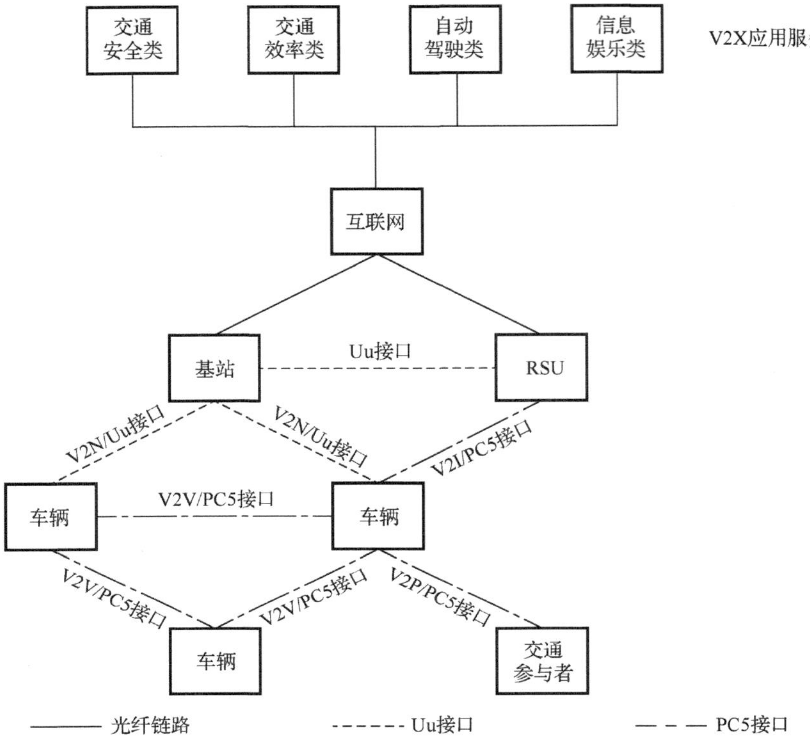

图 2.7 C-V2X 的系统架构原理

2.2.2 LTE-V2X 网络架构

基于 PC5 和 LTE Uu 的 V2X 架构参考模型[9]如图 2.8 所示。

参考点定义如下。

V1：V2X 应用程序和 V2X 应用程序服务器之间的参考点。

V2：V2X 应用程序服务器和操作员网络中 V2X 控制函数之间的参考点。V2X 应用程序服务器可以连接到属于多个公共陆地移动网（public land mobile network，PLMN）的 V2X 控制函数。

V3：启用 V2X 的用户设备（user equipment，UE）与运营商网络中的 V2X 控制函数之间的参考点。其基于 TS 23.303 第 5.2 条中定义的 PC3 参考点的服务授权和供应部分，适用于基于 PC5 的 V2X 和可选的基于 Uu 的 V2X。

V4：操作员网络中 HSS 和 V2X 控制函数之间的参考点。

V5：V2X 应用程序之间的参考点。

V6：V2X 控制函数之间的参考点。

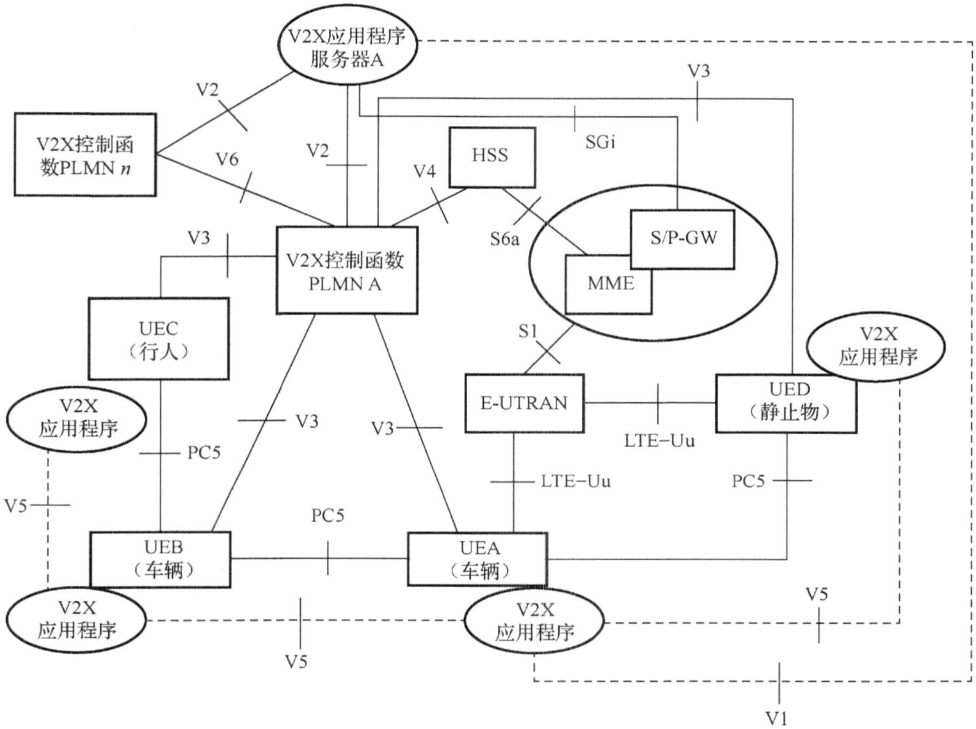

图 2.8　基于 PC5 和 LTE Uu 的 V2X 架构参考模型

LTE Uu：启用 V2X 的用户设备（UE）和演讲的通用移动通信系统（universal mobile telecommunications system，UMTS）陆地无线接入网（evolved UMTS terrestrial radio access network，E-UTRAN）之间的参考点。

PC5：V2V、V2I 和 V2P 服务的支持 V2X 的 UE 之间的参考点。

2.2.3　NR-V2X 网络架构

由 NR-V2X 的工作场景可知，NR-V2X 既可以工作在 5G 网络覆盖范围内，又可以工作在 4G 网络覆盖范围内。NR-V2X 网络架构设计要能够灵活支持上述两种覆盖情况，具体参见 3GPP 标准 TS 23.287[10]。NR-V2X 参考网络架构如图 2.9 所示，相应参考接口的说明如表 2.3 所示。

在 NR-V2X 参考网络架构中，主要功能实体如下。

（1）V2X 应用服务器：位于蜂窝网之外的 V2X 管理实体，提供对全局 V2X 通信（包括 PC5 及 Uu）的策略和参数的管理功能，以及对 V2X 终端的签约信息和鉴权信息的管理功能。

（2）5G 核心网：与 V2X 应用服务器连接，为蜂窝覆盖内的 V2X 终端提供对

V2X 通信的策略、参数配置及签约信息、鉴权信息的管理功能。与 4G 核心网不同，5G 核心网采用服务化架构，各个网络功能可以独立演进和扩展，3GPP 在 NR-V2X 中将 4G 核心网中的 V2X 控制功能实体（V2X control function，VCF）放在 5G 核心网的策略控制功能（policy control function，PCF）中。相应的，对 5G 核心网的功能实体进行了扩展。

① 统一数据存储库（unified data repository，UDR）功能扩展，用于存储 V2X 通信所有参数配置的数据库，可以根据 V2X 应用服务器的数据进行更新。

② 统一数据管理（unified data management，UDM）功能扩展，用于 V2X 终端 PC5 接口通信的签约信息管理。

③ 策略控制功能扩展，用于 V2X 终端的鉴权信息管理，以及 V2X 通信（PC5 和 Uu）的策略和参数管理，其中，PCF 通过 UDR 实现参数更新。

④ 接入和移动性管理功能扩展。一方面，根据 PCF 提供的 V2X 配置信息给终端提供 PC5 接口通信的策略和参数配置信息；另一方面，根据 PCF 和 UDM 提供的信息，管理终端 PC5 接口签约和授权状态的上下文信息。

⑤ 网络存储库功能（network repository function，NRF）扩展，主要根据 V2X 终端能力上报的信息，选择和发现对应的 PCF 配置。

（3）4G 核心网：与 V2X 应用服务器连接，通过 VCF 实体为蜂窝覆盖范围内的 V2X 终端提供 V2X 通信的策略和参数配置，以及签约信息和鉴权信息的管理。

（4）V2X 终端：根据获取的 V2X 通信（PC5 和 Uu）的策略和参数配置信息，在 PC5 或者 Uu 接口上进行 V2X 通信。

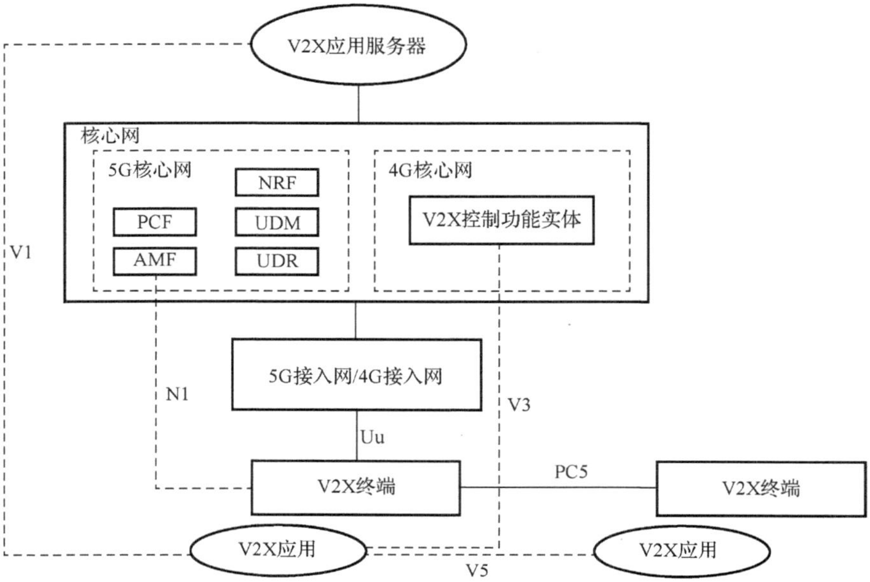

图 2.9　NR-V2X 参考网络架构

表 2.3　NR-V2X 相应参考接口的说明

参考接口	说明
V1	终端 V2X 应用与 V2X 应用服务器之间的参考接口
V3	在 4G 网络中，终端 V2X 应用与 V2X 控制功能实体（VCF）之间的参考接口
V5	不同终端 V2X 应用之间的参考接口
N1	在 5G 网络中，从接入和移动性管理功能（access and mobility management function，AMF）到 V2X 终端之间的参考接口

NR-V2X 终端的授权、策略和参数配置过程参见 3GPP 标准 TS 23.287，当终端位于蜂窝网络覆盖范围内时，相应的授权和参数配置都是通过网络进行的。当终端位于蜂窝网络覆盖范围外时，只有当终端明确知道自己的地理位置信息时，才可以根据鉴权信息进行直通链路通信。NR-V2X 的策略和参数配置信息中包括 PC5 无线接入技术（LTE-V2X PC5 或 NR-V2X PC5）选择策略的配置，不同 V2X 应用可以配置不同的 PC5 无线接入技术，从而实现 LTE-V2X 和 NR-V2X 的互补关系，而不是替代或者竞争关系。同时，在 NR-V2X 的策略和参数配置信息中，还包括 V2X 广播、多播和单播通信类型管理配置，以及 PC5 接口基于 QoS 流的参数配置。

V2X 终端获取 V2X 通信的鉴权、签约、策略配置和参数配置等信息的途径主要有以下 4 种，按照优先级从高到低排序，高优先级的信息可替代低优先级的信息。

① 通过 PCF 获取的 V2X 配置信息（N1 参考接口）。

② 通过 V2X 应用服务器获取的 V2X 配置信息（V1 参考接口）。

③ 通过全球用户身份卡（universal subscriber identity module，USIM）中存储的信息获取 V2X 配置信息。

④ 通过设备内预配置的信息获取 V2X 配置信息。

2.3　C-V2X PC5 通信技术

2.3.1　PC5 通信简介

C-V2X 在 PC5 接口上的机制设计以 LTE-D2D 技术为基础，为支持 V2X 消息（特别是车辆之间的消息）广播、交换快速变化的动态信息（如位置、速度、行驶方向等），以及包括车辆编队行驶、传感器共享在内的未来更先进的自动驾驶应用，在以下方面进行了增强设计。

1. 增强物理层结构，以便支持更高的速度

为了在高频段下支持高达 500km/h 的相对移动速度，解决高多普勒频率扩展以及信道快速时变问题，C-V2X 对物理层结构进行了增强。

2. 支持全球卫星导航系统同步

为了保证通信性能，C-V2X 的接收机和发射机需要在通信过程中保持相互同步。C-V2X 支持包括全球导航卫星系统（global navigation satellite system，GNSS）、基站和车辆在内的多种同步源类型，通信终端可通过网络控制或调取预配置信息等方式获得最优同步源，以尽可能实现全网同步。C-V2X 还支持最优同源的动态维护，使得终端可及时选取优先级更高的同步源进行时钟同步。

3. 更加高效的资源分配机制及拥塞控制机制

作为 C-V2X 的关键核心技术，PC5 接口支持调度式的资源分配方式（Mode-3）和终端自主式的资源分配方式（Mode-4）。此外，C-V2X 还支持集中式和分布式相结合的拥塞控制机制，这种机制可以显著提升高密度场景下接入系统的用户数。

2.3.2 NR-V2X PC5 协议栈和信道映射关系

NR-V2X PC5 协议栈复用了 NR Uu 协议栈设计[11]。图 2.10 给出了 NR-V2X PC5 接口的用户面协议栈结构，用于承载 V2X 应用数据。

（1）V2X 应用层：实现 V2X 应用层信息的交互，进行 V2X 应用消息的解析和组包。

（2）V2X 网络层：支持 IP/非 IP 传输方式。对于非 IP 传输，定义了 V2X 消息家族（V2X message family）字段，从而支持全球不同区域的 V2X 协议栈。对于 IP 传输，只支持 IPv6，不支持 IPv4。

（3）业务数据适配协议（service data adaptation protocol，SDAP）层：实现 V2X 业务的 PC5 QoS 流到直通链路无线承载的映射。

（4）PDCP 层：复用现有 Uu 接口设计，实现 V2X 数据包或者信令的包头压缩、加密和完整性保护。

（5）RLC 层：复用现有 Uu 接口设计，实现数据的分段和重传功能。

（6）MAC 层：复用现有 Uu 接口设计，除了实现逻辑信道复用、混合自动重传请求和调度等相关功能外，还新增了 PC5 资源选择、数据包过滤、上行传输和直通链路传输之间的优先级处理以及直通链路的信道状态信息（channel state information，CSI）上报功能。

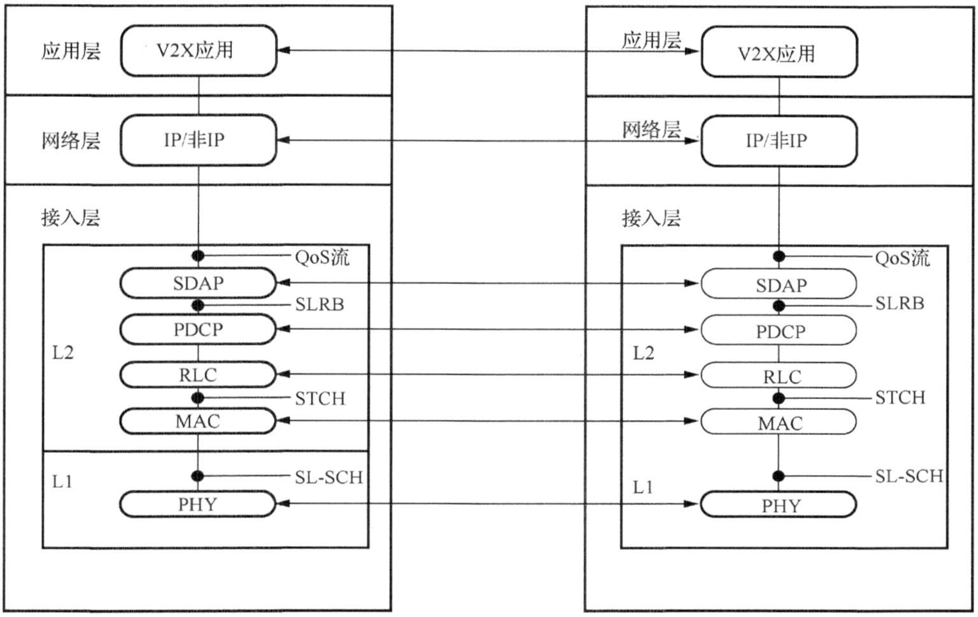

图 2.10　NR-V2X PC5 接口的用户面协议栈结构

（7）PHY 层：负责直通链路物理信道的处理，物理层以传输信道形式为 MAC 层提供服务。图 2.11 给出了 NR-V2X PC5 控制面协议栈结构，其中包括非接入层（non-access stratum，NAS）PC5 信令协议栈（PC5 signaling protocol stack，PC5-S）和接入层 PC5 控制面协议栈（PC5 control plane protocol stack，PC5-C）。PC5-S 用于非接入层信令交互，主要用于 PC5 单播的管理和控制。PC5-C 用于接入层的 RRC 层交互，且 NR-V2X PC5 控制面的协议栈仅用于单播通信。NR-V2X PC5 接口中对 RRC 层进行了大量简化，仅提供 V2X 终端之间的 PC5-RRC 信令交互、PC5-RRC 连接维护和释放、PC5-RRC 连接无线链路的失败检测等功能。

接入网维护的直通链路的无线承载分为两种——用于用户面数据传输的直通链路数据无线承载（sidelink data radio bearer，SL-DRB）、用于控制面传输的直通链路信令无线承载（sidelink signaling radio bearer，SL-SRB）。

PC5-S 协议栈用于 V2X 应用层触发的单播连接建立过程，在完成单播连接建立过程之后，PC5-C 通过 PC5-S 建立的单播通信 SL-SRB 进行 V2X 终端之间的 RRC 层能力和参数配置交互。

NR-V2X PC5 接口中逻辑信道、传输信道和物理信道之间的映射关系如图 2.12 所示。

（1）逻辑信道包括以下几种。

① 直通链路广播控制信道（sidelink broadcast control channel，SBCCH），用于承载直通链路系统广播信息。

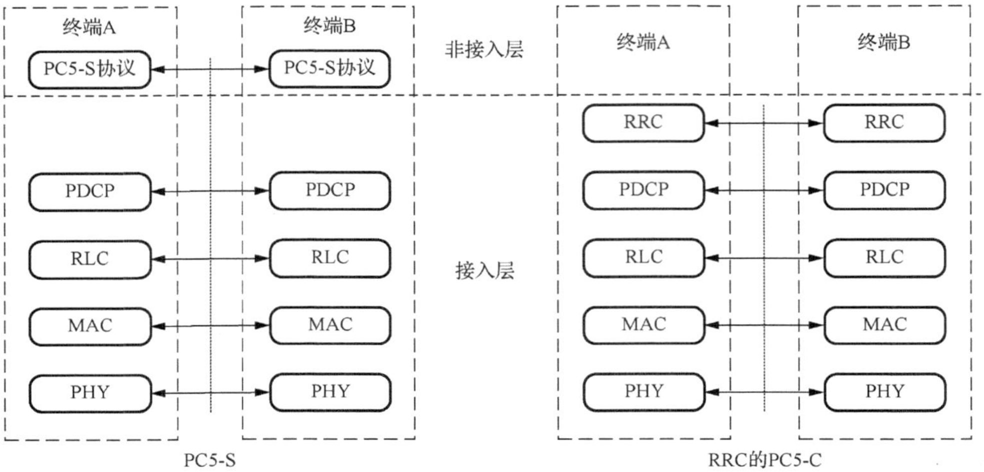

图 2.11 NR-V2X PC5 控制面协议栈结构[11]

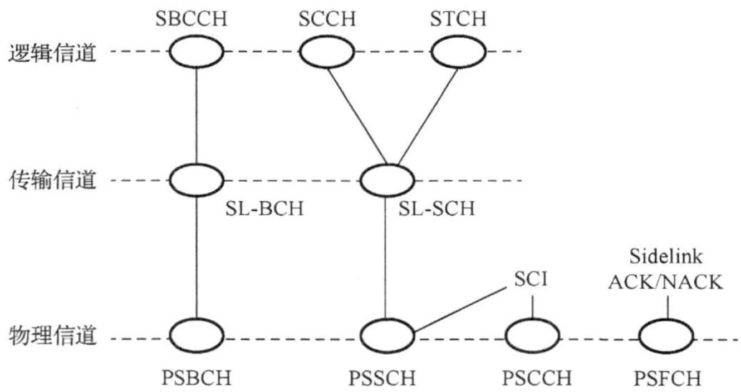

图 2.12 NR-V2X PC5 接口中逻辑信道、传输信道和物理信道之间的映射关系

② 直通链路控制信道（sidelink control channel，SCCH），用于承载终端之间的直通链路的高层控制信息。

③ 直通链路业务信道（sidelink traffic channel，STCH），用于承载终端之间的直通链路数据信息。

（2）传输信道包括以下几种。

① 直通链路广播信道（sidelink broadcast channel，SL-BCH），用于承载 SBCCH 映射的内容。

② 直通链路共享信道（sidelink shared channel，SL-SCH），是 V2X 终端之间的主要传输信道，用于承载 SCCH 和 STCH 映射的内容。

（3）物理信道包括以下几种。

① 物理直通链路广播信道（physical sidelink broadcast channel，PSBCH），承载 SL-BCH 信息，用于直通链路主系统信息块的传输（sidelink master information block，SL-MIB）。

② 物理直通链路共享信道（physical sidelink shared channel，PSSCH），承载 SL-SCH，用于业务数据传输和高层信令的传输。

③ 物理直通链路控制信道（physical sidelink control channel，PSCCH），承载物理层直通链路控制信息（sidelink control information，SCI），用于指示 PSSCH 的传输。

④ 物理直通链路反馈信道（physical sidelink feedback channel，PSFCH），承载物理层的直通链路的 ACK/NACK 信息。

2.3.3　NR-V2X PC5 广播管理

NR-V2X PC5 广播通信过程如图 2.13 所示。V2X 发送终端根据当前广播通信的 V2X 应用的业务标识及配置策略，确定对应的 PC5 链路的标识信息。

（1）二层的目标标识由广播通信模式下配置的 V2X 业务标识与二层目标标识的配置策略确定。

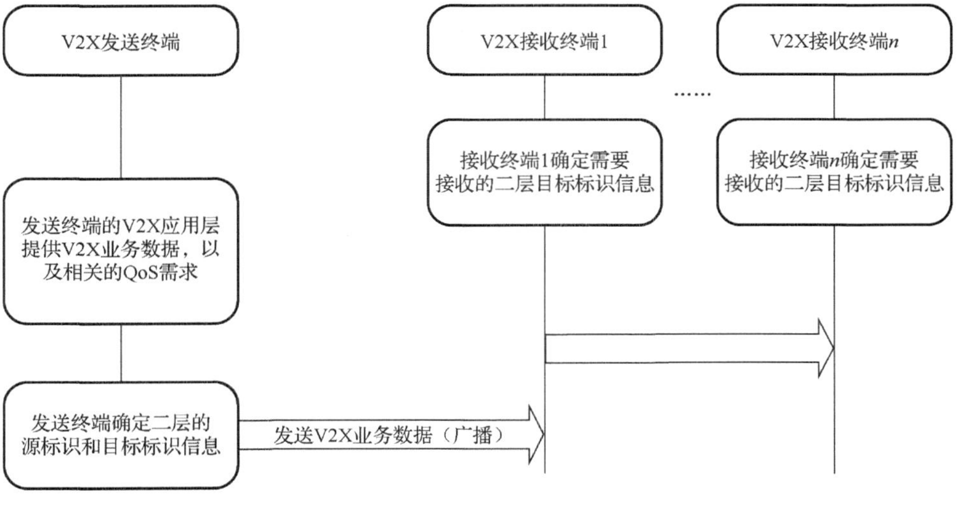

图 2.13　NR-V2X PC5 广播通信过程

（2）二层的源标识由 V2X 发送终端确定。根据当前自身签约的广播 V2X 业务集合，V2X 接收终端确定需要监听的二层目标标识集合，在接入层根据确定的二层目标标识接收相应的 V2X 业务数据。

2.3.4 NR-V2X PC5 多播管理

在 NR-V2X PC5 多播通信中，有两种多播通信的类型，如图 2.14 所示，具体如下。

（1）面向连接的多播通信：面向连接是指发送终端有确定的目标接收终端组，即组播模式，需要明确知道哪些车辆是组内成员。组播通信仅在基于 NR 的 PC5 参考点上被支持，适用于所有类型的组，即应用层无连接组和应用层管理组。其中，对于应用层管理组，如果 V2X 应用层提供了组大小和成员 ID，则 V2X 层将它们传递给 AS 层以进行组播控制。在这种类型中，由 V2X 应用层管理组标识的分配及组内成员的标识。其典型的应用场景是车辆编队行驶。

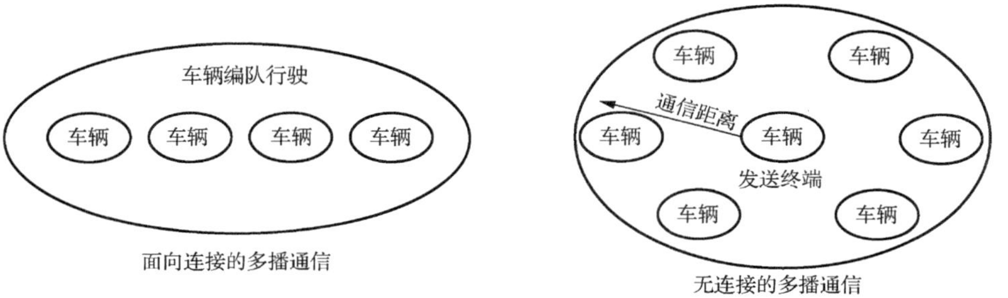

图 2.14　NR-V2X PC5 多播通信的两种类型

（2）无连接的多播通信：V2X 应用层没有明确的组管理机制，是一种基于距离的动态多播通信，V2X 应用层不知道具体参与多播的成员信息。在无连接的多播通信中需要有通信距离参数。

NR-V2X PC5 多播通信过程如图 2.15 所示。在多播通信中，V2X 发送终端确定二层目标标识的方式与广播情况下略有不同。其中，在面向连接的多播通信中，V2X 应分配明确的组标识信息，二层的目标标识根据组标识信息获得；在无连接的多播通信中，二层的目标标识根据多播通信模式下配置的 V2X 业务标识与二层目标标识的配置策略来确定，这种方式与广播模式下的二层目标标识确定的方法是一致的，都由 V2X 发送终端确定。V2X 接收终端根据当前自身 PC5 多播签约信息，确定支持的面向连接的多播通信标识，以及无连接的多播通信的二层目标标识集合，进行相应的 V2X 业务的接收。

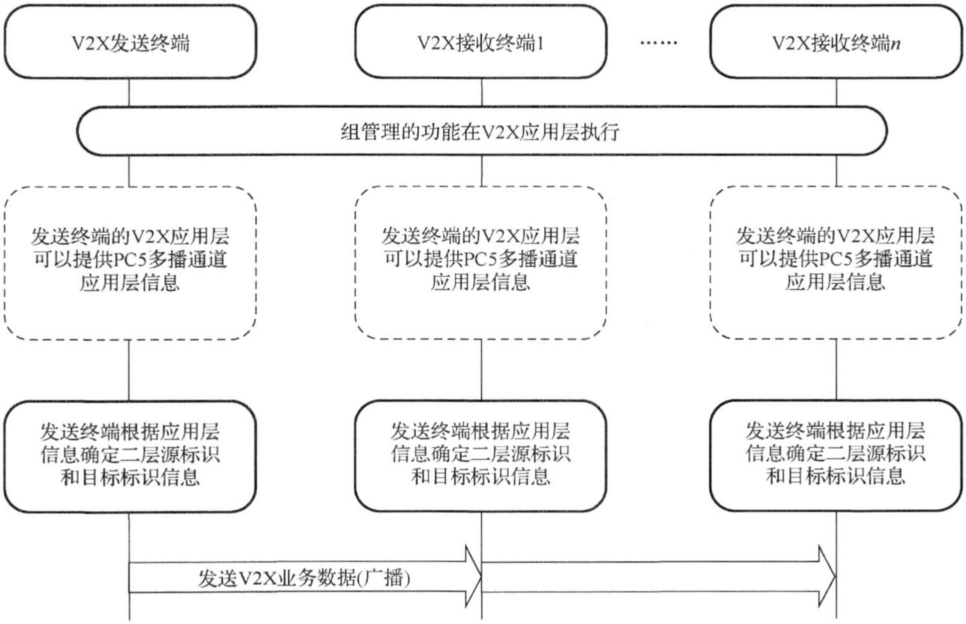

图 2.15　NR-V2X PC5 多播通信过程[10]

2.3.5　NR-V2X PC5 单播管理

仅在基于 NR-V2X 的 PC5 参考点上支持单播通信模式。NR-V2X PC5 单播通信同样通过二层源标识和目标标识管理 PC5 单播链路。PC5 单播连接建立过程包括单播链路连接建立、链路更新和链路释放。NR-V2X PC5 单播连接建立过程如图 2.16 所示，其中，终端 1 为 PC5 连接建立的源用户，终端 2 为目标用户。PC5 单播连接建立过程如下。

（1）在配置策略中配置了用于进行 PC5 单播连接建立的默认二层目标标识信息，此默认二层目标标识信息用于 PC5 单播连接建立的发起和信令交互。

（2）PC5 单播通信的两个用户之间通过连接建立过程交互各自的二层源标识信息，形成各自的单播通信二层源标识和二层目标标识信息，具体过程如下。

① PC5 连接的发起方，即源用户（终端 1），通过 PC5 广播的方式发送直通链路单播通信请求消息，消息中包括终端 1 的 V2X 应用层标识信息和二层标识信息，以及可选的包含目标用户的标识信息。当直通链路单播通信请求中包含目标终端的标识信息时，为面向用户的单播连接建立过程；否则为面向 V2X 业务的单播连接建立过程，即对该业务感兴趣的用户会响应当前的单播连接建立请求。

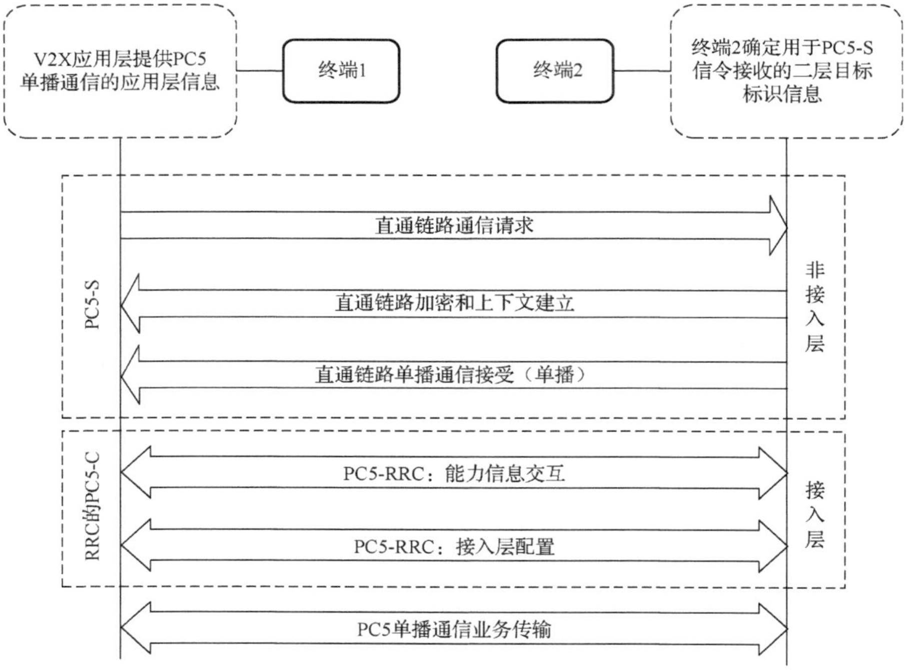

图 2.16 NR-V2X PC5 单播连接建立过程

② 接收用户（终端 2）根据默认的用于 PC5-S 信令交互的二层目标标识信息，检测直通链路单播通信请求。当终端 1 发送的直通链路单播通信请求中包含目标终端的标识信息，且目标终端的标识信息为终端 2 时，终端 2 反馈直通链路单播通信接收消息。当终端 1 发送的直通链路单播通信请求中不包含目标终端的标识信息时，对终端 1 发送的 V2X 业务感兴趣的其他终端会反馈直通链路单播通信接收消息。直通链路单播通信接受消息中包括终端 2 的 V2X 应用层标识信息和二层源标识信息。

（3）通过 PC5 单播通信的连接建立过程，终端 1 的二层目标标识信息为终端 2 的二层源标识信息，相应的，终端 2 的二层目标标识信息为终端 1 的二层源标识信息。

（4）在完成 PC5-S 层的直通链路单播连接建立过程之后，PC5-RRC 层通过 PC5-S 建立的单播通信的 SL-SRB 进行 V2X 终端间的 RRC 层能力和参数配置的交互，配置直通链路的接入层参数。

当 V2X 通信通过 PC5 单播链路进行传输时，适合使用的原则如下。

① 两个终端之间的 PC5 单播链路允许这些终端中的一对或多对对等 V2X 服务之间进行 V2X 通信。终端中使用相同 PC5 单播链路的所有 V2X 服务使用相同的应用层 ID。

② 一个 PC5 单播链路支持一种或多种 V2X 服务类型，前提是这些 V2X 服务类型至少与该 PC5 单播链路的对等应用层 ID 对相关联。

③ PC5 单播链路支持使用单个网络层协议（如 IP 或非 IP）的 V2X 通信。

④ PC5 单播链路支持每流 QoS 模型。如果多种 V2X 服务类型使用 PC5 单播链路，则由 PFI 标识的一个 PC5 QoS 流可以与一种以上的 V2X 服务类型相关联。

当终端中的应用层需要 PC5 参考点上的单播通信模式的 V2X 服务类型发起数据传输时，存在以下两种情况。

① 如果该 PC5 单播链路的对等应用层 ID 和网络层协议与终端中该 V2X 业务所需的对等应用层 ID 和网络层协议相同，则终端应重新使用现有的 PC5 单播链路，并按规定修改现有 PC5 单播链路，增加该 V2X 业务类型。

② UE 应触发新 PC5 单播链路的建立。

成功建立 PC5 单播链路后，终端 A 和终端 B 使用同一对二层 ID 进行 PC5-S 信令消息交换和 V2X 业务数据传输。发送终端的 V2X 层向 AS 层指示传输是针对 PC5-S 信令消息（即直接通信请求/接受、链路标识符更新请求/响应/ACK、断开请求/响应、链路修改请求/接受、保持活动/ACK），还是 V2X 业务数据。

2.4　C-V2X Uu 通信技术

2.4.1　Uu 接口

Uu 接口为终端和基站之间的通信接口，其特点是实现长距离和更大范围的可靠通信。为了更好地匹配 V2X 的业务特性，C-V2X 在 Uu 接口上主要对以下方面进行了功能增强。

1. 上下行传输增强

上行传输支持基于业务特性的多路半静态调度，在保证业务传输高可靠性需求的前提下可大幅缩减上行调度时延。下行传输针对 V2X 业务的局部通信特性，支持小范围的广播，支持低时延的单小区点到多点传输（single cell point-to-multipoint，SC-PTM）和多播/组播单频网络（multicast/broadcast single frequency network，MBSFN）。此外，LTE-V2X 支持核心网元本地化部署，并针对 V2X 业务特性定义了专用服务质量参数来保证业务传输性能。

2. MEC 研究

针对具备超低时延、超高可靠性传输需求的车联网业务（如自动驾驶、实时高清地图下载等），C-V2X 可以采用 MEC 技术。目前，ETSI 和 3GPP 都将其作为重点项目，针对 MEC 整体框架、用户面选择、业务分流、移动性和业务连续性以及网络功能开放等关键方面进行了研究。

2.4.2 Uu 分层协议

Uu 协议栈结构如图 2.17 所示。

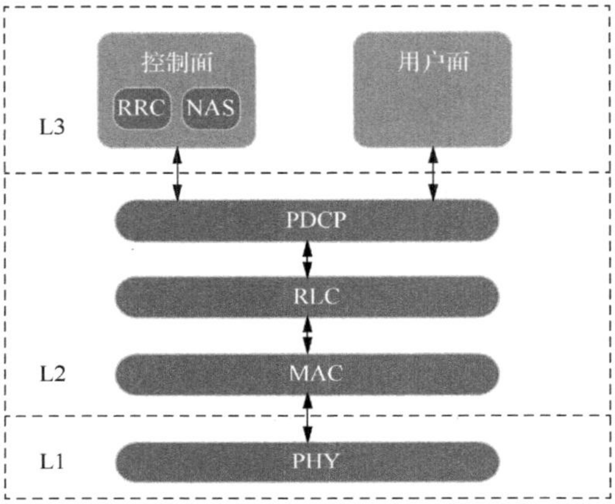

图 2.17 Uu 协议栈结构

第一层：物理层（PHY），为高层的数据提供无线资源，如调制编码、正交频分复用（orthogonal frequency division multiplexing，OFDM）等。物理层实现数据的最终处理，如编码、调制、多输入多输出（multiple-in multiple-out，MIMO）、发射分集等。

第二层：数据链路层（MAC/RLC/PDCP），实现对不同的第三层数据的区分标识，为高层数据的传输提供必要的处理和有效的服务。其对控制面的 RRC 和 NAS 信令消息进行加密/解密和完整性校验；对于用户面，只进行加密/解密，为提高空中接口的效率，对用户的 IP 报文进行头压缩；RLC 层对高层数据进行大小适配，保证可靠传送；MAC 层负责无线资源的分配调度，如基于 QoS 的调度、信道的映射和复用。

第三层：网络层（RRC 信令及用户面数据），控制接口服务的使用者。

NAS 是终端和移动性管理实体（mobility management entity，MME）之间交互的信令，主要承载的是 SAE 控制信息，如移动性管理信息和安全控制信息等，eNode 只负责对 NAS 信令的透明传输。NAS 信令分为 EPS 移动性管理（EPS mobility management，EMM），如注册和位置更新，以及 EPS 会话管理（EPS session management，ESM），如通话建立。

RRC 层主要实现无线管理功能，如切换、接入、NAS 信令处理，相当于 eNodeB（简称 eNB）的“司令部”，负责对终端进行管理。

2.4.3　LTE Uu 传输或接收 V2V/P 服务的 V2X 消息

对应于关键问题“V2V 服务和 V2P 服务的 V2X 消息传输/接收”和关键问题“eMBMS 的延迟改进”，可以使终端通过 LTE Uu 发送 V2X 消息，V2X 消息再通过 LTE Uu 转发给多个终端，如图 2.18 所示。

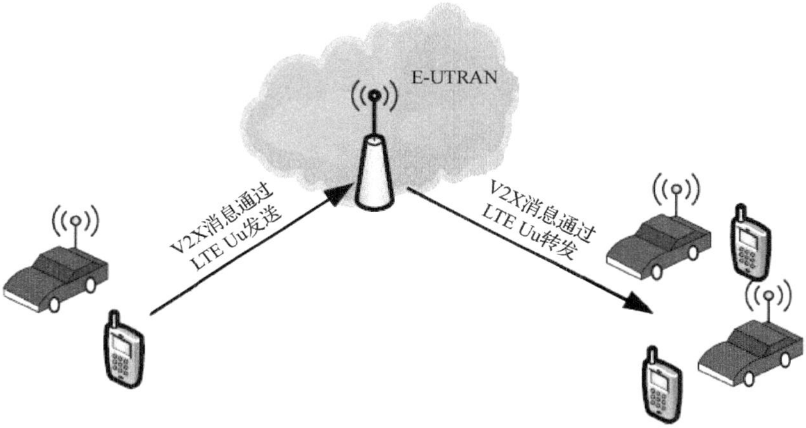

图 2.18　通过 LTE Uu 传输 V2X 消息[9]

为了减少使用 LTE Uu 传输 V2V/V2P 服务的 V2X 消息的时延，图 2.19 描述了时延改进的协议架构，即 LTE Uu 传输消息架构。对于上行链路/下行链路单播，可以考虑在 TS 23.401 中定义的 SIPTO，用于由终端发起的 V2X 消息的本地化路由。对于下行链路广播，本地 MBMS 可考虑对发送给终端的 V2X 消息进行本地化路由。建议该架构中的核心网络实体和 V2X 应用服务器位于接入网附近，以便延迟改进。

V2X 应用车辆和 V2X 应用服务器传输数据的流程如下：V2X 应用车辆通过 LTE Uu 接口与基站（eNB）进行数据交互，eNB 可以通过核心网（EPC）、接入网（E-UTRAN）、多媒体广播多播业务（MBMS）3 种方式进行数据传输，最后数据通过相应的接口送达 V2X 应用服务器。各接口的功能介绍如下。

S1-U 接口：eNB 和本地网关（local gateway，L-GW）/服务网关（service gateway，S-GW）之间的接口，用于承载用户面隧道和切换时 eNB 之间的路径交换。该接口采用 GTP-U 协议，下层为 UDP。其中，GTP-U 协议用于在 eNB 和 S-GW 之间进行用户数据的隧道传输，UDP 用于封装用户数据。

S1-MME 接口：eNB 和 MME 之间的接口，用于传输用户数据和相应的用户面控制帧。该接口底层采用 SCTP 协议，应用层采用 S1-AP 协议。

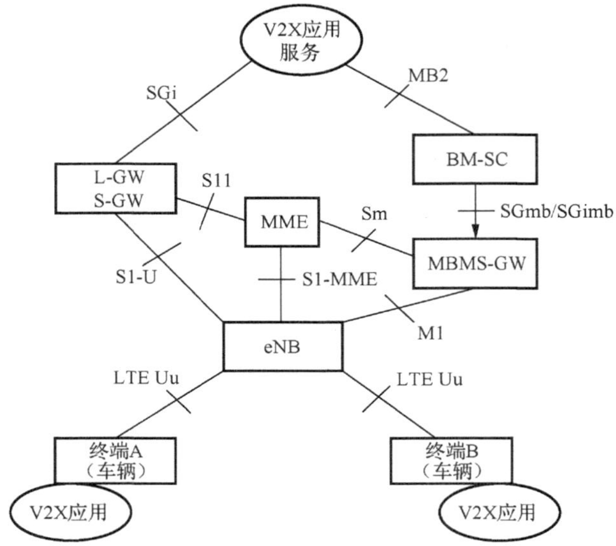

图 2.19 LTE Uu 传输消息架构

S11 接口：MME 和 L-GW/S-GW 之间的接口，用于传输承载控制与会话控制等信息。该接口采用 GTPv2 的控制面协议 GTPv2-C，下层为 UDP。其中，GTPv2-C 用于对 MME 和 S-GW 之间的信令消息进行隧道化封装，UDP 用于传输 MME 和 S-GW 之间的信令消息。

SGi 接口：L-GW/S-GW 和分组数据网络之间的接口，包括 IMS 核心网、外部公共或私人数据网，类似于 Gi 接口。

M1 接口：多媒体广播多播业务网关（MBMS-GW）和 eNB 之间的用户面接口，对于 MBSFN 多小区传输，这里使用 SYNC 协议来保证 MBMS 内容同步。

SGmb 接口：实体广播组播业务中心（BM-SC）和 MBMS-GW 用户面之间的接口，负责中转 BM-SC 与 MBMS-GW 控制面功能之间的信令。

SGimb 接口：BM-SC 和 MBMS-GW 用户面之间的接口，负责接收来自 BM-SC 的 MBMS 业务数据。

MB2 接口：MBMS-GW 和分组数据网络之间的接口，包括 IMS 核心网、外部公共或私人数据网等。

2.4.4 基于 eMBMS 和 LTE Uu 的 V2X 架构参考模型

基于 eMBMS 和 LTE Uu 的 V2X 架构参考模型如图 2.20 所示。

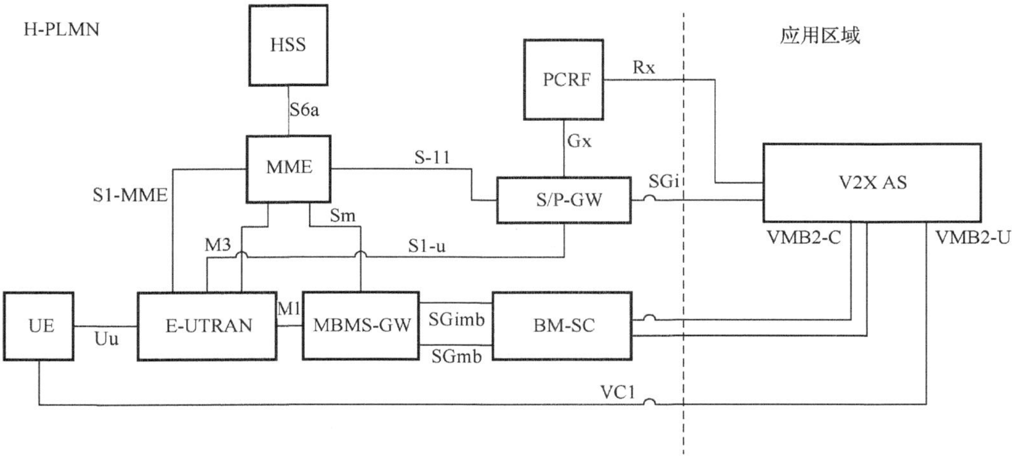

图 2.20　基于 eMBMS 和 LTE Uu 的 V2X 架构参考模型

参考点定义如下。

（1）V2X AS：用于 V2X 所需的网络相关操作的逻辑函数。

（2）VC1：V2X AS 和终端上的应用程序客户端之间的参考点。

（3）VMB2：V2X AS 和 BM-SC 之间的参考点。

（4）SGmb/SGimb/M1/M3：位于 MBMS 系统内部，并在 TS 23.246[4]中定义。

（5）LTE Uu：启用 V2X 的终端和 E-UTRAN 之间的参考点。

参 考 文 献

[1] STIBOR L, ZANG Y P, REUMERMAN H J. Evaluation of communication distance of broadcast messages in a vehicular ad-hoc network using IEEE 802.11p[C]//2007 IEEE wireless communications and networking conference, March 11-15, 2007, Hong Kong. IEEE, 2007: 254-257.

[2] NAIK G, CHOUDHURY B, PARK J M. IEEE 802. 11 bd & 5G NR V2X: Evolution of radio access technologies for V2X communications[J]. IEEE access, 2019, 7: 70169-70184.

[3] 陈山枝，胡金玲，等．蜂窝车联网（C-V2X）[M]．北京：人民邮电出版社，2020.

[4] KENNEY J B. Dedicated short-range communications(DSRC)standards in the united states[J]. IEEE, 2011, 99(7): 1162-1182.

[5] 刘宗巍，匡旭，赵福全．V2X 关键技术应用与发展综述[J]．电讯技术，2019，59（1）：117-124.

[6] CHAN E S, FISCHER S, SLOAN S, et al. Intelligent transportation systems(its)joint program office: strategic plan 2020–2025[R]. United States Department of Transportation Intelligent Transportation Systems Joint Program Office, 2020.

[7] IMT-2020(5G)推进组 C-V2X 工作组. C-V2X 白皮书[R]. 深圳：IMT-2020（5G）推进组 C-V2X 工作组，2018.

[8] 王天军，叶则南，曾繁俊，等．5G 通讯技术在 V2X 中的应用[J]．汽车实用技术，2020，45（23）：20-22.

[9] 3GPP TR 23.785 V14.0.0. Technical specification group services and system aspects; study on architecture enhancements for LTE support of V2X services(Release 14)[S]. Sophia antipolis, France: ETSI, 2016.

[10] 3GPP TS 23.287 V16.2.0. Architecture enhancements for 5G system(5GS) to support vehicle-to-everything(V2X) services[S]. Sophia antipolis, France: ETSI, 2020.

[11] 3GPP TS 38.300 V16.1.0. NR and NG-RAN overall description; stage-2[S]. Sophia antipolis, France: ETSI, 2020.

第3章　C-V2X车联网应用层标准分析

目前，我国C-V2X车联网应用层标准分为两个阶段。第一个阶段主要涵盖安全、效率、信息服务三大类共17个典型应用场景。第二个阶段包括面向安全、效率、信息服务、交通管理、高级智能驾驶等领域共12个典型应用场景。

3.1　C-V2X研究与应用现状

目前，世界各国对于智能网联汽车的研究不仅仅局限于政策的研究和技术的开发，美国、欧盟、日本和中国等多个国家/地区已经开始建设智能网联示范区或专业测试场，来进行智能网联汽车与智慧交通前沿技术研究和标准研究。C-V2X商业发展进程如图3.1所示。

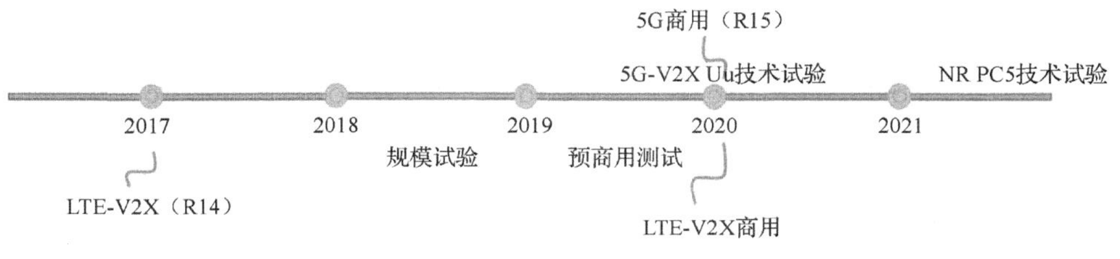

图3.1　C-V2X商业发展进程

C-V2X的研究与应用现状如下。

（1）核心芯片/模组和终端产品研发产业化基本成熟。一是中信科智联、华为、高通、移远、芯讯通、奥托通信等企业已对外提供基于LTE-V2X的商用芯片/模组；二是华为、中信科智联、中国移动、金溢、星云互联、东软、万集等厂商已经可以提供基于LTE-V2X的OBU、RSU硬件设备以及相应的软件协议栈。

（2）相关终端产品已具备商用基础，产业接受程度逐步提升。一是汽车厂商接受度达到较高水平，上汽集团、一汽集团、福特、通用、吉利汽车等逐步开发相关产品，大力推动新车的联网功能。2019年3月，福特宣布首款C-V2X车型于2021年量产；截至2023年底，福特的新一代蒙迪欧、EVOS、Mustang Mach-E、锐界PLUS等车型都搭载了C-V2X技术。2019年4月，上汽集团、一汽集团、东风公司、长安汽车、北汽集团、广汽集团、比亚迪汽车、长城汽车、江淮汽车、东南汽车、众泰汽车、江铃集团新能源、宇通客车等 13 家车企共同发布了 C-V2X 商用路标：2020 下半年至 2021 上半年陆续实现 C-V2X 汽车量产。此外，据佐思汽研统计，从 2020 年 C-V2X 正式量产装车至今，中国国内已有超过 20 款量产车型搭载了 C-V2X 技术，预计 2026 年装配率可达 10%，装配量可超过 200 万台。汽车厂商对 C-V2X 的接受程度越来越高，汽车产业具备了较好的产业推广环境。二是交通行业将其作为新技术选择，交通运输和交通管理行业的主管部门、科研机构和企业等纷纷表达了对 C-V2X 技术的支持，并在各个城市的车联网示范区、先导区与“双智”城市建设示范区等进行试验，但在具体设备产品应用和规模化示范中的推动工作仍需进一步加强。各地、各行业对平台与运营模式进行了积极探索，但目前还未形成成熟稳定的模式。

3.1.1 国家对 C-V2X 车联网发展规划

在 C-V2X 业务演进阶段，驾驶安全、交通效率、信息服务三大类业务结合车路协同的发展，相关政策法规正在制定与完善中，主要包括智能驾驶、通信频谱资源分配和用户隐私保障法律等相关法律法规。在智能网联汽车的发展过程中，智能化的定义随着技术发展不断更改及完善，关于汽车智能化设备的研发、应用、测试相关的法规还在不断制定和完善过程中，需要各级主管部门与研发单位共同参与。在车联网通信频谱资源分配方面，随着物联网技术的快速发展，对频谱资源的需求越来越多，而频谱空间是有限的，如何提高频谱的利用率是人们需要考虑的问题。高通公司曾经提出分配频段的方法，但由于不符合利用 C-V2X 改善道路交通的初衷而遭到汽车产业的普遍反对。从这可以看出，如今的通信资源是十分紧张的，要想使汽车在智能网联中占有一席之地，就必须加快 C-V2X 的开发和利用。同时，随着网联化的进一步推广，车辆的信息安全与用户隐私问题也逐渐暴露出来。装载 C-V2X 通信的汽车不像传统汽车，传统汽车的信息是封闭的，而装载 C-V2X 的汽车需要和其他车辆、基础设施及行人进行实时通信，使用装有 C-V2X 的汽车的信息安全与用户隐私数据更容易暴露在攻击者的视野范围内。所以，如何有效地保护车辆信息与用户隐私信息，是车联网应用推广中不可回避的问题。

工业和信息化部作为 5G 研发的主管部门，车联网的标准化也一直是由其主导的，主要标准基于 C-V2X 相关标准。随着车联网技术的不断成熟，国家产业扶持政策持续推进，按照车联网发展规划，2019～2021 年路侧设施进行试点部署，完成安全、MEC、云控平台、测试等配套测试；2020 年，C-V2X 开始初步量产前装；到 2025 年，目标渗透率将达到 50%，如图 3.2 所示。

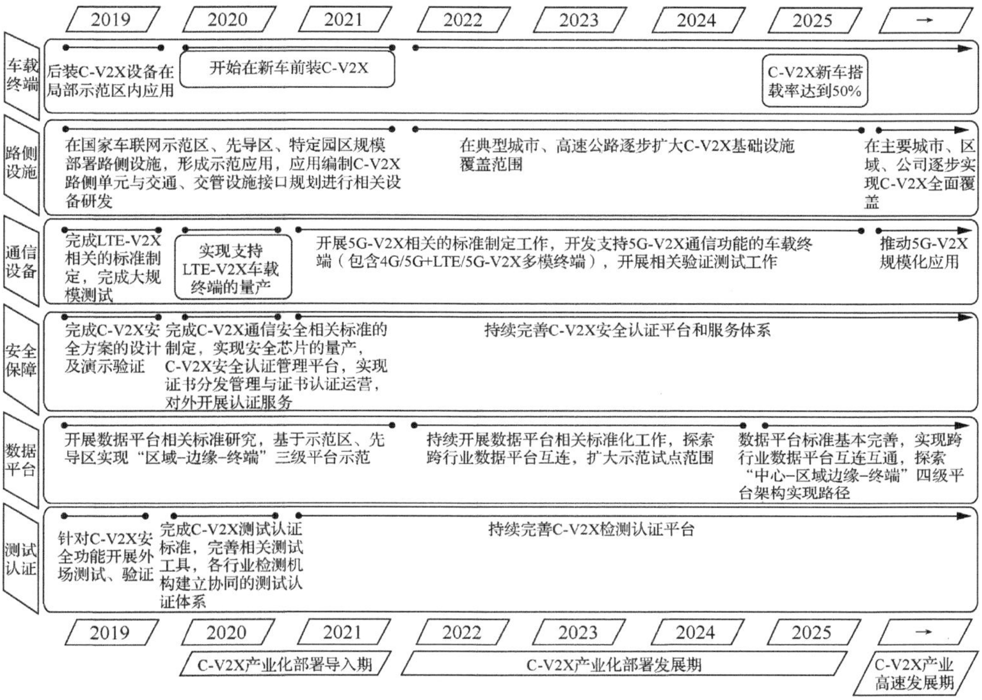

图 3.2 车联网发展规划

2020 年后，我国在 C-V2X 通信标准、应用示范方面取得了长足进步，逐步完善了 C-V2X 车辆网的相关技术验证测试规范、政策法规、应用标准的制定，分别在北京、天津、上海、重庆、无锡等地大力推进车联网先导区建设，为 C-V2X 车联网在智能网联汽车、智能交通、智慧城市建设全面推广等方面积累经验、打下基础。

目前，我国车联网的发展正在经历以下 3 个阶段。

2019～2021 年为 C-V2X 产业化部署导入期。在这一阶段，C-V2X 通信设备、安全保障、数据平台、测试认证可基本满足 C-V2X 产业化初期部署需求。同时，在国家车联网示范区、先导区及部分特定园区部署路侧设施，形成示范应用，车企逐步在新车前装 C-V2X 设备，鼓励后装 C-V2X 设备，车、路部署相辅相成，形成良性循环，C-V2X 生态环境逐步建立，探索商业化运营模式。

2022～2025 年为 C-V2X 产业化部署发展期。根据示范区、先导区建设经验，形成可推广的商业化运营模式，在全国典型城市和道路上进行推广部署，并开展应用。

2025 年以后为 C-V2X 产业高速发展期。逐步实现 C-V2X 全国覆盖，建成全国范围内的多级数据平台，跨行业数据实现互连互通，提供多元化出行服务。

3.1.2 C-V2X 的典型应用场景

目前 C-V2X 的应用场景正从信息服务类应用向交通安全和效率类应用发展，并逐步向支持实现自动驾驶的协同服务类应用演进。

C-V2X 典型的应用场景如下。

1. 交通安全

交通安全是 C-V2X 最重要的应用场景之一，对避免交通事故、降低事故带来的生命财产损失有十分重要的意义。典型的交通安全应用场景包括交叉路口碰撞预警等。交叉路口碰撞预警是指在交叉路口，车辆探测到与侧向行驶的车辆有碰撞风险时，通过预警声音或影像提醒驾驶员以避免碰撞。典型的交通安全应用场景如表 3.1 所示。该场景下车辆需要具备广播和接收 V2X 消息的能力。

表 3.1 典型的交通安全应用场景

交通安全应用场景	优先级	
	基本	扩展
前向碰撞预警	√	
跟车过近提醒		√
RSU 提醒碰撞		√
碰撞前警告（碰撞不可避免）		√
左转辅助/告警	√	
汇入主路辅助/碰撞告警	√	
交叉路口碰撞告警（有信号灯/无信号灯/非视距等，存在路侧单元）	√	
交叉路口碰撞告警（有信号灯/无信号灯/非视距等，不存在路侧单元）	√	
超车辅助/逆向超车提醒/借道超车	√	
盲区告警/换道辅助	√	
紧急制动预警（紧急电子制动灯）	√	
车辆安全功能失控预警	√	
异常车辆告警（包含前方静止/慢速车辆）	√	
静止车辆提醒（由交通意外、车辆故障等造成）	√	
摩托车靠近告警		√
慢速车辆预警（如拖拉机、大货车等）		√

2. 交通效率

交通效率是 C-V2X 的重要应用场景，也是智慧交通的重要组成部分，对于缓解城市交通拥堵、节能减排具有十分重要的意义。典型的交通效率应用场景包括车速引导等。车速引导是指路侧单元收集交通信号灯的配时信息，并将交通信号灯当前状态及当前状态剩余时间等信息广播给周围车辆。车辆收到该信息后，结合当前车速、位置等信息，计算出建议行驶速度，并向车主进行提示，以提高车辆不停车通过交叉路口的可能性。典型的交通效率应用场景如表 3.2 所示，该场景需要 RSU 具备收集交通信号灯信息，并向车辆广播 V2X 消息的能力，周边车辆需要具备收发 V2X 消息的能力。

表 3.2　典型的交通效率应用场景

交通效率应用场景	优先级	
	基本	扩展
减速区/限速提醒（隧道限速、普通限速、弯道限速）	√	
减速/停车标志提醒（倒三角/“停”）		√
减速/停车标志违反警告		√
车速引导	√	
增强导航（接入 Internet）		√
十字路口通行辅助		√
专用车道动态使用（普通车动态借用专用车道）/专用车道分时使用（分时专用车道）/潮汐车道/紧急车道		√
潮汐车道/紧急车道		√
禁入及绕道提示（道路封闭、临时交通管制等）		√
车内标牌	√	
电子不停车收费	√	
自适应巡航（后车有驾驶员）		√
自适应巡航（后车无驾驶员）		√
货车/大车车道错误提醒		√
协作式车队		√

3. 信息服务

信息服务是提高车主驾车体验的重要应用场景，是 C-V2X 应用场景的重要组成部分。典型的信息服务应用场景包括紧急呼叫业务等。紧急呼叫业务是指当出现紧急情况（如安全气囊引爆或车辆侧翻等）时，车辆能自动或手动通过网络发起紧急救助，并对外提供基础的数据信息，包括车辆类型、交通事故时间及地点等。服务提供方可以是政府紧急救助中心、运营商紧急救助中心或第三方紧急救助中心等。典型的信息服务应用场景如表 3.3 所示，该场景需要车辆具备 V2X 通信的能力，并能与网络建立通信联系。

表 3.3 典型的信息服务应用场景

信息服务应用场景	优先级	
	基本	扩展
兴趣点提醒		√
近场支付	√	
自动停车引导及控制	√	
充电站目的地引导（有线/无线电站）		√
电动汽车自动泊车及无线充电		√
本地电子商务		√
汽车租赁/分享		√
电动车分时租用		
媒体下载		√
地图管理、下载/更新		√
经济/节能驾驶		√
即时消息（V2V）		√
个人数据同步		√
求救/eCall 业务	√	
车辆被盗/损坏（包括整车和部件）警报	√	
车辆远程诊断，维修保养提示	√	
车辆关系管理（接入 Internet）		√
车辆生命周期管理数据采集		√
按需保险业务（即开即交保）		√
车辆软件数据推送和更新		√
卸货区管理		√
车辆和 RSU 数据校准		√
电子号牌		√

4. 自动驾驶

与现有的摄像头视频识别、毫米波雷达、激光雷达类似，V2X 是获得其他车辆、行人运动状态（车速、制动、变道）的一种信息交互手段，且不容易受天气、障碍物及距离等因素的影响。同时，V2X 有助于为自动驾驶的产业化发展构建一个共享分时租赁、车-路-人-云协同的综合服务体系。

人-车-路-云之间的全方位连接和高效信息交互，如协作式车队管理是指车队的车头从云端及周边车辆获取安全、交通环境、车载传感器等信息，形成车队行驶策略，从而完成整个车队的动态管理，确保车队安全、高效出行。协作式车队管理适用于网络覆盖下的城市及郊区道路。该应用能够有效提升车队管理效率，保证车队车头信息获取的全面性，既能从云端获取基于整体交通状况的行驶建议，又能通过车队内车辆间信息的共享交互实现近距离安全行驶，还能实时进行车队内及车队间灵活调控，实现安全与效率的同时提升。自动驾驶的主要应用场景包括车辆加入/离开车队、车辆编队融合/拆分等，如图 3.3 所示。

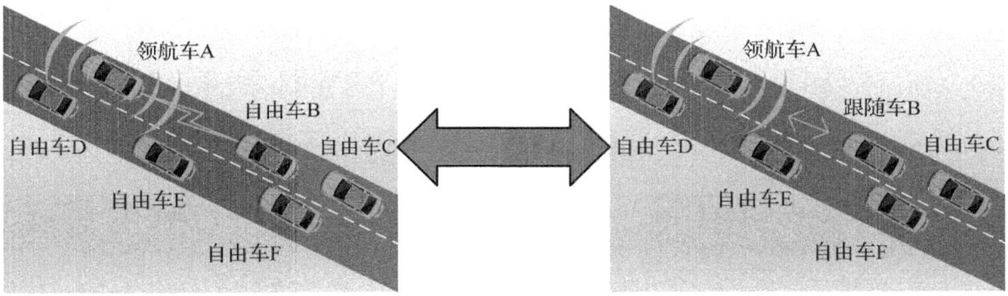

（a）车辆B加入/离开车队

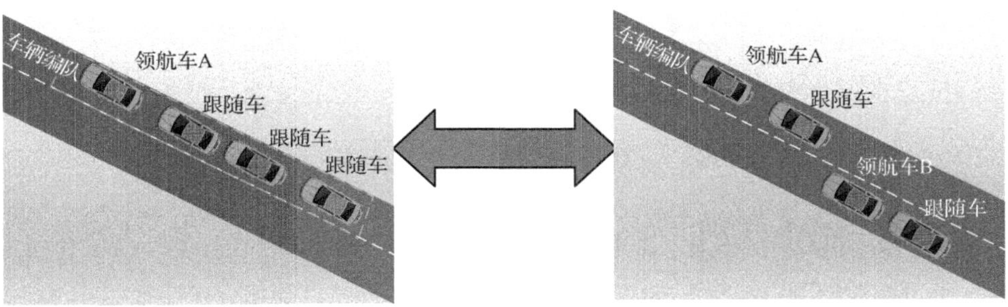

（b）车辆编队融合/拆分

图 3.3 自动驾驶的主要应用场景

典型的自动驾驶应用场景包括车辆编队行驶、远程遥控驾驶等。其中，车辆编队行驶是指头车为有人驾驶车辆或自主式自动驾驶车辆，后车通过 V2X 通信与头车保持实时信息交互，在一定的速度下实现一定车间距的多车稳定跟车，具备车道保持与跟踪、协作式自适应巡航、协作式紧急制动、协作式换道提醒、出入编队等多种应用功能；远程遥控驾驶是指驾驶员通过驾驶操控台远程操作车辆行驶，搭载在车辆上的摄像头、雷达等，通过 5G 网络大带宽将多路感知信息实时传达到远程驾驶操控台，驾驶员对于车辆转向盘、加速踏板和制动踏板的操控信号通过 5G 网络的低时延高可靠实时传达到车辆上，轻松准确地对车辆进行前进、加速、制动、转弯、后退等驾驶操作。

3.2 第一阶段应用层标准分析

3.2.1 第一阶段应用层场景分析

在第一阶段中，应用层标准采用中国汽车工程学会的标准《合作式智能运输系统　车用通信系统应用层及应用数据交互标准（第一阶段）》（T/CSAE 53—2020）[1]中的 17 个应用场景。第一阶段应用层各场景的基本性能要求如表 3.4 所示。其中，各场景的通信方式将在各场景的描述中具体给出，表 3.4 中只标注了类型。

表 3.4　第一阶段各场景的基本性能要求

序号	应用	类型	主车最高车速/（km/h）	通信方式	频率/Hz	最大时延/ms	定位精度/m	通信范围/m	适用通信技术
1	前向碰撞预警	安全	130	V2V	10	100	1.5	300	LTE-V/DSRC/5G
2	交叉路口碰撞预警	安全	70	V2V/V2I	10	100	1.5	150	
3	左转辅助	安全	70	V2V/V2I	10	100	1.5	150	
4	盲区预警/变道辅助	安全	130	V2V	10	100	1.5	150	
5	逆向超车预警	安全	70	V2V	10	100	1.5	300	
6	紧急制动预警	安全	130	V2V	10	100	1.5	150	
7	异常车辆提醒	安全	130	V2V	10	100	1.5	150	
8	车辆失控预警	安全	130	V2V	10	100	1.5	300	
9	道路危险状况提示	安全	130	V2I	5	100	1.5	300	
10	闯红灯预警	安全	70	V2I	5	100	1.5	150	
11	弱势交通参与者碰撞预警	安全	70	V2P/V2I	5	100	1.5	150	
12	紧急车辆提醒	效率	130	V2V/V2I	5	100	1.5	300	
13	绿波车速引导	效率	70	V2I	5	200	1.5	150	4G/LTE-V/DSRC/5G
14	限速预警	安全	130	V2I	1	100	1.5	300	
15	车内标牌	效率	70	V2I	1	500	1.5	150	
16	前方拥堵提醒	效率	130	V2I	1	500	5	150	
17	汽车近场支付	信息服务	130	V2I	1	500	1.5	150	

其中，低时延高频率场景主要包括前向碰撞预警、左转辅助和闯红灯预警等场景；高时延低频率场景主要包括绿波车速引导、前方拥堵提醒和智能汽车近场支付等场景。

1. 低时延高频率部分场景介绍

1）前向碰撞预警

前向碰撞预警（FCW）是指主车（host vehicle，HV）在车道上行驶，与在正前方同一车道的远车（remote vehicle，RV）存在追尾碰撞危险时，FCW 应用将对 HV 驾驶员进行预警，适用于普通道路或高速公路等车辆追尾碰撞危险的预警。

触发 FCW 功能的 HV 和 RV 位置关系如图 3.4 所示，其中，HV 和 RV 在同一车道，RV 在 HV 的前方。该应用在直线车道或弯道车道均有效。

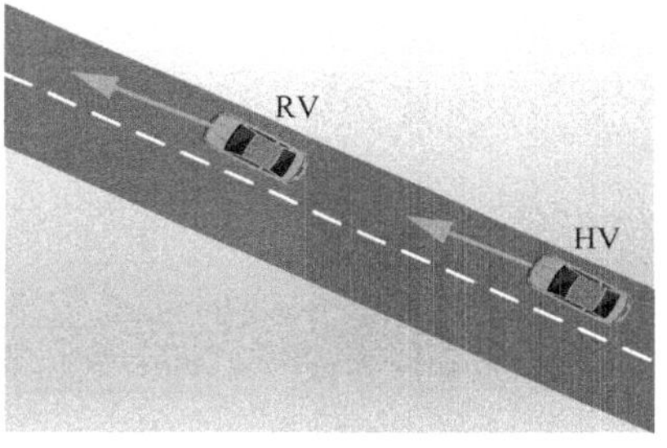

图 3.4　触发 FCW 功能的 HV 和 RV 位置关系

FCW 基本流程如下。

（1）分析接收到的 RV 消息，筛选出位于同一车道前方（前方同车道）区域的 RV。

（2）进一步筛选出处于一定距离范围内的 RV 作为潜在威胁车辆。

（3）计算每一个潜在威胁车辆的碰撞预计时间（time-to-collision，TTC）或防撞距离（collision avoidance range，CAR），筛选出与 HV 存在碰撞危险的威胁车辆。

（4）若有多个威胁车辆，则筛选出最紧急的威胁车辆。

（5）系统通过人机交互界面（human machine interface，HMI）对 HV 驾驶员进行相应的碰撞预警。

FCW 数据交互需求（远车数据）如表 3.5 所示。

表 3.5　FCW 数据交互需求（远车数据）

数据	单位	备注
时刻	ms	—
位置（经纬度）	deg	—

续表

数据	单位	备注
位置（海拔）	m	—
车头方向角	deg	—
车体尺寸（长、宽）	m	—
速度	m/s	—
三轴加速度	m/s^2	—
横摆角速度	deg/s	—

2）左转辅助

左转辅助（left turn assistant，LTA）是指 HV 在交叉路口左转，与对向驶来的 RV 存在碰撞危险时，LTA 应用将对 HV 驾驶员进行预警，适用于城市及郊区普通道路和公路的交叉路口。

触发 LTA 功能的 HV 和 RV 位置关系如图 3.5 所示。

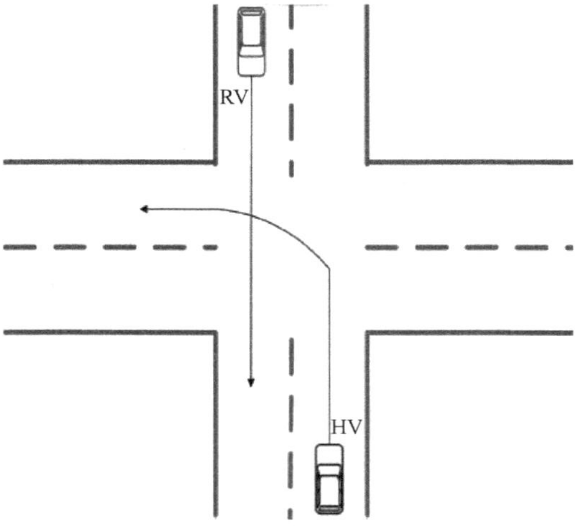

图 3.5 触发 LTA 功能的 HV 和 RV 位置关系

LTA 基本工作流程如下。

（1）分析接收到的 RV 消息，筛选出位于 HV 相邻车道迎面车辆（oncoming left）和远端车道迎面车辆（oncoming far left）区域的 RV。

（2）进一步筛选出一定距离范围内的 RV 作为潜在威胁车辆。

（3）计算每一个潜在威胁车辆到达交叉口预计时间（time-to-intersection，TTI）和到达交叉口的距离（distance-to-intersection，DTI），筛选出与 HV 存在碰撞危险的威胁车辆。

（4）若有多个威胁车辆，则筛选出最紧急的威胁车辆。

（5）系统通过 HMI 对 HV 驾驶员进行相应的碰撞预警。

LTA 数据交互需求（远车数据）如表 3.6 所示。

表 3.6 LTA 数据交互需求（远车数据）

数据	单位	备注
时刻	ms	—
位置（经纬度）	deg	—
位置（海拔）	m	—
车头方向角	deg	—
车体尺寸（长、宽）	m	—
速度	m/s	—
三轴加速度	m/s^2	—
横摆角速度	deg/s	—
转向信号	—	左转向灯是否激活

3）闯红灯预警

闯红灯预警（signal violation warning，SVW）是指 HV 经过有信号控制的交叉路口（车道），车辆存在不按信号灯规定或指示行驶的风险时，RLVW 应用对驾驶员进行预警，适用于城市及郊区道路和公路的交叉路口、环道出入口和可控车道、高速路入口和隧道等有信号控制的车道。

当前方有大车遮挡视线（见图 3.6）或恶劣天气影响视线，或由于其他原因，使 HV 无法对当前红灯或即刻到来的红灯做出正确判断时，RLVW 检测 HV 当前所处位置和速度等，通过计算预测车头经过路口停止线时信号灯的状态向驾驶员进行预警。

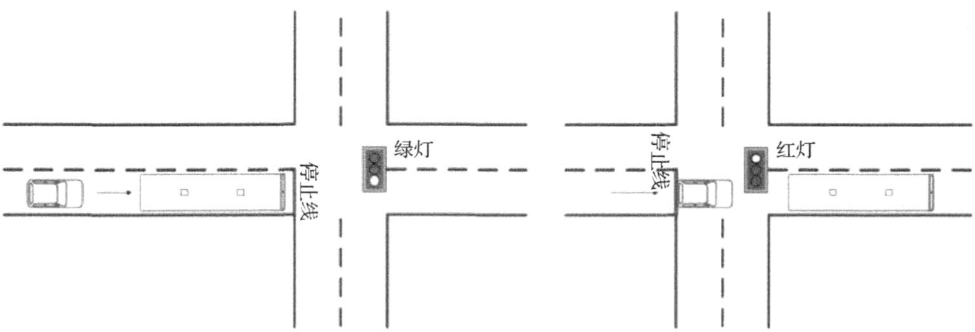

图 3.6 被大车遮挡信号灯

SVW 基本工作流程如下。

（1）具有短程、远程通信能力的路侧单元定时发送路口地理信息和信号灯实时状态信息。

（2）HV 依据本身 GNSS 地理信息，确定当前受管控信号的相位，并计算其与停止线的距离。

（3）HV 依据当前速度和其他交通参数预估到达路口的时间。

（4）SVW 将这些信息与接收到的红灯切换时刻及红灯保留时长信息进行对比分析，决定是否发出预警。

SVW 数据交互主要字段如表 3.7 所示。

表 3.7　SVW 数据交互主要字段（路侧数据）

数据	单位	备注
时刻	ms	—
路口 ID	—	—
入口 ID	—	—
车道宽度	m	—
车道中心线位置	—	—
停车线位置	—	—
车道属性	—	左、直、右和掉头
车道所属相位	—	—
当前灯态	—	针对该车道每一个车道属性（允许行驶方向）的信号灯状态
红变绿剩余时间/绿变红剩余时间	s	可预测一个周期或两个周期
红绿灯配时是否自适应控制	—	自适应控制时，绿灯剩余时间会改变（周期内或下一个周期）

2. 高时延低频率部分场景介绍

1）绿波车速引导

绿波车速引导（green light optimal speed advisory，GLOSA）是指当 OBU 的 HV 驶向信号灯控制交叉路口，收到由路侧单元发送的道路数据及信号灯实时状态数据时，GLOSA 应用将给予驾驶员一个建议车速区间，以使车辆能够经济地、舒适地（不需要停车等待）通过信号路口，适用于城市及郊区普通道路信号灯控制路口。

GLOSA 主要应用场景如图 3.7 所示。

GLOSA 主要流程如下。

（1）HV 从远处接近信号灯控制路口。

（2）路侧通信设备发出局部道路数据信息，以及从路口信号灯处获得的信号灯数据信息和实时状态信息。

（3）GLOSA 应用根据上述信息，给出 HV 前方信号灯的实时状态，并结合 HV 的定位和行驶状态信息，计算出通过路口的引导车速区间。

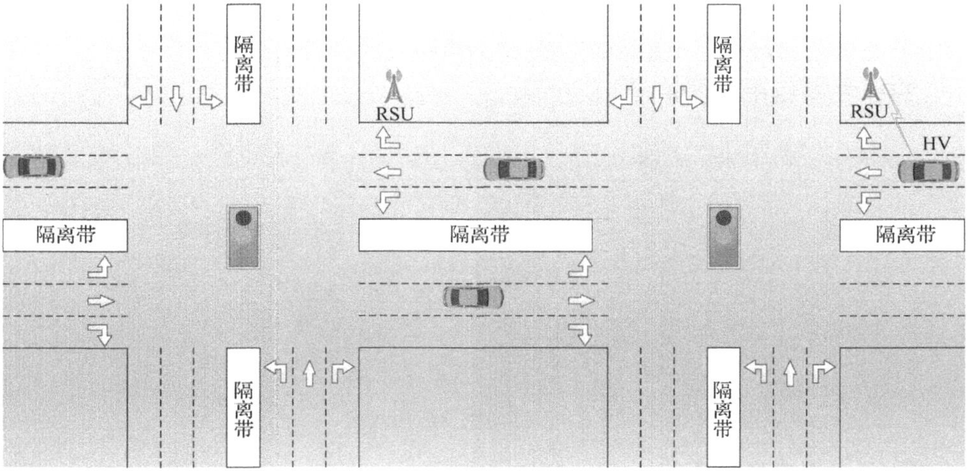

图 3.7　GLOSA 主要应用场景

（4）HV 根据收到的道路数据，以及本车的定位和运行数据，判定本车在路网中所处的位置和运行方向。

（5）判断车辆前方路口是否有信号灯，提取信号灯对应相位的实时状态；若有信号灯信息，则可直接显示给驾驶员。

（6）GLOSA 应用根据本车的位置，以及信号灯对应相位的实时状态，计算本车能够在本次或下次绿灯期间不停车通过路口所需的最高行驶速度和最低行驶速度，并进行提示。

GLOSA 数据交互需求（路侧数据）如表 3.8 所示。

表 3.8　GLOSA 数据交互需求（路侧数据）

数据集	包含数据单元	备注
时刻	—	单位为 ms
道路数据集	节点	路口节点
	路段	路口之间的路段
	车道	路段中的车道
	连接转向关系	路口处各路段出入连接关系
信号灯数据集	静态信息	信号灯周期、相位
	实时状态信息	信号灯当前状态和倒计时
	转向-相位关系	路口处转向和信号灯相位的对应关系

2）前方拥堵提醒

前方拥堵提醒（traffic jam warning，TJW）是指 HV 行驶前方发生交通拥堵状况时，路侧单元将拥堵路段信息发送给 HV，TJW 应用将对驾驶员进行提醒，适用于城市及郊区普通道路和高速公路拥堵路段的预警。

TJW 主要应用场景如图 3.8 所示。

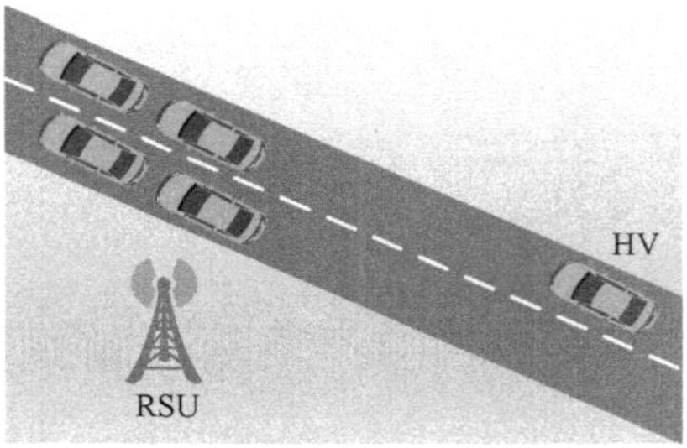

图 3.8 TJW 主要应用场景

TJW 主要流程如下。

（1）HV 从远处接近相应的路侧单元，路侧单元周期性广播局部道路拥堵数据信息。

（2）TJW 应用根据上述信息，结合本车的定位和行驶状态，计算出本车在路网中的位置，并判断前方是否拥堵，如果拥堵，则对驾驶员进行前方拥堵的提示。

TJW 数据交互需求（路侧数据）如表 3.9 所示。

表 3.9 TJW 数据交互需求（路侧数据）

数据	单位	备注
拥堵起止点位置（经纬度）	deg	路侧设备周期性广播
拥堵程度	—	分为 5 级：畅通、基本畅通、轻度拥堵、中度拥堵、严重拥堵；路侧设备周期性广播

3）汽车近场支付

汽车近场支付（vehicle near-field payment，VNFP）是一种汽车作为支付终端对所消费的商品或服务进行账务支付的服务方式。汽车通过 V2X 通信技术与路侧单元（RSU 作为受理终端）发生信息交互，间接向银行金融机构发送支付指令，产生货币支付与资金转移行为，从而实现车载支付功能。其主要应用包括 ETC、拥堵费、充电支付、停车支付、加油支付等汽车使用消费环节的付费需求。

图 3.9 为车辆在行驶中收费的支付流程。该系统的基本原理如下：首先，RSU 广播“我是收费站”，OBU 应答相应汽车信息（包括车辆识别码、车辆类型、车速、车辆尺寸等），并建立 P2P 通信连接。其次，RSU 立刻发送相应支付请求信息（包括 RSU 标识、RSU 地理位置信息、支付金额等），OBU 收到 RSU 支付请求后，内部在金融支付计算单元中进行处理，再发出应答支付信息（包括支付账户、支付金额、支付密钥等）。再次，RSU 收到支付应答信息后，进行内部收费

处理，其中包括对支付账户的风险性检测，以及实时与后台系统交易确认（可选），如是否为黑名单账户，是否符合合法交易条件（如是否 A 品牌车在 B 品牌车 4S 店中消费）等。最后，RSU 向 OBU 通知扣款（此时可选择是否传输电子发票等凭据），OBU 做相应记录并结束通信。

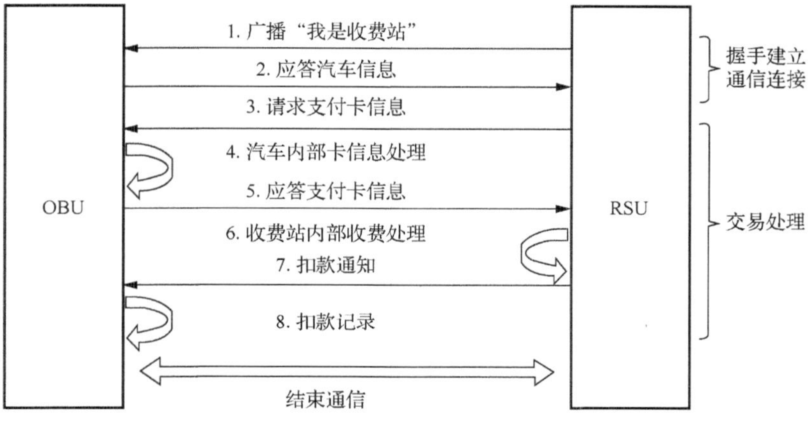

图 3.9 车辆在行驶中收费的支付流程

VNFP 数据交互需求（车辆数据与路侧数据）如表 3.10 所示。

表 3.10 智能 VNFP 数据交互需求（车辆数据与路侧数据）

数据集	数据	单位	备注
时间	—	s	—
车辆支付数据集	车辆识别码（vehicle identification number，VIN）	—	—
	车辆类型	—	—
	车体尺寸（长、宽）	m	—
	车速	m/s	—
路侧支付数据集	RSU 标识	—	—
	RSU 地理位置信息	经纬度	—
	支付信息	支付账户	—
		支付金额	
		支付票据	
		支付密钥	
		其他摘要	

3.2.2 C-V2X 第一阶段标准消息定义

C-V2X 第一阶段标准消息定义分类如表 3.11 所示。

表 3.11 第一阶段标准消息定义分类

序号	类型	作用
1	基本安全消息（BSM）	用来在车辆之间交换安全状态数据
2	地图消息（map message，MAP）	向车辆传递局部区域的地图信息，包括局部区域的路口信息、路段信息、车道信息，以及道路之间的连接关系等
3	信号灯消息（SPAT）	包含一个或多个路口信号灯的当前状态信息。结合 MAP，为车辆提供实时的前方信号灯相位信息
4	路侧安全消息（roadside safety message，RSM）	路侧单元将得到的周边交通参与者的实时状态信息整理成本消息体所定义的格式，作为这些交通参与者的基本安全状态信息
5	路侧信息（roadside information，RSI）	由路侧单元向周围车载单元发布的交通事件信息及交通标志信息

路侧消息发送周期与数据包延时预算（packet delay budget，PDB）要求 MAP、SPAT、RSM、RSI 宜采用如下周期发送（周期应为 100ms 的整数倍），且各情况下对应的 PDB 设置宜与发送周期保持一致。

（1）MAP：小于或等于 1s。

（2）SPAT：小于或等于 500ms。

（3）RSM：100ms。

（4）RSI：对于静态类，RSI 为 1s；对于半静态类，RSI 为 500ms；对于动态类，RSI 为 100ms。

1. BSM

BSM 是使用最广泛的应用层消息之一，用来在车辆之间交换安全状态数据，车辆通过该消息的广播，将自身的实时状态告知周围车辆，以此支持一系列协同安全等应用。BSM 主要字段及其含义如图 3.10 所示。

BSM 消息是层层嵌套的结构，这里显示的是简化后的架构，BSM 除了车辆的基本信息外还有一些附加信息，如车辆安全辅助信息（vehicle safety extensions）中的车辆特殊状态位、历史轨迹、预测路线、灯光信息等。车辆安全辅助信息中最重要的就是车辆特殊状态位，其中包含了很多与安全相关的重要标志位，也是 V2V 应用所使用的重要信息来源。

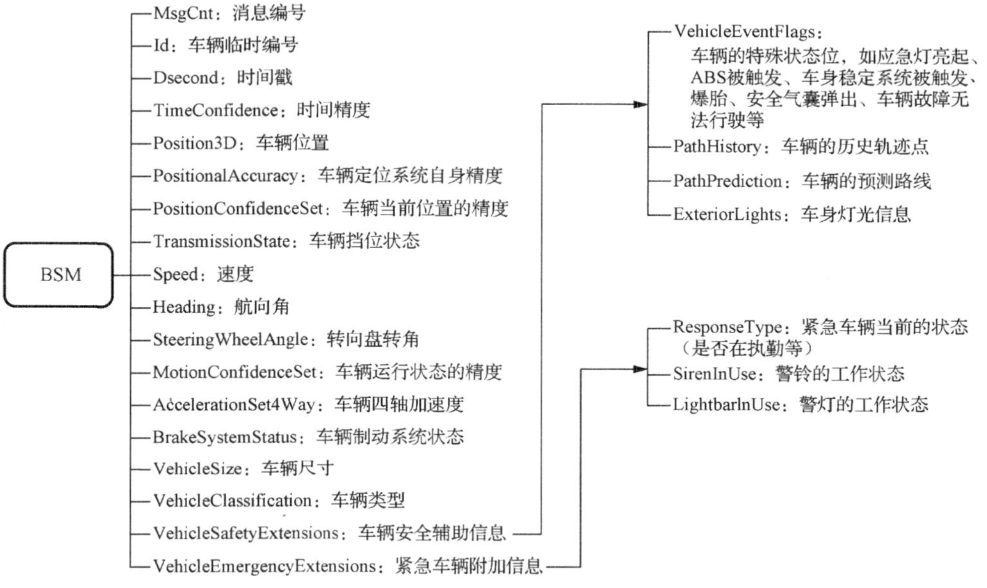

图 3.10　BSM 主要字段及其含义

2. MAP

MAP 是由路侧单元广播，向车辆传递局部区域的地图信息，包括局部区域的路口信息、路段信息、车道信息，以及道路之间的连接关系等。单个地图消息可以包含多个路口或区域的地图数据。路口处的信号灯信息则在 SPAT 消息中详细定义。MAP 主要字段及其含义如图 3.11 所示。

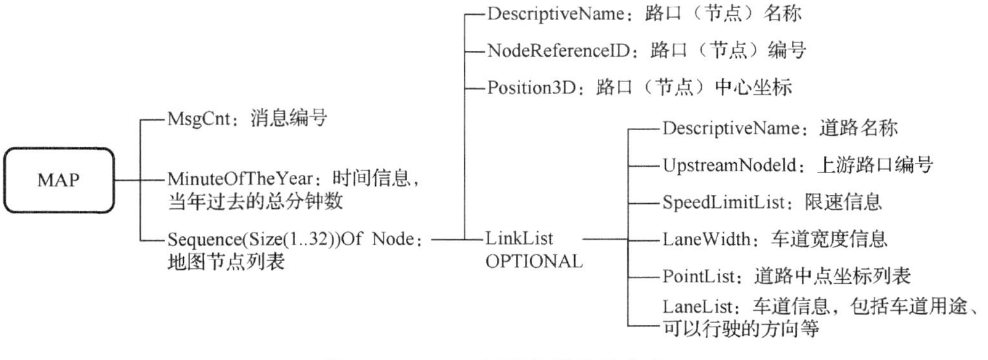

图 3.11　MAP 主要字段及其含义

3. SPAT

MAP 通常和 SPAT 搭配使用，SPAT 包含一个或多个交叉路口信号灯的当前状态信息，为车辆提供实时的前方信号灯相位信息。SPAT 主要字段及其含义如图 3.12 所示。

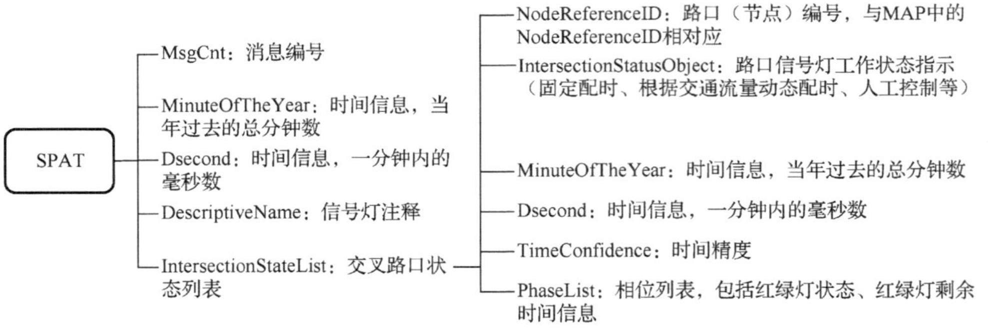

图 3.12　SPAT 主要字段及其含义

4. RSM

RSM 是路侧单元通过路侧本身拥有的相应检测手段，得到其周边交通参与者的实时状态信息（这里的交通参与者包括路侧单元本身、周围车辆、非机动车、行人等），并将这些信息整理成本消息体所定义的格式，作为这些交通参与者的基本安全状态信息（类似于 BSM），广播给周边车辆，并支持这些车辆的相关应用。RSM 主要字段及其含义如图 3.13 所示。

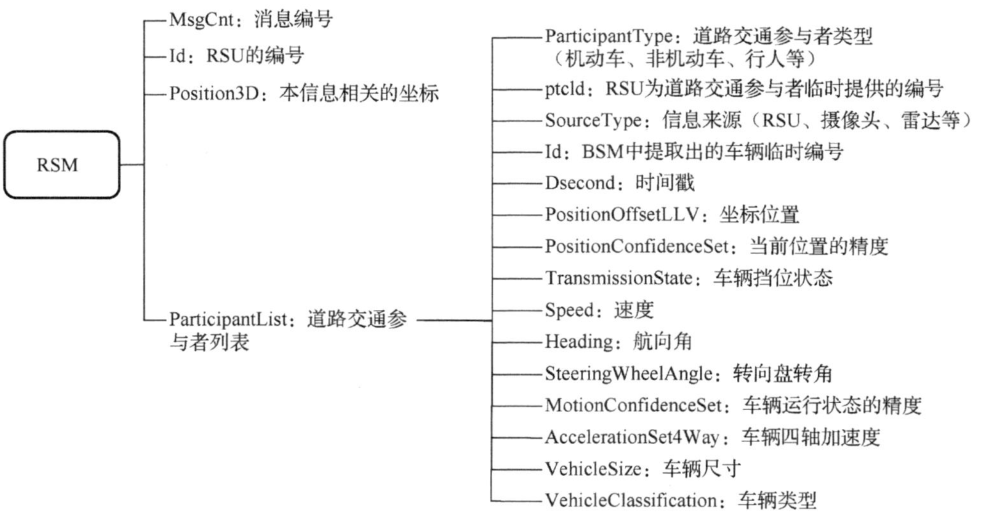

图 3.13　RSM 主要字段及其含义

5. RSI

若想获取路段上更多的动态交通信息，则需要用到 RSI。RSI 适用于收集由路侧单元向周围车载单元发布的交通事件信息及交通标志信息。RSI 主要字段及其含义如图 3.14 所示。

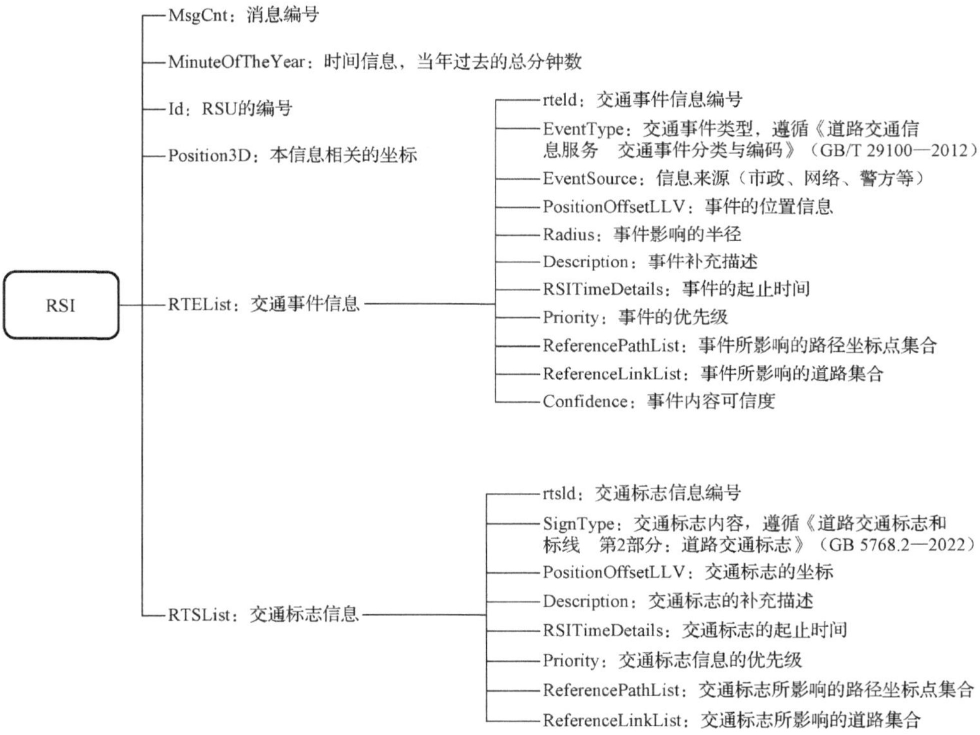

图 3.14　RSI 主要字段及其含义

RSI 由路侧单元向周围车载单元发布交通事件消息及交通标志信息。例如，“前方事故”“前方路面结冰”等，可以用文本消息的方式向车载单元进行发布，车载单元在判定消息的生效区域时，根据自身的定位与运行方向，以及消息本身提供的区域范围来进行判定。在此信息体中，参考点位置表示本信息产生的位置点（标志标牌的放置位置或交通事件的发生位置），信息中其余的位置偏移量均基于该参考点测算。RSI 用有序的位置点列来表示该信息生效的车辆行进轨迹区段，用半径来表示区段的宽度以覆盖路段的宽度。

3.3 第二阶段应用层标准分析

3.3.1 第二阶段应用层场景分析

在第二阶段中，应用层标准采用了中国汽车工程学会的标准《合作式智能运输系统 车用通信系统应用层及应用数据交互标准（第二阶段）》（T/CSAE 157—2020）[2]中的 12 个应用场景。第二阶段应用层各场景的基本性能要求如表 3.12 所示。其中，各场景的通信方式在各场景的描述中具体给出，表 3.12 中只标注了类型。

表 3.12 第二阶段各场景的基本性能要求

应用	场景分类	最高车速/（km/h）	频率/Hz	最大时延/ms	精度/m	通信模式	通信范围/m	主要消息
感知数据共享	安全	120	≥10	100	≤1	V2V/V2I	≥200	Msg_SSM
协作式变道	安全	120	≥10	50	≤0.5	V2V/V2I	≥200	Msg_VIR
协作式车辆汇入	安全/效率	120	≥10	50	车侧≤0.5 移动≤1	V2I	≥300	Msg_RSC Msg_VIR
协作式交叉路口通行	安全/效率	70	≥10	50	≤1	V2I	≥200	Msg_RSC
差分数据服务	信息服务	—	≥1	500	—	V2I	≥200	Msg_RTCM
动态车道管理	效率/交通管理	70	≥2	100	≤1.5	V2I	≥200	Msg_RSC
协作式优先车辆通行	效率	120	≥10	100	≤1.5	V2I	≥200	Msg_VIR Msg_RSC
场站路径引导服务	信息服务	25	≥2	100	≤0.5	V2I	≥200	Msg_PAM Msg_VIR
浮动车数据采集	交通管理	120	—	500	≤1.5	V2I	≥200	Msg_BSM Msg_VIR Msg_SSM
弱势交通参与者安全通行	安全	25	≥10	100	≤1	P2X	≥200	Msg_PSM
协作式车辆编队管理	高级智能驾驶	120	≥10	50	≤1	V2V	≥400	Msg_CLPMM
道路收费服务	效率/信息服务	120	RSU≥1 OBU≥10	100	≤0.5	V2I	≥200	Msg_VPM

1. 协作式交叉口通行

协作式交叉口通行（cooperative intersection passing，CIP）是指装备有 OBU

的车辆（equipped vehicle，EV）和 RSU 协作，安全、高效通过交叉口。EV 向 RSU 发送车辆行驶信息，RSU 根据车辆行驶信息、目标交叉路口的信号灯信息、其他车辆上报的行驶信息及路侧感知信息，为 EV 生成通过交叉路口的通行调度信息并发送给 EV，调度 EV 安全通过交叉口，适用于城市、郊区及封闭园区等的普通道路和公路的交叉路口、无信号灯等交叉路口的通行。

1）RSU 提前引导车辆换道行驶场景描述

具体场景描述如下：车辆 EV 行驶在转向车道，但 EV 的行驶意图是直行，此时直行车道行驶通畅，转向车道行驶缓慢或堵塞，如图 3.15 所示；EV 将自身信息及行驶意图信息发送给 RSU，RSU 根据当前道路状况生成调度信息发送给 EV；EV 按照 RSU 生成的通行调度信息提前变道到直行车道等待，避免后续的加塞而影响交叉路口通行效率。

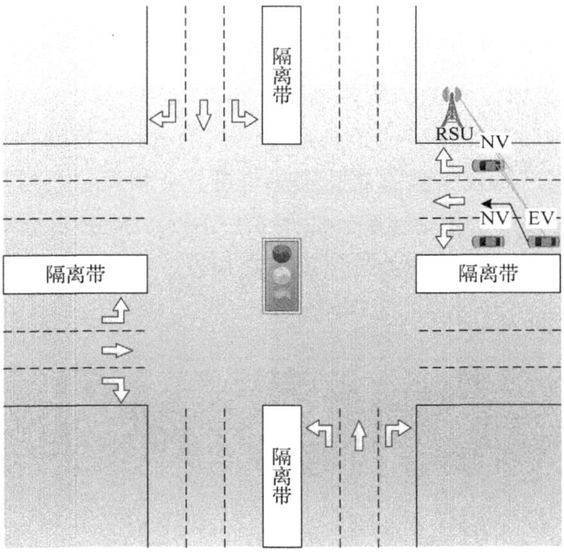

图 3.15　RSU 提前引导车辆换道行驶场景

2）RSU 辅助车辆通过无信号灯控制的交叉路口场景描述

具体场景描述如下：车辆 EV-1 从远处驶向无信号灯控制的交叉路口，交叉路口附近设有 RSU；车辆 EV-1 向 RSU 发送行驶状态信息和行驶意图信息，如图 3.16 所示；RSU 根据 EV-1 上报的行驶信息、当前路口其他车辆上报的行驶信息，以及路侧传感器上报的感知信息，生成 EV 及其他所有接近路口的网联车辆的驾驶引导信息；RSU 将对应的引导信息发送给车辆 EV；EV-1 收到 RSU 发送的驾驶引导信息后，结合自身行驶状态及道路信息、周围交通参与者信息，生成最终的驾驶行为策略或轨迹规划，安全有效地通过路口。

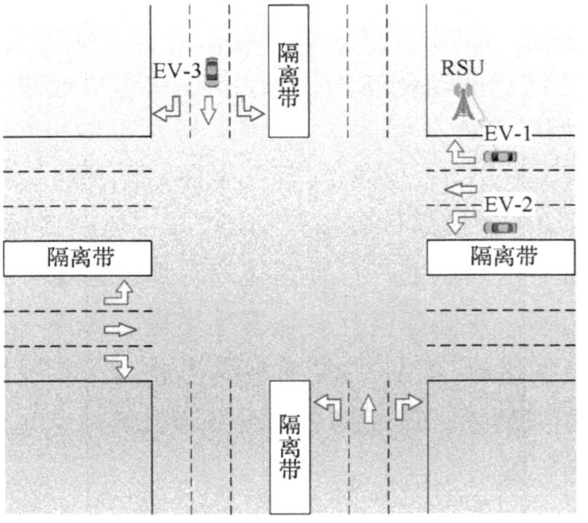

图 3.16 RSU 辅助车辆通过无信号灯控制的交叉路口场景

3）协作式交叉口信号控制场景描述

具体场景描述如下：RSU 通过与经过路口的 EV 进行数据交互，从微观的车辆运行和转向数据，结合路侧的交通感知信息，分析路口信号灯各相位对应的交通流状况，实时生成信号优化策略，如图 3.17 所示；RSU 将优化策略下发给路口信号控制设备，由信号控制设备产生具体的相位、周期控制策略，实现路口通行效率的提升。

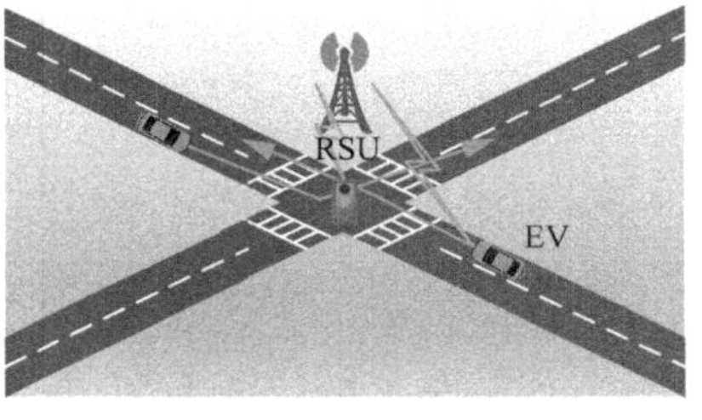

图 3.17 协作式交叉口信号控制场景

2. 场站路径引导服务

场站路径引导服务（guidance service in parking area，GSPA）是指在场站内部区域（如停车场、高速路服务站、加油站等），RSU 通过 V2I/I2V 的方式，向进入的车辆提供站点地图信息、车位信息、服务信息等，并为车辆提供路径引导服务。

场站路径引导服务场景描述如下：车辆 EV 到达场站服务范围内，场站附近设有 RSU，如图 3.18 所示；车辆 EV 向 RSU 发送入场/离场信息或服务请求（包括自身信息、入场/离场请求及意图信息等）；场站 RSU 收到 EV 发送的入场/离场请求信息或服务请求信息，根据车辆 EV 请求服务类型、当前场站内服务点的状态信息、地图信息为 EV 下发场站地图信息（包括场站内地图信息、各类车位信息和服务点信息），并为 EV 下发路径引导信息；车辆 EV 利用 RSU 下发的地图服务信息，实现内部路径规划，前往目的地。

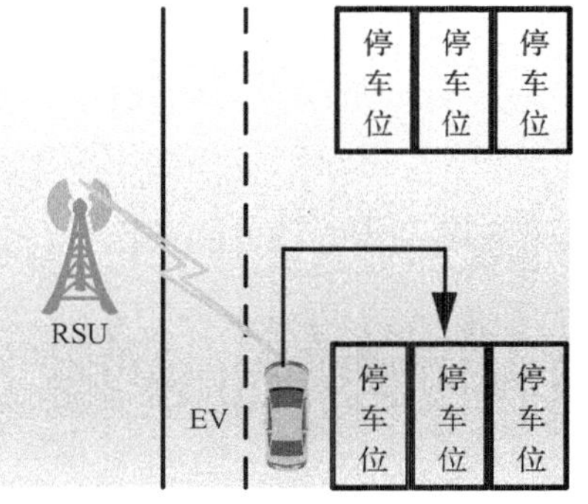

图 3.18　场站路径引导服务场景

3. 协作式车辆编队管理

协作式车辆编队管理（cooperative platooning management，CPM）是指由手动驾驶或者自动驾驶的头车带领，其后由若干自动驾驶车辆组成，呈一个队列的行驶形态前进，车队成员保持一定的车距及稳定的车速，在有序行驶的状态下巡航。车辆编队系统需要实现车辆编队的过程管理和数据通信，包括创建车队、加入车队、编队巡航、离开车队、解散车队等状态的切换，此组建过程是动态开放式交互系统，不受系统边界限制。车辆编队行驶能减少车辆对驾驶员的需求，降低驾驶员的劳动强度，提高驾乘体验的安全性、舒适性、运输效率和燃油效率等，从而降低车辆油耗，减少大气污染。

1）创建车队场景描述

（1）自由车 A 处于静止或行驶状态时，发起广播“创建车队”指令，如图 3.19 所示。

（2）自由车 A 角色变换为领航车，并广播领航车信息表。

2）加入车队场景描述

自由车 B 接收到领航车 A 的组队信息后，如果想加入车队，则广播申请加入车队信息，否则不理会领航车 A 的组队信息。自由车 B 广播申请加入车队信息时，将申请状态设置为“申请加入车队”，设置其车队 ID 为领航车 A 的车队 ID。

领航车 A 接收到自由车 B 申请加入车队的信息后，确认是否让自由车 B 加入车队。如果接受自由车 B 为成员，则执行以下流程；否则无须理会自由车 B，自由车 B 的角色还是自由车类型。领航车 A 动作如下：

在车队成员管理信息中将车队申请状态置为“确认同意加入车队”状态，如图 3.20 所示；车队信息列表中增加跟随车 ID，并向队内车辆广播更新后的车队状态。

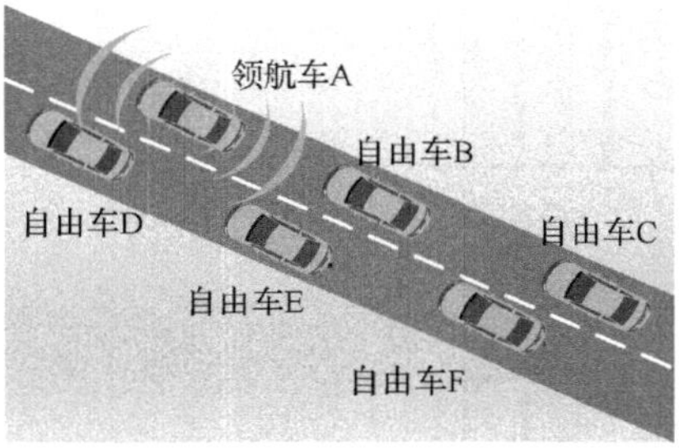

图 3.19　自由车广播“创建车队”指令

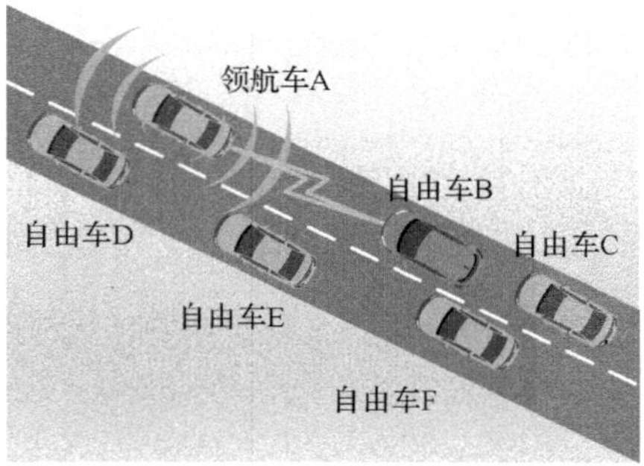

图 3.20　领航车 A 广播（单播）确认同意加入车队信息

自由车 B 收到领航车 A 广播的确认同意加入该车队的回复后，自由车 B 动作如下：自由车 B 设置行驶状态为“加入车队”，广播状态信息，并驶入车队队尾；车辆 B 加入车队后进行跟驰，车辆 B 的属性及角色转变为“跟随车”，并设置行驶状态为跟驰状态，广播状态信息。车辆 B 加入完成后，领航车 A 将车辆 B 加入车队成员列表，完成整个加入过程。其他跟随车依先后顺序，重复以上动作，完成多辆自由车的加入，如图 3.21 所示。

3）车队巡航场景描述

所有车辆组成编队以后，车队由领航车带领，进入巡航状态。领航车对外发布领航车及编队基本信息表，跟随车对外发布跟随车基本信息表，如图 3.22 所示。

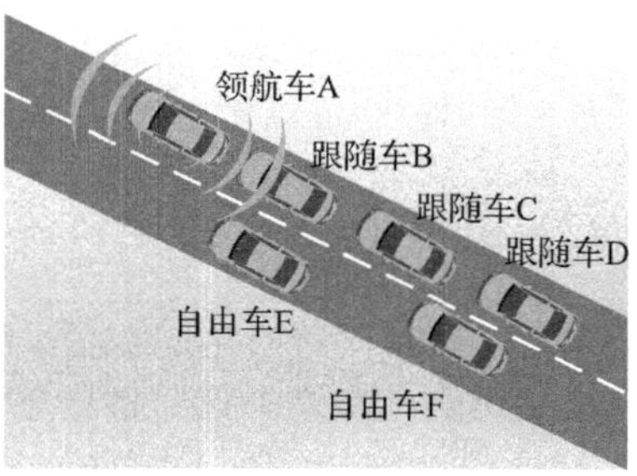

图 3.21　多辆自由车加入车队成为跟随车

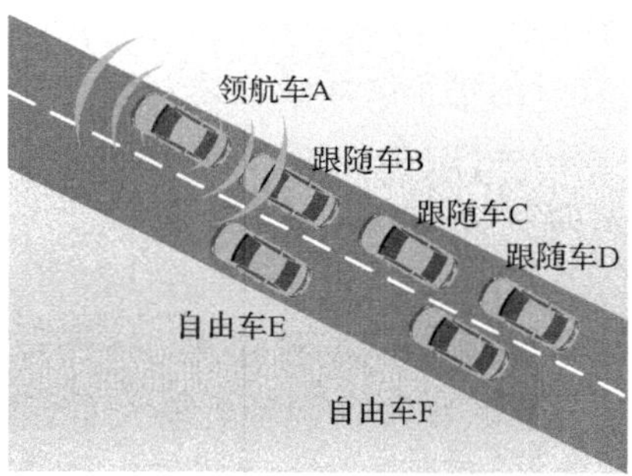

图 3.22　车队巡航场景

4）离开车队场景描述

跟随车 B 向领航车 A 和所有跟随车广播申请离开车队指令。领航车 A 接收到跟随车 B 申请离开车队的指令并确认该指令后，允许跟随车 B 离开车队。跟随车 B 和领航车 A 的动作如下：跟随车 B 发起申请离开车队请求；跟随车 B 在收到领航车 A 确认离开车队的信息后，车辆设置行驶状态为“离队”并进行广播；直到完全离开车队，设置自身角色为“自由车”；自由车 B 停止发送车队管理消息；领航车 A 收到跟随车 B 申请离开车队请求，如图 3.23 所示；领航车 A 确认跟随车 B 可以离开车队后，将跟随车 B 移出车队成员列表，并将其加入到离队列表中；当跟随车 B 完全离开车队，变为自由车后，领航车 A 组队信息表中删除跟随车 B 信息，并进行广播。

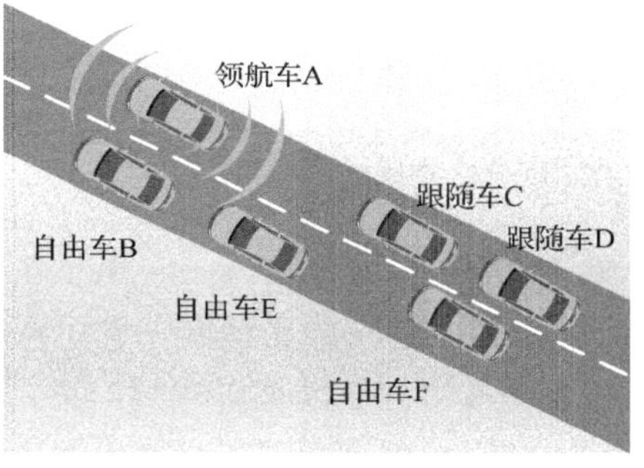

图 3.23　离开车队场景

5）解散车队场景描述

领航车 A 广播“解散车队”请求，随后领航车 A 动作如下：领航车 A 将信息表中的编队状态置为“申请解散车队”，并将车队中的所有成员加入离队列表中，广播领航车信息表。

跟随车广播收到“解散车队”请求，随后跟随车动作如下：跟随车收到领航车 A 广播的解散车队请求；跟随车将自身状态设置为“离队中”并依次或自由离开车队；跟随车在离开车队后将自身角色设置为“自由车”；跟随车在远离车队后停止广播车队消息。

所有跟随车安全离开车队后，成功解散车队。领航车的角色变为“自由车”，停止发送领航车 A 的信息表，如图 3.24 所示。

在车辆组队的场景下，整体环境中包含 4 种车辆角色，即领航车、跟随车、尾车（可选）和自由车。其中，领航车定义为车辆组队场景中的头车，负责整个车队的管理工作，是整个组队场景中的数据源头，向所有跟随车提供车辆位置和车队流程确认等数据；跟随车为车辆组队场景中的头车之后的跟随车辆，是车辆组队场景中的重要组成车辆；尾车是车队中最后一辆车，根据需求可以设置该角色，也可以不设置该角色，此时可将尾车作为跟随车处理；自由车为车辆组队场景之外的其他车辆，自由车不参与组队领航车的跟随车的数据交互确认。

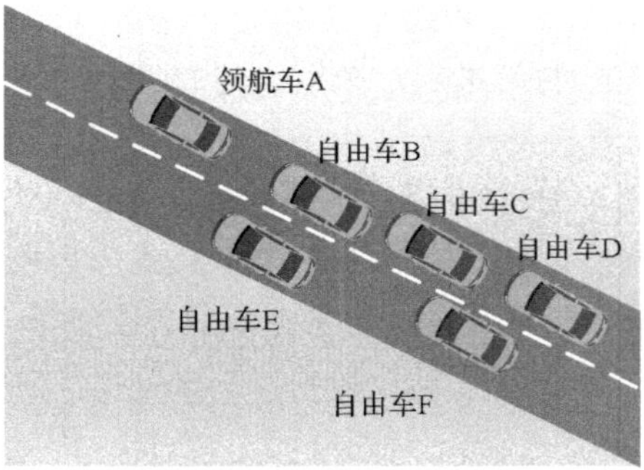

图 3.24 解散车队场景

3.3.2 C-V2X 第二阶段标准消息定义

消息层数据集用抽象语法标记（abstract syntax notation one，ASN.1）标准进行定义，以“消息帧-消息体-数据帧-数据元素”层层嵌套的逻辑进行制定。数据集交互的编码解码方式遵循非对齐压缩编码规则。第二阶段消息集对新出现的或在《基于 LTE 的车联网无线通信技术 消息层技术要求》（YD/T 3709—2020[3]，下文中均简称为“第一阶段”）定义的消息层内容基础上扩展的数据元素与数据帧进行了定义，其余数据元素与数据帧参考标准 YD/T 3709—2020。消息层数据集以统一的消息帧格式打包；消息帧包含第一阶段中定义的 5 个消息，以及本节定义的第二阶段的扩展消息；第二阶段的扩展消息中包含 9 个新消息体，如图 3.25 所示。

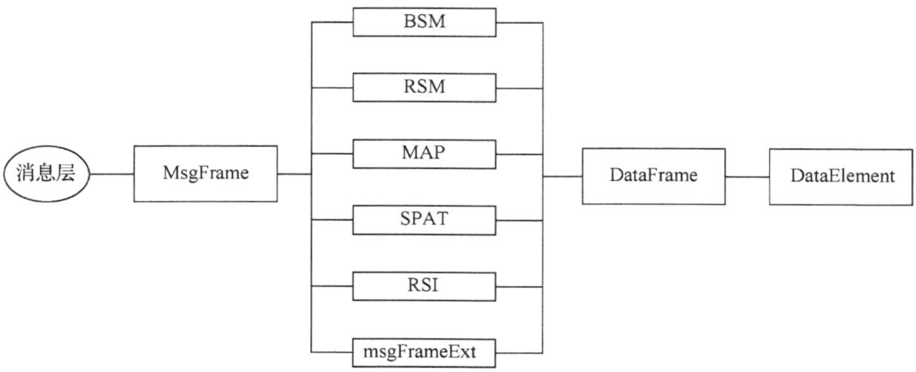

图 3.25 第二阶段的 9 个新消息体

图 3.25 中的 msgFrameExt 消息体为与第一阶段消息不同或新增的消息体。

（1）地图消息（MAP）：在第一阶段 MAP 消息的基础上进行了兼容性扩展，支持更复杂的道路结构表达，以及更精确的车道级地图数据，增加了对路段中车道数增减的情况，信号灯待转区、右转专用道、公交停靠车道等道路常见场景的支持，扩展了转向信息及路口车道间的连接关系等。

（2）路侧安全信息（RSI）：在第一阶段 RSI 消息的基础上进行了兼容性扩展，增加了道路的辅助标志信息。

扩展消息（msgFrameExt）：应用层及应用数据交互标准第二阶段消息。其中，包含 9 个消息体，如图 3.26 所示。

SSM	RSC
VIR	RTCM
PAM	VPM
PSM	CLPMM
TEST	

图 3.26　扩展消息集包含的消息体

① 交通参与者、道路障碍物和交通事件的感知共享消息（sensor sharing message，SSM）：该消息可由 OBU、RSU 及弱势交通参与者（vulnerable road user，VRU）发布。SSM 由 RSU 发送时，能够完全覆盖所有 RSM 中的信息，因此在一些条件允许或者应用场景要求较高的地方，SSM 可以替代 RSM 使用。

② 路侧协调消息（road side coordination，RSC）：该消息通常用于广播、组播或单播，给车辆提供引导信息和驾驶决策支持。该消息可以针对单车进行引导，也可以面向特定的路段和车道符合条件的车辆进行引导。

③ 车辆意图和请求（vehicle intention and request，VIR）消息：用来进行车辆驾驶意图、优先请求、协作请求等信息的传递。

④ 国际海运事业无线电技术委员会（Radio Technical Commission for Maritime Services，RTCM）提供的路侧差分数据：提供差分数据服务。

⑤ 停车场地图（parking area map，PAM）消息：包含停车场内道路信息、车位信息等，以及路侧设备向车辆提供的停车场内引导信息。

⑥ 车辆支付消息（vehicle payment message，VPM）：用来提供车辆和道路的道路收费及支付信息的交互。

⑦ 弱势交通参与者（行人、非机动车）的个体安全消息（personal safety message，PSM），由 VRU 自身所携带的通信设备发送。

⑧ TEST 消息：提供测试使用的私有消息格式。

⑨ 编队管理消息（connectionless platooning management message，CLPMM）：用来进行车队场景下的管理信息交互。该消息可由车队领航车、跟随车或不属于车队的自由车广播，可用于进行车队建立、加入、离开、解散等。

3.3.3 V2X 消息编码/解码

在 C-V2X 通信应用层标准中，V2X 消息的表示采用 ASN.1 标准实现。ASN.1 是一种 ISO/ITU-T 标准，描述了一种对数据进行表示、编码、传输和解码的数据格式。它提供了一整套正规的格式用于描述对象的结构，而不管语言上如何执行及这些数据的具体指代，也不用管到底是什么样的应用程序。

1. ASN.1 编码规则

ASN.1 是定义抽象数据类型规格形式的标准，是用于描述数据的表示、编码、传输、解码的灵活记法。它提供了一套正式、无歧义和精确的规则，以描述独立于特定计算机硬件的对象结构。

ASN.1 是通信协议中描述数据传输的正式标记（notation），它与语言实现和物理表示无关，与应用的复杂度也无关。ASN.1 特别适用于表示现代通信应用中复杂的、变化的及可扩展的数据结构。ASN.1 的描述可以很容易被映射为 C/C++/Java 的数据结构，可以被应用程序代码使用，并得到运行时程序库的支持，进而能够对编码和解码 XML 或 TLV 格式的，或者一种非常紧凑的压缩编码格式进行描述。

ASN.1 发送任何形式（音频、视频、数据等）的信息都必须以数字形式传送。ASN.1 只能包含信息的结构方面（没有已经定义的或考虑到的处理数据值的操作），它不是一种编程语言。

1）ASN.1 与 C 语言的关系

在 C-V2X 车联网终端应用开发中，应用层业务采用 C 语言编写，但是要想实现不同厂家设备应用层数据的互连互通，对外发送的数据就要根据国家标准由 C 结构转换为 ASN.1 格式的数据，同时从接收设备接收到的 ASN.1 格式的数据要转换为 C 结构的数据，从而在设备端进行处理。

ASN.1 格式的数据有多种编码方式，包括 BER、DER、XER、PER 等。

PER 编码又分为两种编码方式：对齐 PER（aligned PER，APER）与非对齐 PER（unaligned PER，UPER）编码方式。对于 UPER 编码方式，编码后的数据占用字节数少，但是其对数据的填充格式检查要求严格，所有数据的填充必须严格按照头文件中对数据成员的取值要求进行，否则调用 UPER 函数进行编码压缩时会报错。在 C-V2X 通信中，采用的是 UPER 编码方式。

国家标准的 V2X 消息 ASN.1 源码使用 ASN.1C 工具编译成.c 和.h 文件，编写程序时需要将这些编译出来的文件添加到车联网程序文件夹内。.c 和.h 文件可以分为两类：一类是和 ASN 编码/解码工具相关的工具类文件；另一类是和车联网应用层数据交互标准中定义的数据格式相关的应用类文件。填充应用层业务数据时需要调用第 2 类文件中定义的结构体，编码发送和解析收到的信息时调用第 1 类文件中的 BER、XER、PER、UPER 工具。

首先分析第 2 类文件中数据的调用方式。应用类文件中的.h 文件是对 ITS 标准中的数据结构的实现，.c 文件是对应的.h 文件中的数据结构类型的调用函数限制和取值范围限制。.h 文件中的结构体成员和 ASN 文件中的数据成员相对应，ASN 文件中标注可选的数据成员在.h 文件中以指针成员形式存在，代表此数据项是选择性填充的，如果填充，则需要为这些指针成员分配空间，若不填充，则不需要分配空间。

ASN.1 在一种高度抽象的层次上表示数据结构信息，各种应用程序无法直接对其进行操作和使用。因此，在实际应用中，需要先将 ASN.1 描述的数据结构转换为具体语言（如 C、C++、Java 等）的数据结构表示形式，再通过相应的 ASN.1 编码函数生成能在通信介质上传输的二进制码流，如图 3.27 所示。

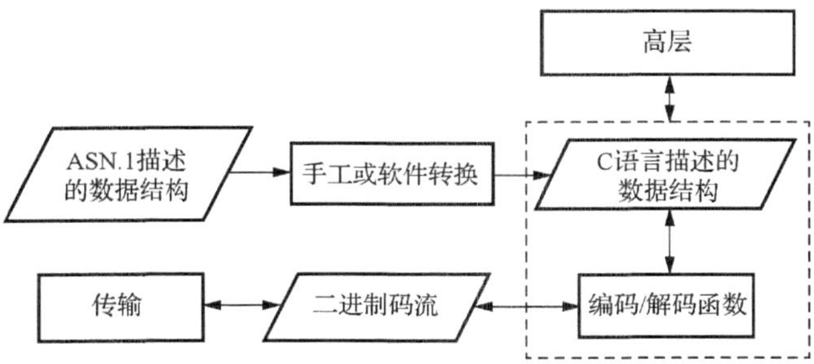

图 3.27　ASN.1 描述的数据结构转换为 C 语言描述数据的工作原理

2）ASN.1 数据类型与定义

（1）数据类型：ASN.1 中的一个重要概念就是类型。类型是一个非空的值的集合，可以被编码后传输。相比于高级语言中复杂的数据结构，ASN.1 中的类型主要是为了数据的传输（如为 SEQUENCE 和 SET 定义 OPTIONAL 条目），而 BIT STRING 和 EMBEDDED PDV 则是为了通信专门设计的。

ASN.1 中的基本数据类型如表 3.13 所示，更为复杂的数据类型可以由基本数据类型通过表 3.14 中的组合数据类型构造得到。

表 3.13 ASN.1 中的基本数据类型

数据类型	含义
NULL	只包含一个值 NULL，用于传送一个报告或者作为 CHOICE 类型中的某些值
INTEGER	全部整数（包括正数和负数）
REAL	实数，表示浮点数
ENUMERATED	标识符的枚举（实例状态机的状态）
BIT STRING	比特串
OCTET STRING	字节串
OBJECT IDENTIFIER, RELATIVE-OID	一个实体的标识符，它在一个全世界范围的树状结构中注册
EXTERNAL, EMBEDDED PDV	表示层上下文交换类型
STRING（除 BIT STRING、OCTET STRING 外）	各种字符串，有 NumericString、PrintableString、VisibleString、ISO64String、IA5String、TeletexString、T61String、VideotexString、GraphicString、GeneralString、UniversalString、BMPString 和 UTF8String
CHARACTER STRING	允许为字符串协商一个明确的字符表
UTCTime、GeneralizedTime	日期

表 3.14 组合数据类型

数据类型	含义
CHOICE	在类型中选择（相当于 C 语言中的联合体）
SEQUENCE	由不同类型的值组成一个有序的结构（相当于 C 语言中的结构体）
SET	由不同类型的值组成一个无序的结构
SEQUENCE OF	由相同类型的值组成一个有序的结构（相当于 C 语言中的数组）
SET OF	由相同类型的值组成一个无序的结构

（2）类型定义。

<新类型的名称> ::= <类型描述>

其中，<新类型的名称>是一个以大写字母开头的标识符；<类型描述>是基于基本数据类型或在其他位置定义的类型。

例如：

```
Married ::= BOOLEAN
Age ::= INTEGER
Picture ::= BIT STRING
Form ::= SEQUENCE
```

```
{
   name    PrintableString,
   age    Age,
   married    Married,
   marriage-certificate Picture OPTIONAL
}

Payment-method ::= CHOICE
{
   check Check-number,
   credit-card SEQUENCE
   {
      number Card-number,
      expiry-date   Date
   }
}
```

注意：在 SEQUENCE 和 SET 定义中，最后一个成员结尾没有逗号“,”。

（3）类型约束（在 PER 编码中很关键）：为了准确描述一个类型，需要对值的集合进行一定的限制。这用到了子类型约束，在类型之后用圆括号进行标识。

在 PER/UPER 编码方式中，编译器对类型约束的检查十分严格，即若类型的赋值超出约束范围，则由 C 转换为 ASN.1 编码时会失败。尤其需要注意 INTERGER、SEQUENCE、BIT STRING 这 3 种类型的约束范围。

例如：

```
GNSSstatus ::= BIT STRING{…}(SIZE(8))
Lottery-number ::= INTERGER(1..49) // 取值为1～49
Lottery-draw ::= SEQUENCE SIZE(6)OF Lottery-number
Upper-case-words ::= IA5String(FROM("A".."Z"))
Phone-number ::= NumericString(FROM("0".."9"))(SIZE(10))
Coordinates-in-plan  ::=  Coordinates(WITH  COMPONENTS  {…,  z
ABSENT})
```

有约束的数据类型仍然是数据类型，可以用在任何一个可以使用数据类型的位置。

因为版本升级，在新的描述中，出现新的成员被加入到 SEQUENCE、SET 或者 CHOICE 或者在上述类型基础上添加约束而衍生的子类型时，两个连接的机器（特别是在开放网络中）不一定使用的是相同版本描述而生成的编码/解码器。为了防止一方因收到过多或者过少数据而出现错误，ASN.1 中用符号“…”来标记可能以后是其他数据类型的位置。这样即使是旧的编码/解码器也不会因为描述扩充而导致编码/解码错误。

例如：

```
Type ::= SEQUENCE
{
    component1    INTERGER,
    component2    BOOLEAN,  -- version 1
    …
}
```

① 单值约束。最简单的子类型约束就是单值约束，即将一个类型限制为一个值，以圆括号将该值列在类型声明之后。

例如：

```
Two ::= INTERGER(2)
Day ::= ENUMERATED
{monday(0),tuesday(1),wednesday(2),thursday(3),friday(4),saturday(5),sunday(6)}
Wednesday ::= Day(wednesday)
FourZ ::= IA5String("ZZZZ")
Afters ::= CHOICE
{
  cheese IA5String,
  dessert        ENUMERATED
  {
    profiterolles(1), sabayon(2),fraisier(3)
  }
}
CompulsoryAfters ::= Afters(dessert:sabayon)
```

② 值域约束。对于数学中的整数和实数，可以用区间来约束。ASN.1 中使用“..”来表示区间，使用“<”来限定边界。

例如：

```
Number ::= INTERGER
From 3 to 15 ::= Number(3..15)
From 3 excluded To 15 excluded ::= Number(3<..<15)
```

其中，关键字 MIN 和 MAX 用来表示基本类型的最小值、最大值。

③ 大小约束。大小约束主要用于对类型内存空间大小进行约束，以及对基本类型进行约束。

例如：

```
Exactly 31 BitsString ::= BIT STRING(SIZE(31))
String Of 31 Bits At The Most ::= BIT STRING(SIZE(0..31))
Even Length String ::=IA5String(SIZE(EvenNumber))
NonEmptyString ::= OCTET STRING(SIZE(1..MAX))
```

在这段代码中，前两个类型定义的区别在于，第二个类型定义的长度是一个区间，从 0 到 31；第一个类型定义的长度固定是 31。

对 SEQUENCE OF 和 SET OF 的约束如下。

```
ListOfStringsOf5Characters::=SEQUENCE OF PrintableString (SIZE(5))
ListOf5UniqueNumbers::=SET SIZE(5)OF INTEGER(1..100)
```

2. ASN.1 C 库编码/解码 API 函数

1）PER/UPER 编码函数

（1）uper_encode()函数原型如下。

```
asn_enc_rval_t
uper_encode(struct asn_TYPE_descriptor_s *type_descriptor,
 void *struct_ptr,
 asn_app_consume_bytes_f *consume_bytes_cb,
 void *app_key
);
```

函数说明：

uper_encode()函数用于进行 UPER 编码，所有 ASN.1 类型的 UPER 编码均可调用该函数。

参数说明：

① type_descriptor：要编码的 struct_ptr 结构的类型描述符，可以在 struct_ptr 结构所在的.c 文件中找到。

② struct_ptr：待编码的结构，即待编码的内容。

③ cb：回调函数，将编码生成的二进制数据存储到 app_key 指向的地址中。

④ app_key：回调函数的参数，一般用于存放编码结果。

返回值说明：

返回编码生成的字节数。当返回值为-1 时，表示编码失败。

注意：返回值类型 asn_enc_rval_t 原型如下。

```
typedef struct asn_enc_rval_s {
 ssize_t encoded; // 编码的字节数，值为-1 时表示未能对该结构进行编码
```

```
    /*下述成员只有在 encoded 为-1 时有效*/
    struct asn_TYPE_descriptor_s *failed_type;//编码失败的结构类型描述符
    void *structure_ptr;//指针指向编码失败的结构
  } asn_enc_rval_t;
```

（2）uper_encode_to_buffer()函数原型如下。

```
asn_enc_rval_t uper_encode_to_buffer(
 struct asn_TYPE_descriptor_s *type_descriptor,
 void *struct_ptr,
 void *buffer,
 size_t buffer_size
);
```

函数说明：

uper_encode_to_buffer()函数是 uper_encode()函数的变体，可将编码结果存放到指定缓冲区中。

参数说明：

① type_descriptor：要编码的 struct_ptr 结构的类型描述符，可以在 struct_ptr 结构所在的.c 文件中找到。

② struct_ptr：待编码的结构，即待编码的内容。

③ buffer：用于存放编码结果的指定缓冲区。

④ buffer_size：指定缓冲区的大小。

返回值说明：

和 uper_encode()函数返回值相同，返回编码生成的字节数。当返回值为-1 时，表示编码失败。

（3）uper_encode()函数与 uper_encode_to_buffer()函数的对比。

这两个函数的功能相同，其区别主要体现在传入参数不同上：uper_encode()函数需要传入自定义的回调函数及回调函数的传入参数；uper_encode_to_buffer()函数使用 per_coder.c 文件中内置的回调函数 encode_to_buffer_cb()，并显性地指定编码结果存放的缓冲区。

2）PER/UPER 解码函数

（1）uper_decode()函数原型如下。

```
asn_dec_rval_t  uper_decode(struct asn_codec_ctx_s *opt_codec_ctx,
 struct asn_TYPE_descriptor_s *type_descriptor,
 void  **struct_ptr,
 const  void  *buffer,
```

```
 size_t  size,
 int  skip_bits,
 int  used_bits
);
```

函数说明：

uper_decode()函数用于进行 UPER 解码，所有 ASN.1 类型的 UPER 解码均可调用该函数。

参数说明：

① opt_codec_ctx：可选项，用于占用栈空间的边界检查，值为 0 时表示禁用该选项。

② type_descriptor：要解码的 struct_ptr 结构的类型描述符，可以在 struct_ptr 结构所在的.c 文件中找到。

③ struct_ptr：指向解码的目标结构的指针，解码后的内容存放到对应的结构体中。

④ buffer：待解码的数据内容。

⑤ size：待解码的数据内容大小。

⑥ skip_bits：未使用的前导位数，值为 0～7。

⑦ used_bits：未使用的尾部位数，值为 0～7。

返回值说明：

返回值包含返回解码的状态和消耗的字节数。其中，解码的状态包括成功、未完成及失败，解码未完成表示需要再次调用该函数。

注意：返回值类型 asn_dec_rval_code_e 原型如下。

```
enum asn_dec_rval_code_e {
 RC_OK,       //解码成功
 RC_WMORE,    //需要更多数据，再次调用函数结果代码
 RC_FAIL      //解码失败
};
typedef struct asn_dec_rval_s {
 enum asn_dec_rval_code_e code;  //需要更多数据，再次调用函数结果代码
 size_t consumed;                //消耗的字节数
} asn_dec_rval_t;
```

（2）uper_decode_complete()函数原型如下。

```
asn_dec_rval_t  uper_decode_complete(struct  asn_codec_ctx_s
*opt_ codec_ctx,
 struct asn_TYPE_descriptor_s *type_descriptor,
```

```
    void **struct_ptr,
    const void *buffer,
    size_t size
   );
```

函数说明：

该函数用于进行 UPER 解码，即用于解码一个完整的编码，完整的编码至少包含 1 字节，且其值是 8bit 的整数倍。

参数说明：

① opt_codec_ctx：可选项，用于占用栈空间的边界检查，值为 0 时表示禁用该选项。

② type_descriptor：要解码的 struct_ptr 结构的类型描述符，可以在 struct_ptr 结构所在的.c 文件中找到。

③ struct_ptr：指向解码的目标结构的指针，解码后的内容存放到对应结构体中。

④ buffer：待解码的数据内容。

⑤ size：待解码的数据内容大小。

返回值说明：

和 uper_decode()函数的返回值相同，包含返回解码的状态和消耗的字节数。其中，解码的状态包括成功、未完成及失败，解码未完成表示需要再次调用该函数。

（3）uper_ decode()函数与 uper_decode_complete()函数的对比。

uper_decode_complete()函数中调用了 uper_decode()函数，并将参数 skip_bits 与 used_bits 均置为 0，相对于 uper_ decode()函数，该函数解码的对象是一个完整的编码，完整的编码至少包含 1 字节，且其值是 8bit 的整数倍。

3. PER/UPER 编码/解码 API 函数调用示例

这里以 MAP 消息编码作为实例，说明下列 API 函数的调用方法。

```
    MessageFrame_t * msg =(MessageFrame_t *)calloc(1, sizeof(Mess
ageFrame_t));
    uint8_t  MapMsg[512] = { 0 };
    asn_enc_rval_t  enc;
    asn_dec_rval_t  rval;
```

其中，msg 是转换为 C 结构的 ASN.1 消息帧结构，类型描述符为 asn_DEF_MessageFrame；MapMsg 数组用于存储编码后的二进制数据流；enc 为编码函数的返回结构，包含编码成功的标志位和字节数；rval 是解码函数的返回结构，包含解码成功的标志位。

编码示例：

```
enc = uper_encode_to_buffer(&asn_DEF_MessageFrame, msg, MapMsg,
sizeof(MapMsg));
if(enc.encoded  == -1){
   fprintf(stderr, "Could not encode MessageFrame(at %s)\n",
         enc.failed_type ? enc.failed_type->name : "unknown");}
else {
   fprintf(stderr, "Created %s with PER encoded  MessageFrame\ n",
         " ");
}
```

解码示例：

```
asn_codec_ctx_t *opt_codec_ctx = 0;
rval=uper_decode_complete(opt_codec_ctx,&asn_DEF_MessageFrame,
(void **)&msg, MapMsg, 256);
if(rval.code  == RC_OK){
    printf("\n ----- decode ASN success-----\n");
}
```

参考文献

[1] 中国汽车工程学会. 合作式智能运输系统　车用通信系统应用层及应用数据交互标准（第一阶段）：T/CSAE 53—2020[S]. 北京：中国汽车工程学会，2020.

[2] 中国汽车工程学会. 合作式智能运输系统　车用通信系统应用层及应用数据交互标准（第二阶段）：T/CSAE 157—2020[S]. 北京：中国汽车工程学会，2020.

[3] 中华人民共和国工业和信息化部. 基于LTE的车联网无线通信技术　消息层技术要求：YD/T 3709—2020[S]. 北京：人民邮电出版社，2020.

第 4 章　C-V2X 车联网系统主要功能分析

C-V2X 车联网系统终端按照位置不同主要划分为 3 个部分：C-V2X OBU、C-V2X RSU、车联网云平台（cloud platforms of Internet of vehicles，CPIV），如图 4.1 所示。其中，V2X OBU 和 V2X RSU 负责车辆、路侧和其他交通对象之间信息交互；C-V2X 车联网云平台是一个大的服务平台，拥有大量的车联网数据信息，负责信息分析处理与监测控制，如车辆的远程监控、路侧系统的远程监控、事件分析与处理、区域交通调度等[1]。

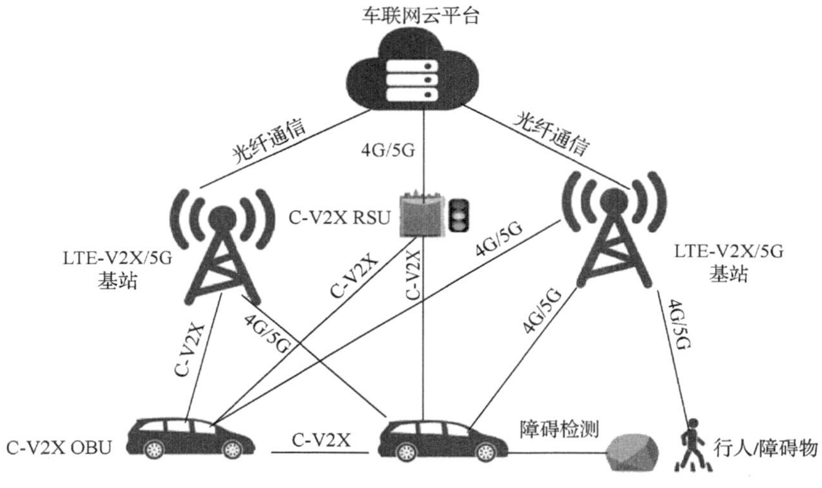

图 4.1　C-V2X 车联网系统组成结构

C-V2X OBU：V2X OBU 搭载在智能汽车上，可获取车身的基本安全信息。V2X OBU 包含高精度定位、惯性导航及 V2X 通信模块。在 V2X OBU 中，通过获取车身安全信息、高精度定位信息及 V2X 通信获取的周围其他交通环境信息，在车辆智能决策控制系统中进行融合，实现安全、效率及服务三大车联网应用场景功能。

C-V2X RSU：V2X RSU 主要用于智能交通与车路协同相关的信息感知、决策与控制信息服务，为智能驾驶与交通效率提供服务。V2X RSU 主要由 C-V2X 通信、高精度定位、信息显示等模块组成。其中，C-V2X 通信模块用于交通信息的广播和转发；高精度定位模块用于路侧时空同步服务与高精度定位。同时，

C-V2X RSU 还与路侧 MEC、智能交通系统、显示屏等基础设施进行信息交互，实现车路协同控制。

车联网云平台：车联网云平台主要用于对 C-V2X RSU 及 C-V2X OBU 进行管理，以及对场景中的交通对象进行信息分析处理，并建立数据分析与处理模型，实现车路协同防撞预警、交通信息推送、交通调度、编队组队控制等服务。

4.1 OBU 主要功能分析

4.1.1 OBU 基本功能

OBU 的基本功能包括业务、管理和安全 3 类，其中，业务类功能围绕 V2X 业务的实现，用于完成 BSM 消息的上报、V2X 消息的接收与解析、车身数据的读取与解析、消息的展示与提醒；管理类功能负责完成设备的认证、管理与维护[2]；安全类功能负责实现 OBU 自身，以及 OBU 与其他交互对象之间信息交互的安全保护。OBU 功能框图如图 4.2 所示。

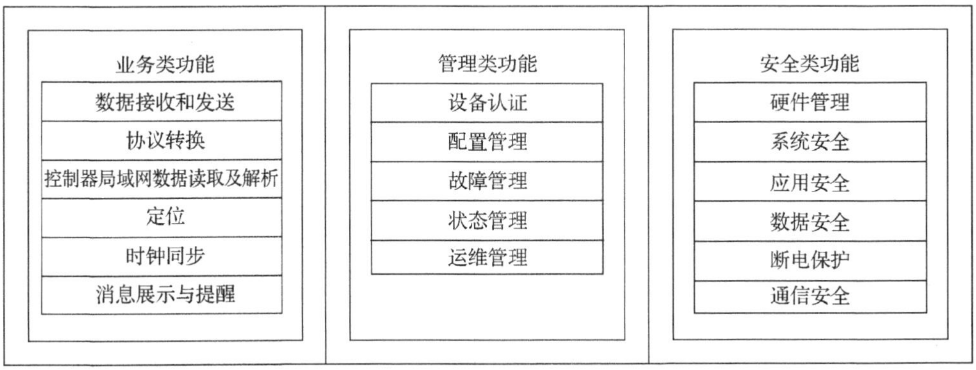

图 4.2 OBU 功能框图

1. OBU 数据接收和发送

OBU 支持数据的接收，包括通过 PC5 接收 RSU 广播的数据、通过 PC5 接收的其他 OBU 广播的消息、通过 PC5 接收的弱势交通参与者广播的消息，以及通过 Uu 接收的车联网云平台下发的数据；OBU 也支持数据的发送，包括通过 PC5 广播的自身 BSM 消息和通过 Uu 向车联网云平台上传数据[3]。

2. OBU 协议转换

车辆自身的数据类型复杂多样，要想保证数据的正确接收和解析，就需要进行协议转换，它将车身控制器局域网（controller area network，CAN）数据、Wi-Fi/蓝牙（bluetooth，BT）数据、C-V2X 数据等数据格式转换为中间件中指定的标准格式，因此需要对各种异构网络数据格式和中间件标准格式进行相互转换，以方便上层应用的开发使用。

3. OBU 时钟同步

时钟同步在 C-V2X 中发挥着重要作用。根据其同步原理，可将时钟同步方法分为两类：主从同步和互同步[4]。

主从同步的主要思想是网络中所有节点的时间与主控节点（时间参考节点）保持同步。首先，在网络节点中选取主控节点，随后主控节点广播带有自身时间信息的分组。其次，所有收到分组的节点在获取主控节点时间信息后与其保持同步。对于采用主从同步的不同时钟的同步方法，其区别主要是对主控节点的选取和维护方法不同。这种方法存在两个缺点：一是依赖主控节点，当主控节点位置发生变化或离开网络时，对网络同步性能影响较大；二是当网络规模较大、跳数较多时，远端节点的同步精度受累积误差的影响较大[5]。因此，主从同步更适用于静态拓扑或拓扑变化较慢的小型网络。但如果能对远端节点采取一定的时间补偿措施，则此类方法也可在一定条件下应用于大型网络。

互同步是一种分布式时钟同步方法，其主要思想是网络中所有节点依据彼此的时间信息进行时钟调节，而不依赖于某个特殊节点。这种方法无须选取主控节点，每个节点都广播带有自身时间信息的分组，当节点收到邻节点的时间信息后，根据彼此的时间偏差调节时钟，最终实现同步。互同步的节点广播时间信息的方式以及对邻节点时间信息的处理方式与主从同步不同。互同步不受主控节点限制，因此更适用于移动多跳网络。

OBU 采用主从同步方法时，可以 OBU 自带的 GNSS 模块作为同步时钟基准，为 OBU 与其他设备提供同步时钟源以进行同步。如果车载系统中存在多个 GNSS 模块，则需要根据系统设计时的优先级确定同步时钟源。

4. OBU 定位

车辆定位是实现智慧交通、自动驾驶的必要条件。随着 C-V2X 应用从辅助驾驶到自动驾驶的发展，其性能要求在可靠性、时延、移动速度、数据速率、通信范围及定位精度等方面发生了变化。与其他应用不同，定位信息是保证与车联网位置相关业务可靠性的基本要素之一[6]。

在车联网中，道路安全、交通效率、信息服务、自动驾驶等不同应用类型具有不同的定位性能指标需求。作为移动的实体，车辆会经历不同的道路环境和场景，包括高速公路、城市道路、封闭园区及地下车库等，不同的场景对定位技术的要求各不相同[7]。

5. OBU 的安全与管理类功能

车联网 V2X 交互基本上是通过无线通信的方式传输消息的，然而，车联网无线通信网络的开放性、无线链路的脆弱性、网络拓扑的动态变化、节点计算能力有限及广播等特性，使 OBU 在外部网络通信中可能遭受恶意用户和攻击者的伪造、篡改、窃听及重放等各种类型的攻击。攻击者不仅可以从外部网络进行攻击，还可以入侵 OBU 和车联网内部子系统，从而窃取、篡改隐私数据以及破坏信息的完整性[8]。所以，OBU 需支持硬件加/解密，满足认证、鉴权、数据的加密，应具备固件芯片的物理写保护功能，防止固件被篡改；OBU 系统应使用安全的通信协议保障管理通道安全，支持防攻击保护，防止设备参数或数据内容被攻击，以避免影响 OBU 设备的正常运行；支持设备参数防篡改，以防止影响设备的正常工作，同时支持对接收和发送的消息进行高速加/解密处理，防止被篡改或伪造后发送虚假的数据；支持在运行状态遇到异常断电时的数据自动保存，以防止数据丢失。

4.1.2 OBU 硬件架构

硬件设备层为 OBU 系统提供了整个硬件支撑[9]。硬件设备层涵盖了 OBU 的底层硬件设备，主要包括 3 种无线通信方式：自组网通信，即通过 LTE-V2X 模组进行 V2X 通信；4G/5G 模组移动蜂窝通信；人机交互通信，如 Wi-Fi/BT（blue tooth，蓝牙）。除此之外，还需要车身通信接口，目前主要以 CAN 和以太网接口为主，OBU 可以通过这些接口获取所需的车身状态信息。OBU 的硬件架构如图 4.3 所示。

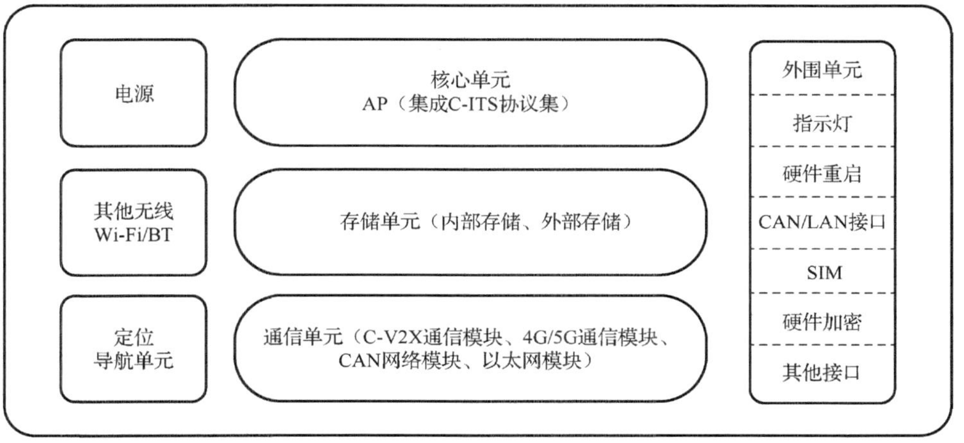

图 4.3 OBU 的硬件架构

OBU 硬件由通信单元、存储单元与核心单元组成，支持 V2X 通信、定位，外部支持状态指示、硬件重启、数据与调试接口、CAN 接口、以太网接口、用户识别（subscriber identity module，SIM）卡和硬加密功能。中央控制单元是 C-V2X OBU 的数据处理中心，主要承担 OBU 正常运转的运算和控制工作，是 OBU 硬件层的核心部件。

OBU 的通信单元主要包括 V2X 通信模块、4G/5G 网络通信模块、CAN 网络模块、以太网模块等。

Wi-Fi/BT 通信模块：HMI 可通过 Wi-Fi/BT 访问 OBU，用于与人机交互设备进行数据交互。

定位导航单元主要包括高精度 GPS/北斗导航系统（beidou navigation satellite system，BDS）定位模块、惯性导航模块，用以提供车辆的位置、方向、速度和时间等信息。高精度 GPS/BDS 定位模块会结合 RSU 的差分基站提供厘米级、亚米级差分定位精度，主要负责为 OBU 提供时间校准和位置信息获取服务，实现高精定位等功能。惯性导航模块主要用于辅助高精度 GPS/BDS 定位，解决信号不佳或缺失等问题，有效降低在城区高楼林立环境下多路径效应的影响。

4.1.3 OBU 软件架构

1. 软件架构

C-V2X OBU 的信息来源有 V2X、4G/5G、CAN、蓝牙、Wi-Fi 等多种通信模块，而把应用开发的所有工作都放在一起必然会造成模块的臃肿和模块内部的紊乱，是不可行的。OBU 属于嵌入式产品，系统资源有限。针对 OBU 通信的多源异构性与消息格式的异构性，遵循软件高内聚、低耦合的设计要求，利用分层设计思想，OBU 软件架构如图 4.4 所示。OBU 的系统软件架构包括 Linux 内核层、通信协议中间件层、V2X 消息中间件层、算法软件开发工具包（software development kit，SDK）层和应用层。

在 OBU 应用开发过程中，为了提高应用关键开发效率，按照上述分层结构进行设计。其中，通信协议中间件层主要用于实现 V2X 消息的信息加/解密、压缩编码、车身信息的解析、高精度定位处理及通信管理等功能，为上层 V2X 中间件层提供访问接口。

V2X 消息中间件层在 V2X 消息接收过程中负责按照应用层标准对从通信协议中间件层获取的 V2X 消息进行解析，并填充到对应的数据结构中。在 V2X 消息发送时，通过该层将需要发送的消息填充到对应数据结构中并调用通信协议中间件层进行压缩编码及发送。

算法 SDK 层主要是将应用相关的算法打包，通过函数接口参数将相关的参数传递给算法对应的库函数，并返回输出结果。接口参数采用标准的应用层消息数据结构，为应用层提供格式化的数据和底层服务的接口。

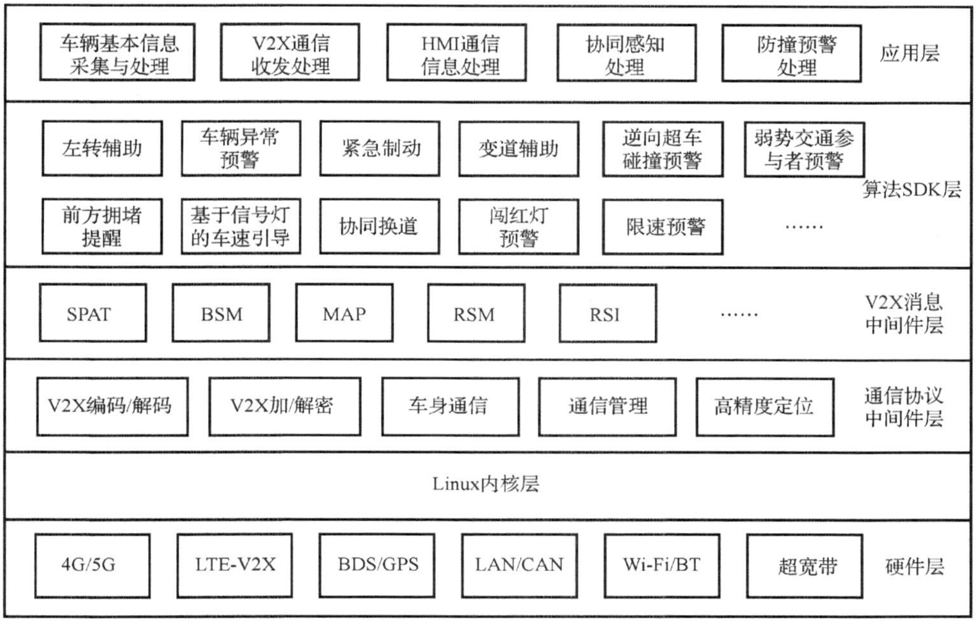

图 4.4　OBU 软件架构

应用层主要负责应用逻辑的处理。应用层的主要功能是数据接收与发送处理、防撞预警判断、交通信息提醒等。应用层对中间件分发的应用数据进行处理，进行防撞预警判断，并将结果推送到 HMI 端，提醒驾驶员安全驾驶[10]。

2. 中间件层

中间件层位于 Linux 内核层和算法 SDK 层之间，用于屏蔽底层通信设备的异构性，向上层应用提供统一的开发接口，实现应用软件层和硬件设备层之间的数据收发。中间件层采用了以数据为中心的“发布/订阅”设计模式，通过构建中间件层，可以使得应用层易于裁剪，其功能得以实现和扩展，Linux 内核层的功能优化完善不会影响应用层，从而实现了设计的解耦，大大降低了复杂或苛刻系统对数据共享的集成难度。中间件层主要用于解决 C-V2X 车联网 OBU 不同业务功能和通信网络多样性的问题[11]。

针对 C-V2X 车联网应用需求而设计开发的 OBU 中间件架构如图 4.5 所示。该中间件可分为 6 个主要部分：线程管理组件、中间件组件总线、信息安全组件、消息代理组件、异构通信网络管理组件和日志管理组件。其中，线程管理组件主要针对中间件对并行化工作线程进行管理，提高中间件运行效率；中间件组件总线主要负责中间件的组件管理和初始化工作，提供应用访问接口；消息代理组件主要负责消息的分发，是中间件的核心；异构通信网络管理组件主要负责异构网络的事件监听、消息格式的转换、通信接口的选择等，为上层应用提供统一的消息格式；信息安全组件主要负责信息安全，提供数据的加/解密等功能；日志管理组件负责记录中间件的运行情况，应用层软件定期将日志管理文件发送给车联网云平台。

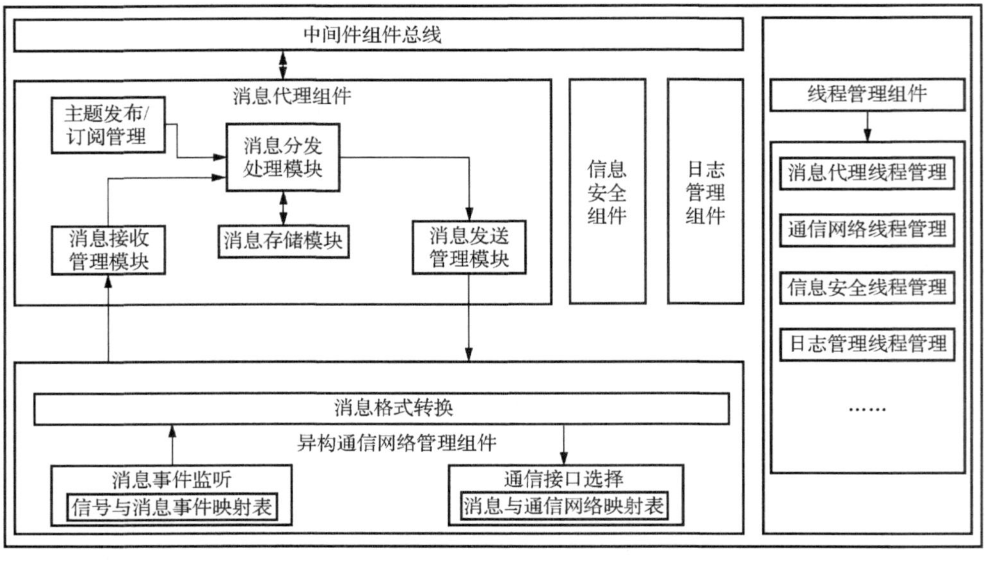

图 4.5 针对 C-V2X 车联网应用需求而设计开发的 OBU 中间件架构

1）中间件组件总线

中间件组件总线是应用层和中间件的桥梁，也是中间件初始化的入口。通过中间件组件总线，HMI 可以获取底层数据。因此，中间件组件总线成为了上层应用与底层通信网络的“桥梁”。中间件组件总线的主要职能如下。

（1）中间件的初始化工作，是中间件工作的起点。

（2）负责管理各个组件，通信时查找组件列表，提供应用层与组件的通信接口。

（3）创建线程池，利用线程池的管理机制对多个子线程进行有效管理与调度，提供中间件的并行调度机制。

2）消息代理组件

消息代理组件采用基于发布/订阅分发模型，该模型包含消息发布者和订阅者，发布者发布消息，订阅者订阅消息，发布者也可以是订阅者。发布/订阅分发模型可以使发布者和订阅者之间彼此独立，保证发布者发布的消息快速、准确地传送给订阅该消息的所有订阅者。

发布者和订阅者是通过主题来关联的。每个主题拥有唯一的主题标识。因此主题是发布者和订阅者实体的“桥梁”。当发布者发布的消息与订阅者的主题匹配时，就建立了通信关系，并为这些实体设定服务质量参数，为通信实体提供较高质量的服务能力，以此解决网络通信延迟等问题。对于每个应用实体而言，每个实体只需关注消息的发布与订阅，无须关注实体之间的消息传递。

4.2　RSU 主要功能分析

车联网是一种移动自组织网络，可以有效提升交通安全、交通效率、舒适驾驶、信息娱乐等服务。交通信息对于驾驶员驾驶车辆特别有用，如事故警告或道路拥堵警告。然而，自组织网络的一些特殊特性，如车辆的移动性和较短的传输范围，导致车辆与车辆之间的连接时间非常短。为了避免这种情况，RSU 被用作路边的固定装置和缓冲点，称为车辆到基础设施通信。RSU 是车路协同系统的重要组成部分，也是突破车路协同技术的关键所在，其主要功能是采集当前的道路状况、交通状况等信息，通过网络将信息传递至指挥中心或路侧处理单元进行处理，并裁定相关信息通过网络传递到有相应信息请求的车载终端，辅助驾驶员进行驾驶。因此，RSU 需要具有的功能如下。

（1）设备异构性处理：路侧端除了 RSU 外，还装备有多种传感器、路侧 MEC、交通基础设施等，因而 RSU 需要具有管理从不同设备连接通信和收集数据的功能。

（2）数据快速分发：传感器模块或通信模块会获取大量交通数据，RSU 需要保证处理的交通安全类信息的时效性，优先处理分发高优先级消息。

（3）统一的通信标准：RSU 与 I2V 通信时应该遵从统一通信标准，从而实现与车辆、其他交通参与者的无障碍沟通。

（4）远程升级维护：RSU 当前应用功能还处于初级阶段，需要根据发展需要进行定期应用更新。传统的升级方式是人工到现场完成升级，难度大，成本高。而 RSU 需要具备远程升级应用软件的功能，减少人力运营成本。

4.2.1　RSU 基本功能

RSU 的基本功能包括业务、管理和安全 3 类，其中，业务类功能围绕 V2X 业务的实现，汇集路侧交通设施和道路交通参与者的信息上传至 V2X 平台，并将 V2X 消息广播给道路交通参与者；管理类功能负责完成设备的认证、管理与维护；

安全类功能负责实现 RSU 设备自身，以及 RSU 与其他交互对象之间信息交互的安全保护。RSU 业务类功能如图 4.6 所示。

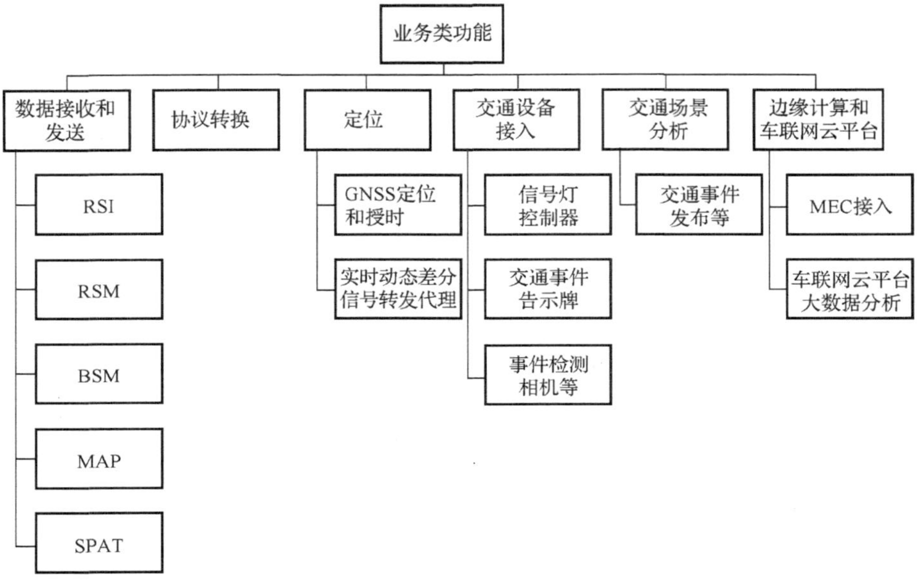

图 4.6 RSU 业务类功能

RSU 接收来自车辆 OBU 和路侧设施产生的交通信息，根据交通场景的需要，通过 PC5 或者 Uu 接口，以标准化的形式发送给相应的交通实体；交通设备接入为了达到更好的交换交通场景信息的目的，通过各种硬件和软件结合的方式，将交通场景中所需的信息源产生的交通数据汇集到 RSU 后，通过标准化的协议发送到车辆 OBU 中使用。常用的交通设备包括信号灯控制器、雷达、人工智能（artificial intelligence，AI）事件检测相机和交通信息告示牌等。由于交通设备与 RSU 之间的接口尚未完全统一、协议不标准，因此 RSU 需要提供对各种接口协议适配的能力。对于收到的来自车辆 OBU 和路侧各种交通设备的信息，RSU 通过分析可以提炼出路况状态的实时报告，进而可以交通事件的形式，发送给与之相关的其他 RSU 和 OBU，从而改善通行效率和交通安全。RSU 本身可以通过 GNSS 进行高精度定位[12-13]，以用于各类消息。RSU 可以把接收到的来自 RTCM 数据源的消息广播给车载 OBU，实现车载 OBU 的高精度定位。MEC 作为 RSU 的能力扩展单元，除了能提升 RSU 的计算和存储能力外，还能引入更多的本地应用，丰富交通场景的业务需求。同时，在 RSU 上应用分布式的业务应用设计模型，通过 MEC 数据汇聚后接入核心车联网云平台集中处理展现，能实现整个城市或者地区的交通路网动态规划调整。

RSU 管理类和安全类功能如图 4.7 所示。RSU 配置了专用的硬件加密模块，作为安全管理的基础器件提供本地的加/解密功能。为了防范入侵和网络攻击，RSU 需要从设备系统和网络环境等多方面考虑安全问题，除了对系统固件进行必要的加固防范，对于设备暴露的硬件通信接口也要通过软件系统进行锁定和禁用。对于本地和远端的管理维护行为，除了必要的双向账号验证外，还要求对全过程实施通信承载加密，防止第三方截取数据。RSU 支持硬件加密，可满足对认证、鉴权、数据的加密；应具备固件芯片的物理写保护的功能，防止固件被篡改。其系统应使用安全的通信协议保障管理通道安全；支持防攻击保护，防止设备参数或数据内容被攻击，影响 RSU 的正常运行。RSU 支持设备参数防篡改，以防止影响设备的正常工作；同时支持对接收和发送的消息进行高速加/解密处理，以防止消息被篡改或伪造后导致设备发送虚假的数据。RSU 也支持在运行状态遇到异常断电时的数据自动保存，以防止数据丢失。

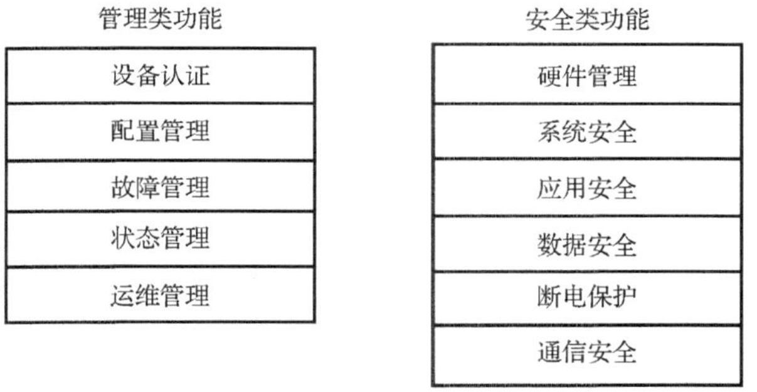

图 4.7　RSU 管理类和安全类功能

RSU 支持路侧交通基础设施数据和道路交通参与者数据的收集，包括通过有线或无线方式收集路侧交通设备数据，通过 PC5 接收车辆数据和弱势交通参与者数据，以及通过 Uu 或光纤接收平台下发数据等。RSU 支持路侧交通设施和 V2X 消息等数据的发送，包括通过 Uu 或光纤向平台上报数据、通过 PC5 广播从平台接收的数据、高精度定位辅助数据的转发等；RSU 收集的数据类型复杂多样，为保证数据的正确接收和解析，RSU 支持数据的协议转换，转换的数据包括通过有线方式收集的路侧交通设施数据和通过 PC5 监听的交通参与者数据，转换后的数据格式满足国家标准的要求。

4.2.2　RSU 硬件架构

路侧设备通过传感器和通信设备采集交通信息，分析处理后通过多种通信技术将这些信息发送给周边车辆和车联网云平台，如图 4.8 所示。

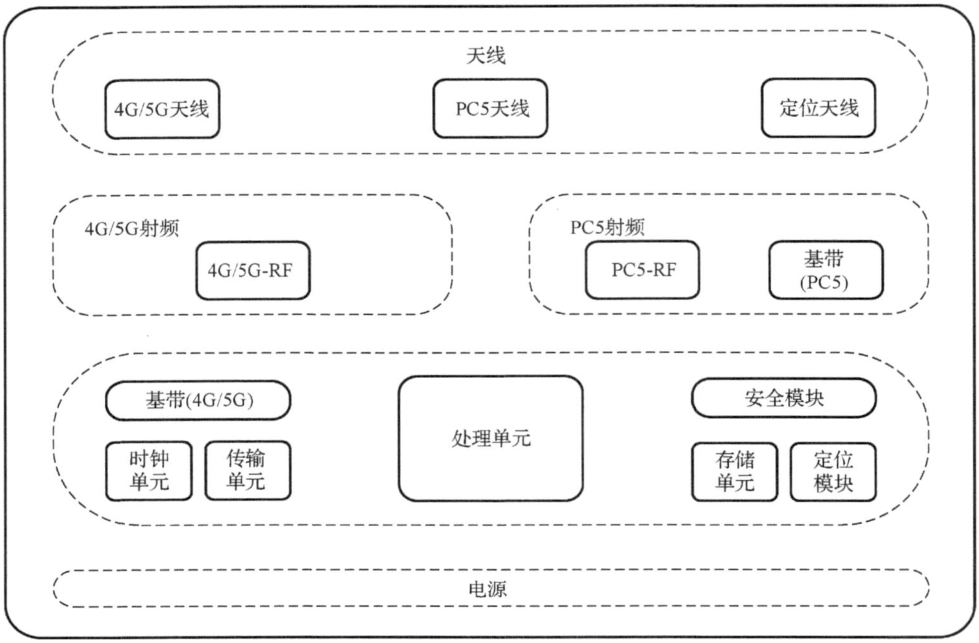

图 4.8 RSU 硬件架构

（1）RSU 融合了 5G 网络通信能力和传统 RSU 的功能，可实现 5G NR 与 PC5 数据的互连互通；可有效地支撑车联网中需要大数据回传和单位时间内大量重复数据下发的应用场景的通信需求；可实现与以太网的实时互动，满足上层应用平台对数据的收集、分析和处理；可构建广覆盖与直连通信协同的融合网络，保障智慧交通业务的连续性。

（2）RSU 提供 PC5 网络覆盖，通过 PC5 广播收集汇聚的平台、道路、车辆等信息，为范围内的车辆、行人等提供 V2X 消息；可实现对部分依赖 Uu 传输的车联网数据的分流，将原有的单播改为 PC5 广播，减少 5G 网络资源的占用。同时，PC5 可监听范围内的广播的 V2X 消息，实现路侧、车辆等信息的收集与汇聚。

（3）处理单元是路侧设备分析和处理不同网络通信数据的中心，通过接入的 V2X 通信模块与 V2X 车辆和其他 V2X 设备通信，通过蜂窝通信模块与车联网云平台通信，通过自身物理接口（串口、网口）与道路传感器通信，对获取的数据进行处理后分发给车辆和车联网云平台。定位模块负责为路侧设备提供时间校准和位置信息获取服务。

（4）数据接收与数据发送：虚拟自组网是智能交通系统中的一项新兴技术。基于 Uu 的 RSU 的 V2X 消息发送/接收如图 4.9 所示。

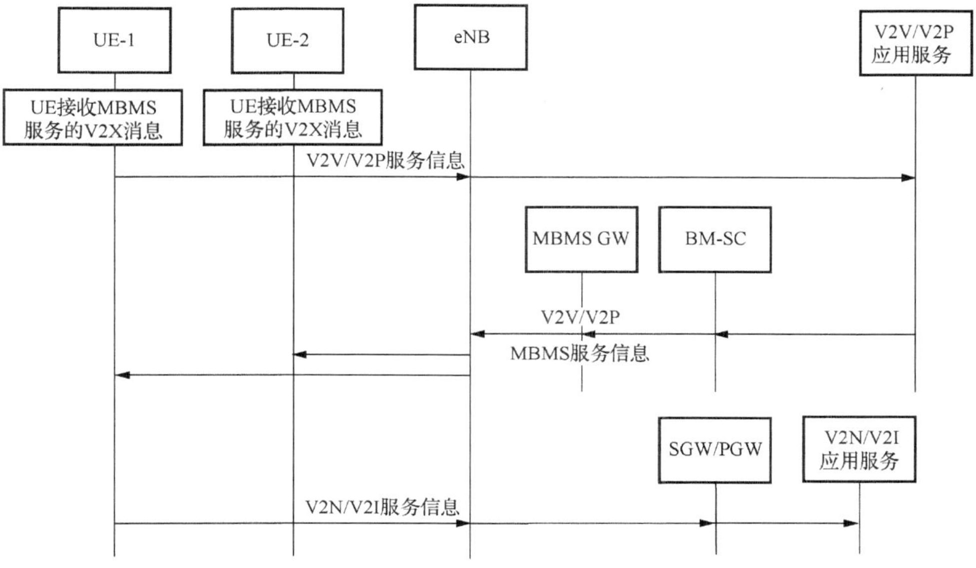

图 4.9　基于 Uu 的 RSU 的 V2X 消息发送/接收

4.2.3　RSU 软件架构

路侧设备对通过通信设备和传感器采集局部道路地图、车辆基本安全信息、道路提醒、信号灯状态、交通参与者信息和高精度定位差分数据进行处理，与装有 V2X 通信设备的车辆进行通信，向驾驶员提供实时的道路状况、交通拥堵状况等信息。除此之外，路侧设备通过移动蜂窝通信方式向车联网云平台发送道路环境数据，同时接收车联网云平台发送的通知消息并通过 V2X 通信设备广播，以及接收信号灯配时信息逆向控制信号灯状态。

从 RSU 硬件架构和所处理的信息类型来看，RSU 负责管理与之相连的各种设备之间的通信信息并与之交互。

图 4.10 所示为基于轻量级中间件的 RSU 软件架构。该软件架构采用了发布/订阅模型，整合了应用消息分发业务和底层通信业务，为应用层屏蔽了路侧设备的底层通信网络细节，并设计了消息优先级调度分发方法，提高对紧急性高的消息的响应速度。在此架构的基础上，设计实现了 RSU 的应用层安全应用开发和远程升级。从功能上看，RSU 软件架构包括应用程序层、路侧设备中间件层、Linux

系统层和硬件设备层，各层根据位置完成分配的功能，形成一个灵活且易扩展的系统结构。下面主要介绍RSU软件架构中前两层的内容。

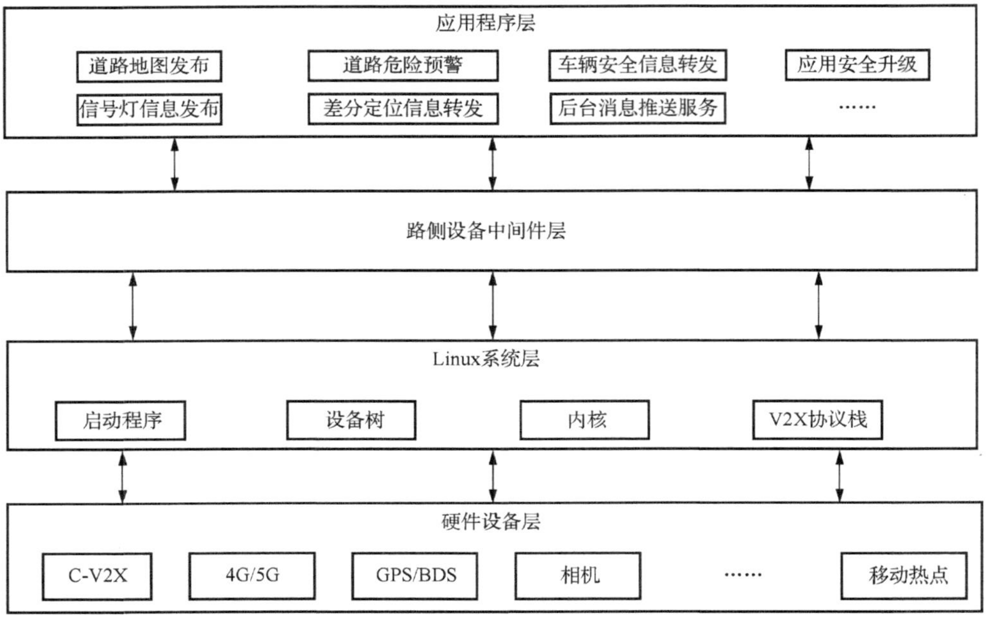

图 4.10 基于轻量级中间件的 RSU 软件架构

1. *应用程序层*

通过对路侧设备的应用场景和硬件结构的分析可知，路侧设备需要执行多种任务，所以其内部部署的应用软件较多。从应用软件性质上看，路侧设备应用程序层的软件可以分为两类：车联网应用和应用安全升级控制应用。

1）车联网应用

车联网应用根据应用任务的紧急性可以进一步划分为信息服务类应用和安全类应用。其中，信息服务类应用包括广告信息推送、车流量信息统计、ETC 等；安全类应用包括道路地图发布、信号灯信息发布、道路危险信息预警、差分定位信息转发、车辆安全信息转发等辅助驾驶的应用。

2）应用安全升级控制应用

应用安全升级控制应用在路侧设备中以守护进程的形式运行，负责记录路侧设备中运行的车联网应用软件的版本号，并定期通过车联网云平台检查和下载应用软件的更新包，控制路侧设备车联网应用的安全更新。

2. 路侧设备中间件层

路侧设备连接管理的通信设备和传感器的类型及数量根据任务定位来配置，应用程序层运行的软件随之不同。以路侧设备连接管理的传感器为例，分为道路温度传感器、湿度传感器、风速传感器、摄像头等，路侧设备获取这些传感器采集的数据后，经过本地分析或发送给车联网云平台分析处理，获得道路运行的实时情况。

在嵌入式平台上，路侧设备一般以多进程或多线程的方式分别管理连接传感器。这些数据需要被快速处理，以提高应用程序响应速度及减少数据传输时间。因此，路侧设备中间件层需要提供高效的管理机制来处理这些信息。

路侧设备 RSU 中间件层位于 Linux 系统层和应用程序层之间，封装了路侧设备提供的底层通信接口，屏蔽了底层通信设备类型的异构性，向应用程序层软件开发提供统一的接口，完成硬件设备层和应用程序层间的数据收发控制。路侧设备中间件层总体架构如图 4.11 所示。

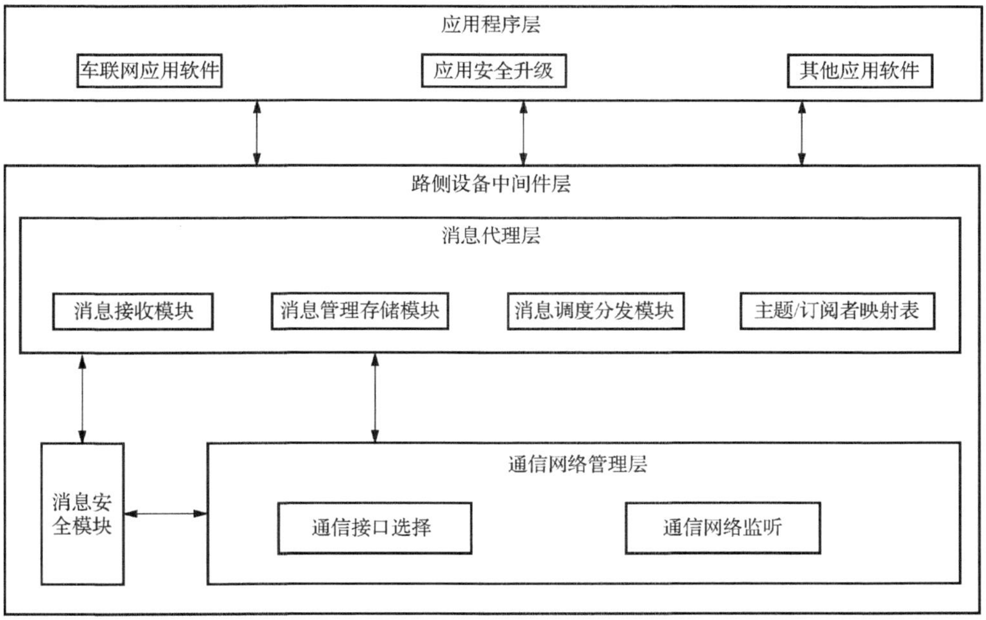

图 4.11　RSU 中间件层总体架构

1）通信网络管理层

通信网络管理层位于 Linux 系统层之上，主要由通信网络监听模块和通信接口选择模块组成。通信网络管理层主要完成路侧设备通信模块的数据收发通道的管理，并将收到的通信模块数据转换为标准格式后，发送给其上的消息代理层，以及将收到的应用程序层消息通过通信模块对外发送。应用开发者无须考虑复杂的异构网络的区别，只需要考虑消息的提取和发送即可。图 4.12 所示的 RSU 调用底层通信接口发送应用层消息和图 4.13 所示的 RSU 通信模块消息接收/转换。路侧设备的车联网应用需要通过底层通信模块获取外界的交通环境信息，并将处理后的信息通过通信模块发送。车联网应用程序与底层通信模块通过消息代理层进行数据交换。

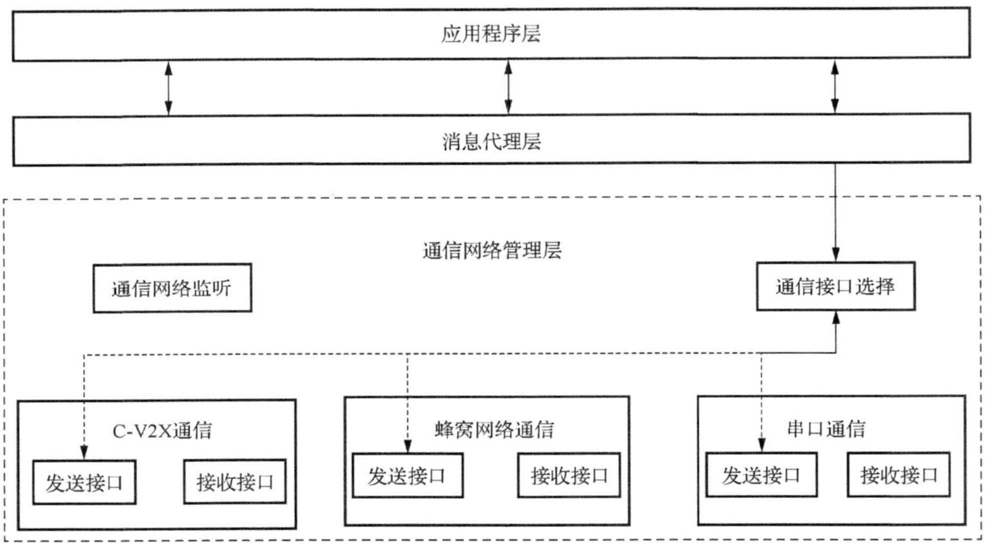

图 4.12　RSU 调用底层通信接口发送应用层消息

如图 4.13 所示，通信网络监听模块监听不同通信模块的接收通道的消息。每一个通信模块接收的消息的类型和内容固定，因此将消息主题预先存储在一个配置文件中，中间件启动时读取配置文件，根据配置文件的消息类型描述完成通信模块消息主题的发布及注册。通信网络监听模块收到主题消息后，将主题消息发送给消息代理层，消息代理层分析消息主题的类型，查询主题/订阅者映射表后，发送给订阅此主题消息的所有应用程序。

2）消息代理层

消息代理层是路侧设备车联网应用程序与附属的通信单元、数据感知单元和车联网云平台之间通信的“桥梁”。消息代理层由 3 部分组成：消息发布者（publisher）、消息订阅者（subscriber）和消息代理（message agent，MA）。消息代理层为应用程序层和底层通信模块通过监听程序提供统一的标准接口进行主题消息的发布和订阅，这样应用程序层和底层通信模块建立起了一种松耦合的数据流向。

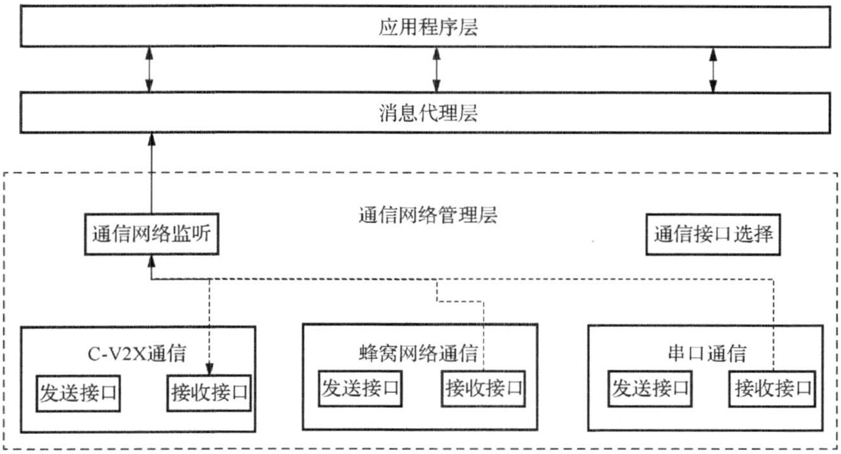

图 4.13　RSU 通信模块消息接收/转换

消息是发布/订阅分发模型中的最小通信单位，消息发布者和消息订阅者以消息完成通信。消息本身含有多种属性，包括长度、紧急性、时效性、时效时间、抢断性。其中，长度指消息的长度；紧急性指消息的紧迫程度；时效性指消息仅在一定时间内起作用，按照时效性可以将消息分为不断更新的动态消息、部分变化的半静态消息和标定不变的静态消息；时效时间是消息产生后的有效作用时间；抢断性指最急需处理的紧急消息。

消息发布者和消息订阅者在消息代理中注册之后，消息代理建立消息主题/订阅者信息表，存储发布者发布的主题消息与订阅该类消息的订阅者的关联信息。消息发布者将主题消息发送给消息代理，消息代理会对消息进行内部存储。消息代理通过查询消息主题/订阅者信息表，匹配双方的消息主题，将收到的消息转发给对应的消息订阅者，直到消息订阅者取消订阅该类主题。

消息发布者向消息代理发送消息时，注册信息中包括消息的紧急性等属性信息。消息代理根据属性信息计算主题消息的优先级，优先将高优先级的消息发送给消息订阅者。

图 4.14 所示为 RSU 消息代理层的软件架构。消息代理层主要包括消息接收模块、消息存储管理模块和消息调度分发模块三大功能模块以及主题/订阅者映射表。系统内的不同应用程序利用消息队列进行主题消息的通信。

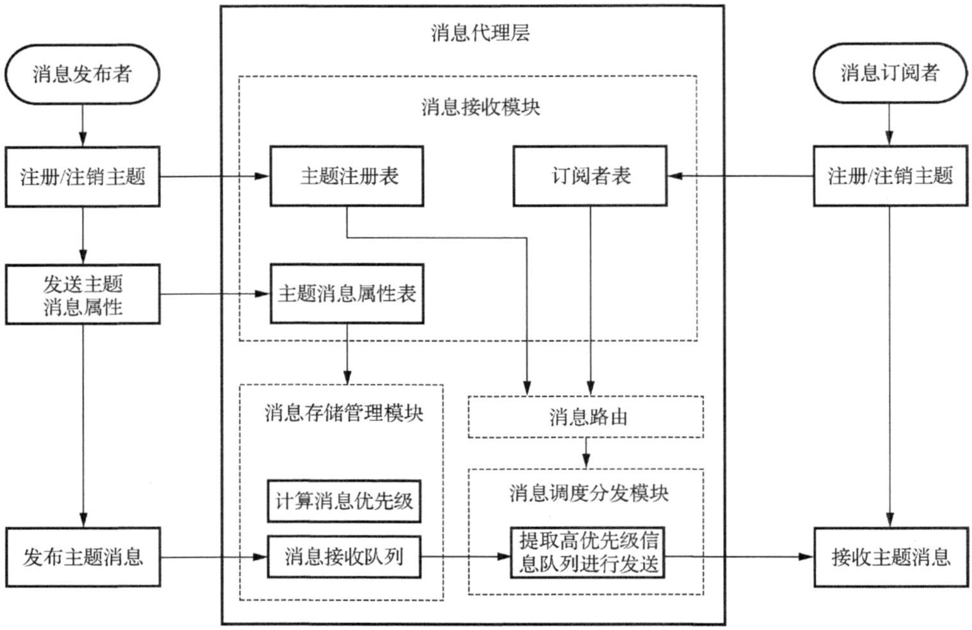

图 4.14 RSU 消息代理层的软件架构

4.3 车联网云平台主要功能分析及架构分析

4.3.1 车联网云平台功能分析

车联网云平台的目标是通过连接道路上的智能路侧设备以及移动车辆终端设备，实现车辆与人、车、路、云、图的智能信息交换共享，以及交通基础设施的数字化。车联网云平台需要提供业务、设备运维管理、安全、云边协同、能力开放与演进等五大功能。

1. 大数据业务功能

车联网云平台需具有以下大数据业务功能：建立交通事件监测、事件分析、智能通知体系，将交通信息下发至 RSU，RSU 转发给 OBU，主要场景为车内标牌、恶劣天气类事件等；提供城市/区域交通实时监控与分析，覆盖交通事故数、连接车辆数、拥堵路段、车型分布、车流量、事故高发路段排行、在线设备数等重要指标；通过车载与路侧的摄像头、雷达设备获取实时交通道路数据，结合

AI 算法识别路面交通事件，将交通事件下发到 RSU 和 OBU，并将事件转发给交管部门，主要应用场景为异常车况及异常路况类事件、交通道路事故等。

2. 设备运维管理功能

车联网云平台设备运维管理功能包含以下内容：提供 RSU、交通基础设施等设备状态实时监控，实时掌握设备情况，为运营管理人员提供日志分析、故障诊断工具，实现对故障进行快速定界定位，助力设备对故障进行及时处理；针对路侧红绿灯、北斗地基增强设备、边坡监测设备、路况诱导设备、气象监测设备等进行管理，平台侧对设备状态进行监测和管理。

3. 安全能力

多中心容灾：在业务容量大、可靠性要求高的情况下，要求主备设备间采用双光纤连接，主备设备各有独立 IP，业务可做到负荷分担，确保关键数据安全，保持设备数据一致性。

身份安全：应确保车路协同业务中的安全性，具备应对不明身份入侵者威胁的能力；具备完整的身份安全认证机制，防止匿名证书，防止隐私泄露等，实现可信的车路通信。

行为安全：具备车辆异常行为检测的能力；可搜集车辆和边缘节点上报的数据进行综合决策；可检测车辆恶意行为，并对恶意行为的不同分级采取对应处理。

区块链技术的应用：可与保险公司等第三方平台一起组成联盟链，保证车辆全生命周期内信息的存储，保证数据不可篡改、真实可信。

4. 云边端协同能力

车端、路侧通过视频和雷达等感知数据来分析交通事件、交通流，对交通对象识别、定位和轨迹跟踪，完成实时分析信息推送给车辆，并上报给 C-V2X 云端平台进行监控和管理。云端平台需要支持必要的云边端协同能力，包括协同感知、协调决策与控制等，可实现云上控制的边缘计算的软件部署和更新。

5. 能力开放与演进

车路协同平台具备交通融合感知能力和智能仿真分析能力，可为城市规划、交通管理、应急管理、共享出行、居民服务等业务提供数据接口和服务。云平台还需要提供数据开放接口，用户通过使用车路协同平台的接口，可以完整地使用车路协同平台的所有功能，包括交通事件、边缘设备等资源的创建、查询、修改和删除，以及车辆行驶数据查询、RSU 设备新增查询等功能。

4.3.2 C-V2X 车联网云平台架构分析

C-V2X 车联网云平台拥有大量的数据信息，所有的数据都要汇聚到该平台上，并由平台进行分析处理，以开发相应的应用，如车辆的远程监控、路侧设备的远程监控等。

在车联网云平台上，云端可以连接第三方业务应用的信息中心，为路侧端和车载端发送全局的业务控制、业务共享信息，并存储全局设施、环境、用户、业务信息；路侧端与路侧信号控制器或者边缘服务器相连，收集驾驶、交通环境状态信息，进行路侧决策并发送路侧业务控制到车载端；车载端收集路侧控制信息、全局信息、周边环境信息并进行动态感知及实时决策。C-V2X 车联网云平台的架构如图 4.15 所示。

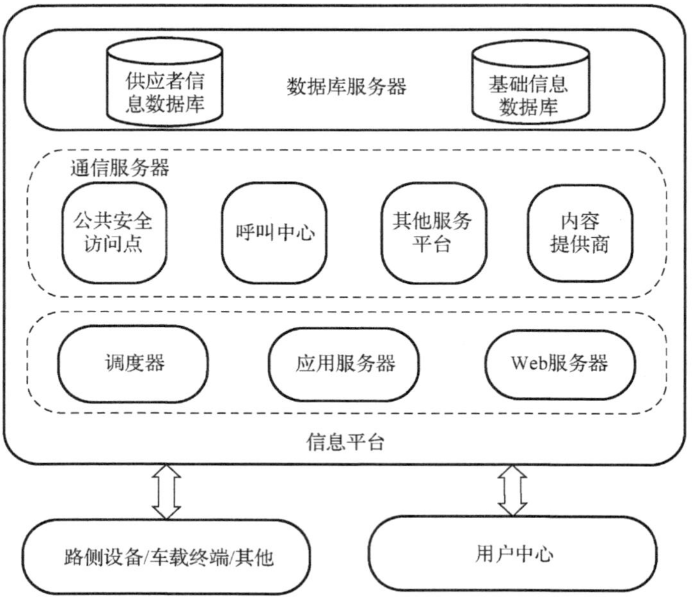

图 4.15　典型 C-V2X 车联网云平台的架构

从图 4.15 中可以看出典型 C-V2X 车联网云平台整体主要由路侧设备/车载终端、用户中心和信息平台等组成。其中，路侧设备/车载终端是 C-V2X 车联网的主要组成部分，也是直接与驾乘人员接触的设备，其功能是车联网功能的直接体现。在整个架构中，车载终端的主要功能是采集车辆数据，通过 GNSS 定位的位置来采集信息和通过车辆 CAN 总线进行信息采集，然后通过移动蜂窝网络与平台建立 TCP/UDP 连接，对采集到的数据进行实时上传。C-V2X 车联网信息平台主要有 5 部分：通信服务器、调度器、应用服务器、数据库服务器和 Web 服务器。

从 C-V2X 车联网信息平台的扩展性、移植性、兼容性、操作性和稳定性等性能出发，结合系统的功能需求，C-V2X 车联网信息服务平台综合信息系统主要由 5 部分组成，如图 4.16 所示。

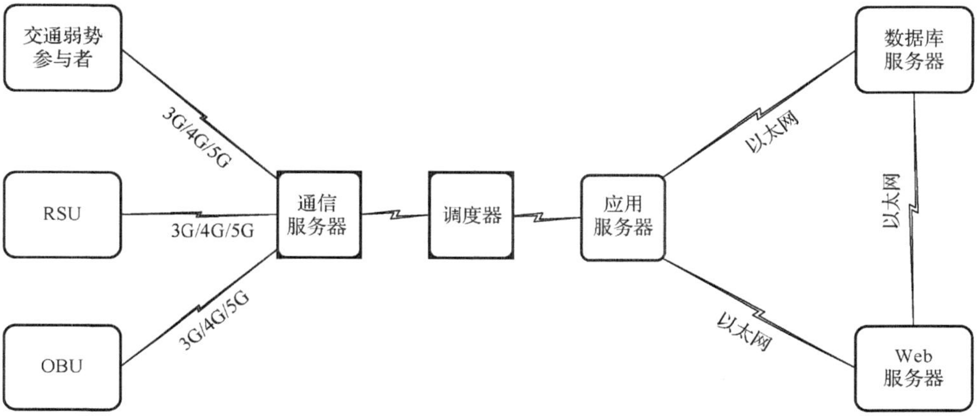

图 4.16　C-V2X 车联网信息服务平台综合信息系统

其中，通信服务器主要实现车载终端、路侧设备与应用服务器之间的数据转发。通信服务器有四大功能：数据的接收，通信服务器接收车载终端和路侧设备获取到的车辆信息，车载终端和路侧设备获取到车辆信息之后，先按照数据的重要程度对数据进行分类处理，再打包选择采用 TCP 或者 UDP 方式把数据发送给通信服务器；数据的解析，通信服务器在接收到车载终端和路侧设备发送过来的数据后，按照预先定义好的数据格式对数据进行解析；数据接口的调用，通信服务器在接收到由终端设备和路侧设备发送的数据之后，调用应用服务器提供的接口对数据进行相应的处理；数据的转发，通信服务器可以接收由各种客户端（包括 PC、移动终端）发送的数据指令，并把此数据指令转发给车载终端或路侧设备。路侧设备、车载终端和其他物体与 C-V2X 车联网信息服务平台综合信息系统进行信息交互时采用的是移动蜂窝网络（3G/4G/5G）技术。应用服务器、Web 服务器和数据库服务器之间进行通信时是以以太网的方式进行的。

根据 C-V2X 车联网信息服务平台综合信息系统的功能需求，考虑平台的扩展性、移植性、兼容性、操作性和稳定性等性能，结合系统成本和开发难易程度，选择基于 Java 开源技术路线和.net 平台来开发 V2X 车联网云平台，平台软件具有跨操作系统运行的友好特征，能够很好地支持主流的 Linux、Windows、UNIX 系列的服务器操作系统。选择以 Java 和 C#作为开发语言，既有利于开发软件的轻量化，占用系统资源少，又使得系统容易扩展，如果升级到大型系统，则升级硬件和稍微更改软件配置即可。C-V2X 车联网云平台的软件架构如图 4.17 所示，其主要分为 4 层：基础软件层、核心应用服务层、应用逻辑层和展现层。

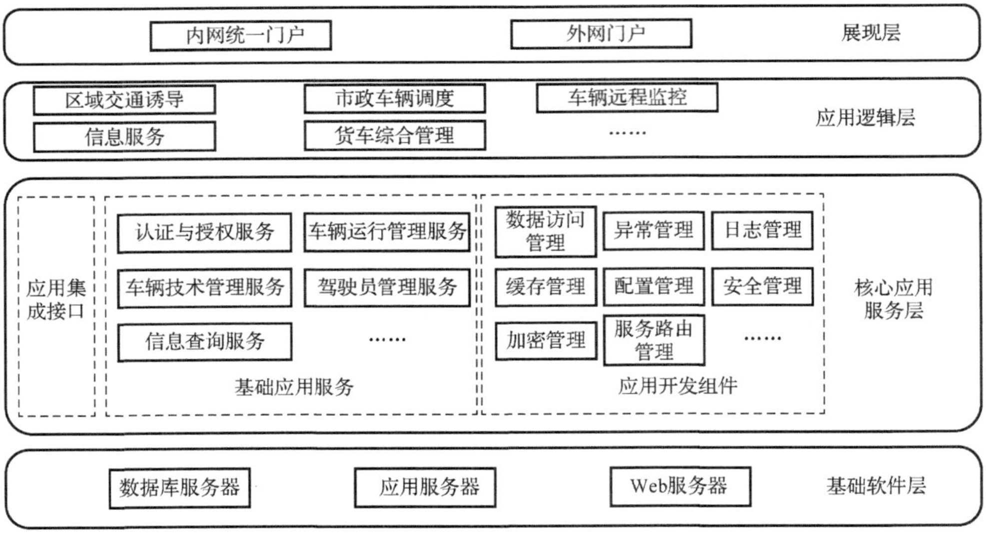

图 4.17　C-V2X 车联网云平台的软件架构

基础软件层：包含应用服务器、Web 服务器和数据库服务器。

核心应用服务层：包含应用集成接口（与其他平台进行信息交互提供的接口）、基础应用服务（信息查询服务、认证与授权服务等）、应用开发组件（日志管理、安全管理、异常管理等）。

应用逻辑层（根据客户需求整合核心应用服务层的信息实现相应功能）：车辆远程监控、信息服务、货车综合管理等。

展现层：通过网页的形式向用户或者开发人员展示应用逻辑层的功能结果，以及与地图交互的一些功能展示。

利用 C-V2X 车联网云平台上传的数据，与其他合作方进行数据共享，该平台提供车联网数据的存储和分布式处理能力，用于数据分析与统计、数据挖掘和商业智能等，分析挖掘出有价值的信息，构建模块化的分析模型，如驾驶员驾驶行为分析、远程诊断与预警等，进而形成基础应用服务。其主要应用有路侧设备及其附设设备的管理和车载远程监控。以车载远程监控服务为例，其基础应用服务需具有的典型功能如图 4.18 所示。

在图 4.18 中，云端可以连接第三方业务应用的信息中心，为路侧端和车载端发送全局的业务控制、业务共享信息，并存储全局设施、环境、用户、业务信息；路侧端与路侧信号控制器或者边缘服务器相连，收集驾驶、交通环境状态信息，进行路侧决策并发送路侧业务控制到车载端；车载端收集路侧控制信息、全局信息、周边环境信息进行动态感知及实时决策。

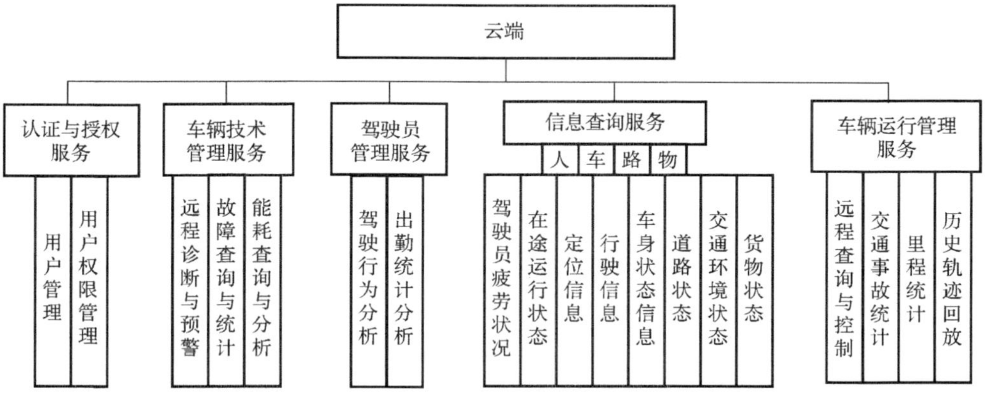

图 4.18　车载远程监控服务基础应用服务需具有的典型功能

参 考 文 献

[1] 唐慧．基于 V2X 车联网信息平台关键技术研究与实现[D]．重庆：重庆邮电大学，2018.

[2] 董振江，古永承，梁健，等．C-V2X 车联网关键技术与方案概述[J]．电信科学，2020，36（4）：3-14.

[3] 董金玮，苑寿同，胡鑫．智能网联先导区道路交叉口车路协同系统设计[J]．时代汽车，2021（6）：191-194.

[4] 王波，叶晓慧，赵玉亭，等．自组织网络时钟同步研究综述[J]．计算机科学，2010，37（5）：5.

[5] 吴承治，罗正华．浅析 AdHoc 网络的时钟同步协议[J]．现代传输，2013（6）：9-17.

[6] 刘琪，洪高风，邱佳慧，等．基于 5G 的车联网体系架构及其应用研究[J]．移动通信，2019，43（11）：8.

[7] 万金鸣，康诚，岳承翰．GNSS-RTK 定位技术在智能网联汽车测试中的应用研究[J]．运输经理世界，2020（14）：2.

[8] 刘晓龙．车联网 OBU 多级安全架构及通信方案研究[D]．镇江：江苏大学，2018.

[9] 张号．V2X 路侧设备软件技术的设计与实现[D]．重庆：重庆邮电大学，2019.

[10] 杨允新．基于 V2X 的车路协同系统防撞预警研究与实现[D]．重庆：重庆邮电大学，2019.

[11] 蒋健春，欧小龙．一种 V2X 车载终端消息自适应调度管理系统及方法：CN110267228B[P].2022-03-22.

[12] 蒋健春，贾敬森．一种基于 C-V2X、雷达与视觉的智能路侧感知系统：CN112767475B[P].2022-10-18.

[13] 蒋健春，奚川龙．一种多功能 V2X 智能路侧基站系统：CN111554088B[P]．2022-03-22.

第5章 车辆V2X消息接收预处理

在 V2X 车联网系统中，智能网联汽车行驶在道路上时会收到网络中广播的海量 V2X 消息，其消息特征是数量大、种类多。由于终端硬件性能有限，如果每一条消息都按照统一队列“先进先出”的思想来处理，势必会造成消息延误，因此合理对消息进行分类和过滤处理，设计相对可靠的预处理体系非常关键，这样可提升终端对重要消息的实时处理能力，提高 V2X 网联汽车整体的安全性。本章通过设计消息过滤模型和消息关联性聚类模型的消息预处理机制，生成消息优先级队列，以此优先级队列作为防撞预警中目标威胁评估方法的消息处理序列，以提高车载终端对 V2X 消息的处理能力。

5.1 V2X 消息预处理研究现状分析

5.1.1 V2X 车联网消息预处理研究现状

C-V2X 通信技术通过 Uu 接口和 PC5 接口实现端到端的信息交互，两者相辅相成，互相配合，共同构建车辆自组网（vehicular ad-hoc network，VANET）。VANET 的网络节点是智能网联汽车，一个 VANET 由通信范围内的智能网联汽车共同组成。因为车辆在实际交通中的时空位置属性是不断变换的，VANET 中的网络节点拓扑结构存在频繁变化问题，并且实际交通道路场景存在大规模的 V2X 设备，所以，信道资源利用、链路访问控制、消息预处理策略等研究领域备受行业内关注。

Fakhav 等[1]通过提出基于车辆消息队列的周期检查策略来建立 V2V 链路的方法，以合理分配 V2V 的信道资源。车辆消息队列的周期检查策略的核心思想为利用信噪比（signal to interference plus noise ratio，SINR）限制和总网络加权最小的约束，从而使车辆选定适宜 V2V 链路的信道。同时，为了解决大规模 V2X 设备接入的应用场景下数据传送的稳定性问题，Zhang 等[2]提出了一个基于全双工非正交多址接入（full-duplex non-orthogonal multiple access，FD-NOMA）分布式非全双工 V2X 系统模型，然而，传统的 Uu 用户连接管理架构依赖于云计算来实现，这显然不能保证数据接入的实时性。Emara 等[3]在 Zhang 的基础上针对

FD-NOMA 架构，提出了利用移动边缘计算技术来降低 V2X 设备间的通信延迟的设想，但由于其存在大量的计算卸载策略，设备间的配合难以实现资源同步和计算资源等待。

海量的设备接入不可避免地会出现消息拥塞的问题[4]。Liu 等[5]针对目前 LTE 网络采用正交多址接入方式，不能充分地使用带宽资源导致高密度的无线局域网中出现的数据拥挤问题，提出了一种基于非正交多址接入（non-orthogonal multiple access，NOMA）的传输方案。Huang 等[6]针对车联网中冗余的消息出现的消息拥塞问题，提出一种数据概率上传选择方案来应对同一个物体被频繁探测到的多次广播数据造成的网络高负载和高延迟问题，以降低通信开销。

为了更高效地利用通信资源。Zheng 等[7]针对 V2X 信道资源分配问题，将该问题解耦成 3 个阶段，分别对这 3 个阶段设计算法并得出联合求解算法，确认其收敛及最优性。Wang 等[8]围绕 Uu 及 VANET 模式的共存，设计了一种基于能量感知的频谱共存方案，减少了数据冲突的风险。通信资源的共享可以提高 C-V2X 车联网的稳定性和安全性[9]。Sial 等[10]设计了便捷计算的分析框架，使得 V2V 通信链路和附近的车辆可通过计算关联概率来选择是使用 PC5 模式还是使用 Uu 模式。

以上学者对 V2X 信道资源进行了大量研究，通过合理利用信道资源的方式来保证 V2X 通信网络的可靠性。

每台 V2X 设备都有周期性消息和非周期性消息，且消息种类繁多，从消息传输层面上考虑，因为信道资源的局限性，这些消息在传输过程中会有传输竞争，所以设定多个消息种类的优先层次可降低问题的出现，以保障辅助安全类消息的传输可靠性。为实现安全消息在网络割裂情况下的有效传播，本章参考文献[11]提出了基于区域广播的 VANET 机会路由转发算法，不同于点对点的传播方式，该转发算法结合机会路由中车辆“存储－携带－转发”的通信方式来实现安全消息可靠传输的目的。此外，针对不同优先级消息在 VANET 中的传播性能[12]，Khabazian[13]提出了一种基于消息生成–消失的性能分析模型，为消息的优先级研究提供了一种新的参考方法。该模型通过控制在系统稳态下低优先级并行发送的数据的概率分配、高优先级的节点数目和每个跳跃的发送间隔来减少 C-V2X 设备的报文传输次数，以缓解消息阻塞。

5.1.2 消息关联性聚类研究现状

在 C-V2X 通信中，V2X 消息可分为安全类消息和服务类消息两大类。因为 OBU 计算能力有限，高关联度的安全类消息应当比其他消息优先处理，但在预处理方法中存在关联性消息聚类效果差和时效性不佳的问题。

针对以上问题，研究者提出了多种解决方案，本章参考文献[14]针对消息处理优先级提出了一种基于信号强度的 *k* 均值聚类（*k*-means）算法，采用假定两车之间接收消息的信号强度与车间距离成线性反比的关系[15]，根据车辆间距离划分消息关联度，这种方案能实现简单场景中的消息关联性聚类，但在实际交通环境中应用效果较差。在实际交通环境中，两车间的信号强度与车间距离不成线性关系，且远处车辆的消息关联度不一定比近处车辆的消息关联度低，例如，前方车辆与本车发生车道资源争抢，而较近处车辆保持安全行驶时。

本章参考文献[16]也是对近邻的 BSM 消息进行优先级排序，但消息聚类时对不同类型的消息做同样的聚类处理是有缺陷的，因为如果在车联网领域中将娱乐类消息和安全警示类消息视作同一优先级进行处理，那么很可能错过安全警示类的消息而威胁系统安全。本章参考文献[17]针对远距离目标威胁因子获取精确性存在的交通安全隐患问题，提出了 V2X 无线通信技术和雷达技术相结合的方案，该方案能较为精确地获取远处车辆的消息相关度，但在消息预处理的时效性上得不到保证。本章参考文献[18]、[19]采用了批处理的方式，虽然保障了预处理的时效性，但在车联网的应用中仍存在一定的局限性，批处理的方法虽然具有一次性处理一组报文的优势，但如果一组报文中包含不合法的报文，则会导致全部报文遗失。本章参考文献[20]利用 *k*-means 算法对消息进行分类，由此将消息分为各种优先级别，但在每次迭代处理过程中，新的簇心的选取采用随机策略，其算法收敛具有不确定性，难以适应车联网对消息实时的需求。

针对上述问题，作者提出根据车辆轨迹交叉可能性和距离因素的 *k*-means++ 算法，该算法在初始化阶段对簇心的选取策略优于传统的 *k*-means 算法，提升了计算效率。通过将与轨迹交叉的可能性和距离作为聚类因素，合理降低了近距离无威胁的车辆的消息关联度，相应地提高了远距离有威胁的车辆的消息关联度。

5.2 V2X 消息过滤模型

消息过滤的目的是过滤掉冗余、过时的消息，为下一步的消息关联性聚类提供数据清洗，避免噪点数据影响聚类结果。作者提出的消息过滤模型如图 5.1 所示，主要方法为通过构建车辆附近消息源表反映附近通信车辆，使每辆车自维护附近车辆数据，当车辆接收到每个 V2X 数据后，通过判断消息类型，并查询车辆附近消息源表，来决定是否需要丢弃消息继续进行处理。这样可以过滤掉大部分的无效消息，减轻 OBU 的计算压力。

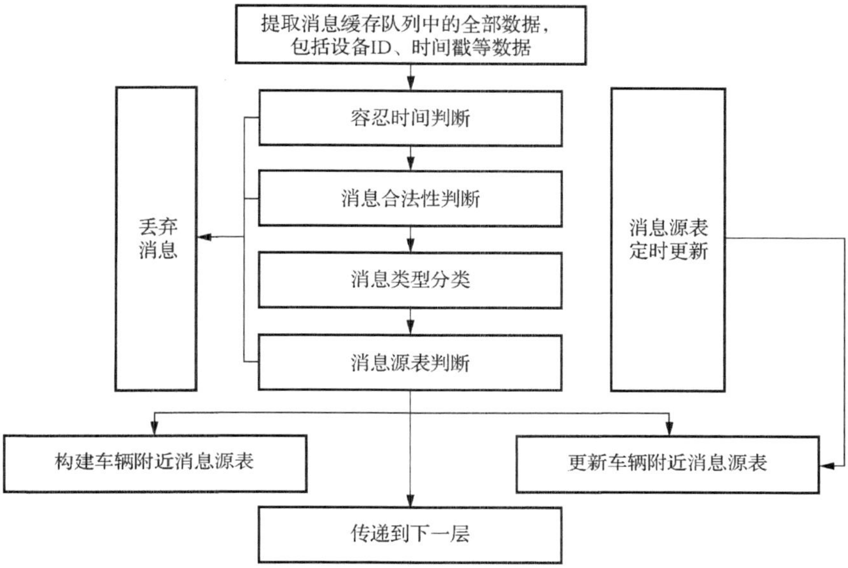

图 5.1　消息过滤模型

消息过滤模型的过滤步骤概括如下。

（1）对消息进行常规校验，包括时间有效性校验、合法性校验、一致性校验。通过剔除过时的、冗余的、无效的 V2X 消息，以避免不必要的查表操作。

（2）对检验通过的有效消息进行分类，通过与车辆附近消息源表进行对比的方式，决定是否需要更新消息源表中该设备的信息。

（3）附近消息源表在固定时间间隙内执行自维护程序，以保证数据的准确性。

5.2.1　V2X 消息过滤模型的典型应用场景

根据路由情况，V2X 消息可以分为两大类：原始 V2X 消息（也称基础 V2X 消息，即未经过路由装置转发的 V2X 消息）和转发类消息。

在图 5.2 所示的交通环境中，为了方便描述，只研究一辆车接收、缓存并过滤周围车辆发来的 V2X 消息的情况。这里将这辆车称为源节点（source node，SN），将其他车辆称为邻居节点（neighbor node，NN），这里定义的车辆均是具备 V2X 通信能力的智能车辆。根据本章参考文献[16]可知车与车、车与 RSU 之间分别通过 PC5 通信协议和 Uu 通信协议进行数据交互，为方便描述，假设 C-V2X 的 PC5 通信方式的最大距离为 300m，车辆每间隔 100ms 广播一条消息。

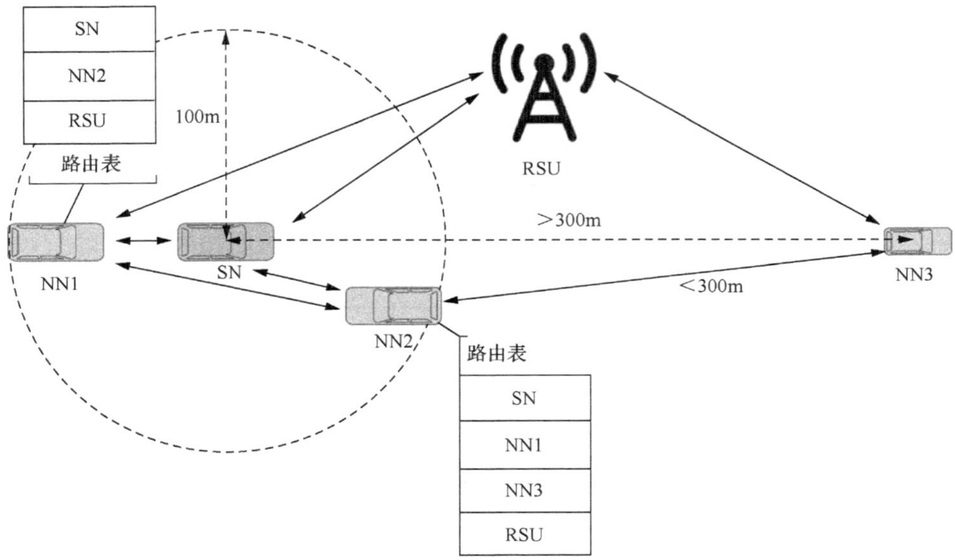

图 5.2 智能车辆、RSU 同时参与的交通环境

NN1、NN2 与 SN 之间的距离都小于 100m，V2X 消息不需要进行路由中转，它们之间通过 PC5 接口直接进行数据交互；而 NN3 与 SN 的距离大于 300m，它们之间必须通过 RSU 进行中转广播通信。

在不考虑协同转发策略的情况下，SN 有可能接收到的 V2X 消息存在重复冗余的情况，例如，SN 既收到了 NN3 经过 RSU 路由转发的 V2X 消息，又收到了 NN3 经过 NN2 路由转发的 V2X 消息，甚至出现 SN 收到了经过 RSU 转发给 NN1 和 NN2 再转发到 SN 的多级路由消息，这显然造成了 SN 的重复消息接收。在实际交通环境中，每辆车的信息处理量会随着周围车辆的数量增长呈指数级增加，这大大降低了车联网的健硕性。

5.2.2 车辆附近 V2X 消息源表的构建方法

为了解决车载终端接收到的消息冗余问题，节省宝贵的计算资源，以及考虑到车辆在行驶过程中网络拓扑结构变化迅速的特点，作者设计了一种车辆附近消息源表来过滤重复转发的消息，其作用是让本车 OBU 能够短时记忆感知到的其他智能车辆，类似于关联车辆的小型数据库系统，并采取一定的策略来动态更新数据[21]。

区别于数据库系统的数据持久化，车辆附近消息源表存在随机存取存储器（random access memory，RAM）中，RAM 中的数据在运算过程中无须磁盘输入输出（input output，IO），计算会非常迅速。下面给出消息过滤的详细步骤及其车辆附近消息源表的自更新方法。消息过滤模型的过滤流程如图 5.3 所示。

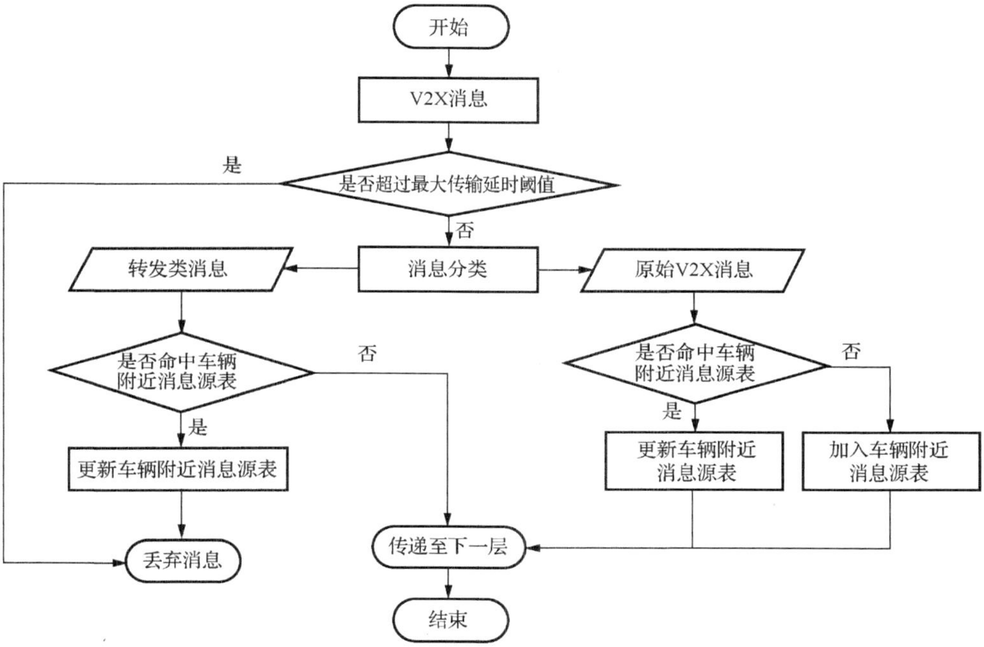

图 5.3　消息过滤模型的过滤流程

V2X 的失效消息可以分为过时消息、非法消息、错误传输消息等。车载终端应首先排除失效消息以确保接收到的消息的及时性和可靠性。对 V2X 消息进行过滤后再进行车辆附近消息源表的构建的步骤如下。

（1）将接收到的 V2X 消息提取时间戳 T_{rv}，并判断当前系统本地时间 T_{hv} 与 T_{rv} 的差值 Δt（单位为 s）是否超过消息最大传输延时阈值。

$$\Delta t = T_{\mathrm{hv}} - T_{\mathrm{rv}} \tag{5.1}$$

这里设定的消息最大传输延时阈值为 1s。若 $\Delta t \geqslant 1$，则认为这是过时消息，已经不能反映目标的实时状态，应当丢弃；若 $\Delta t < 1$，则进行下一步处理。

（2）根据消息是否经过转发将 V2X 消息分为转发类消息和原始 V2X 消息（即未经过 V2X 网络节点路由转发的消息），并提取 V2X 消息的发送源设备 ID 与车辆附近消息源表进行比对，以决定该消息是否加入内存缓冲区，设计加入缓冲区的目的是批量移动数据高效地传输数据。车辆附近消息源表的构建规则如下。

① 若是转发类消息，且该设备 ID 不存在车辆附近消息源表中，则将该设备加入车辆附近消息源表并将该消息接收到内存缓冲区。此时，该消息的源发送设

备距离本车较远，还无法通过 PC5 接口进行直连通信，威胁评估程度不大，但仍具有很高的消息价值。

② 若是转发类消息，且该设备 ID 存在于车辆附近消息源表中，则更新车辆附近消息源表时间戳后丢弃该转发消息。该消息存在车辆附近消息源表中，说明在自更新策略间隙时间内已经收到过该设备 ID 的原始数据。

③ 若是原始 V2X 消息，且该设备 ID 已经存在于车辆附近消息源表中，则将其时间戳更新并接收及处理该消息。

④ 若是原始 V2X 消息，且该设备 ID 不在车辆附近消息源表中，则接收并处理消息，将该设备 ID 和消息发送时间加入车辆附近消息源表中。

（3）由于车辆在行驶过程中车辆自组网在不断变化，为了避免自组网中存在过时 V2X 设备，使得转发类信息被过滤，影响安全驾驶，需要采取一定的策略确保车辆附近消息源表中数据的真实性和实时性。这里采取自更新策略对车辆附近消息源表进行数据更新，其流程如图 5.4 所示。

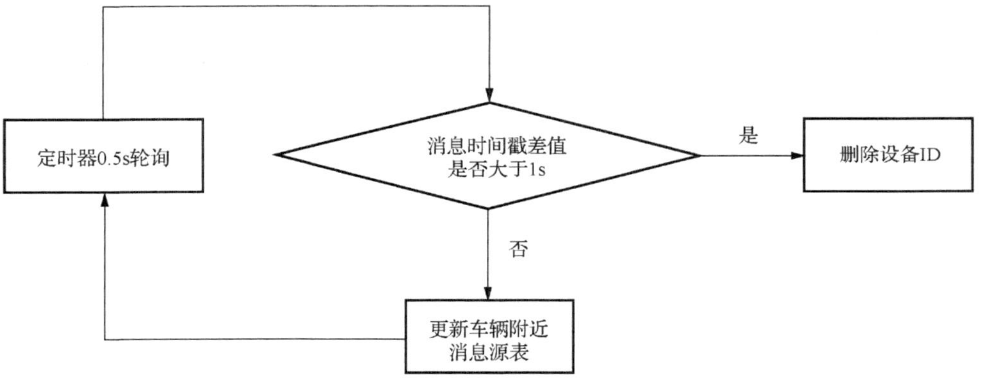

图 5.4　自更新策略流程

自更新策略通过构建一个定时器以固定时间（如 0.5s）间隔轮询车辆附近消息源表中的记录，对比记录中消息时间戳与本地时间差值 $t = t_{hv} - t_{rv}$（其中，t 用于表达时间差，单位为 s；t_{hv} 表示 OBU 的本地时间；t_{rv} 表达接收消息的发送时间戳），如果 $t > 1$，则将设备 ID 从表格中删除；否则会存留相关的设备信息。

5.3　V2X 消息关联性聚类模型

关联性聚类的目的是将接收到的 V2X 广播消息根据相关联程度划分梯度队列并将相关联程度高的消息划分到同一队列中进行聚集。当进行多次迭代后，最终对聚类消息集合的优先级顺序按照一定的规则进行界定，这样就将所有待处理

消息划分到 k 个优先级队列中。对于待处理消息集合，威胁评估等应用会根据优先级聚类消息调度策略按序处理[22]。

5.3.1　V2X 环境中的消息聚类分析

作者考虑的是大密度车流量的无 RSU 交通调度的无信号灯的研究场景，如图 5.5 所示。为了便于分析，根据本章参考文献[14]，视两车之间接收消息的信号强度与车间距离成反比，但若仅仅是通过消息信号强度来假定车间距离从而界定优先级顺序，则有可能出现意料之外的优先级处理顺序。例如，本章参考文献[15]基于距离聚簇预处理的方式将图 5.5 中的 SN 周围的车辆划分为以下各簇。

① 簇 1 车辆：NN1、NN2、NN3。

② 簇 2 车辆：NN4。

③ 簇 3 车辆：NN5。

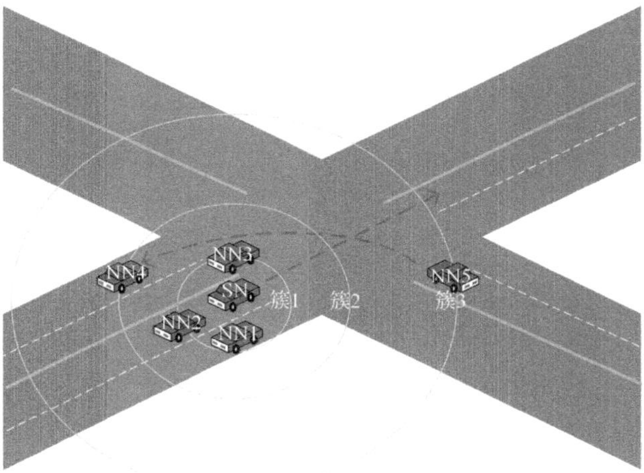

图 5.5　消息关联性聚簇分析

SN 正通过没有信号灯的十字路口，SN 右前方的 NN5 正在左转，而和 SN 同向车道的 NN1、NN2 正同向行驶，和 SN 逆向车道的 NN3、NN4 正相向行驶。很明显，NN1 与 NN2 在 SN 后方同向行驶，它们对于 SN 的威胁可以忽略不计，因此它们的消息关联度是很低的，即便有威胁，SN 也无法做到规避。而 NN3 与 NN4 在另一车道相向行驶，与 SN 轨迹无交叉可能性，威胁并不大。若按照基于距离聚簇预处理的方式，聚簇后的消息簇如图 5.6 所示，其消息处理顺序为簇 1、簇 2、簇 3，这样的处理顺序反而将与 SN 关联度最高的 NN5 置于最低优先级，这显然不能达到预期的结果。

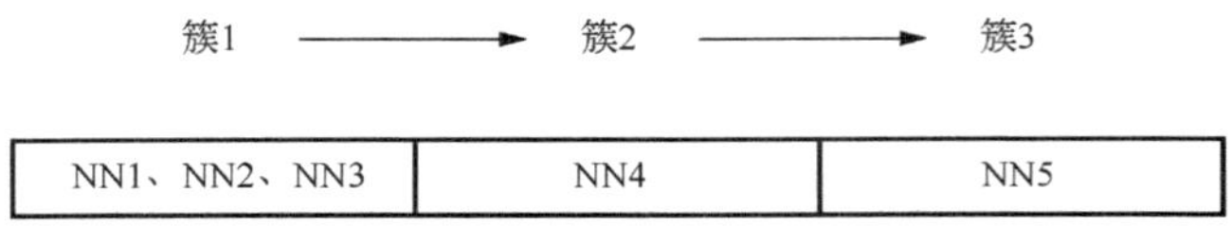

图 5.6　聚簇后的消息簇

5.3.2　基于 *k*-means++算法的消息关联性聚类模型

为了解决 5.3.1 小节中所述问题并考虑到消息处理的及时性，消息关联性聚类模型将本车与目标的相对距离及角度和（相对方位夹角与相对航向角的角度之和）作为聚簇参数。使用上述两个关键性因素作为消息相关性判断可以较好地反映实际交通环境中可能存在道路资源发生争抢，且距离很近极有可能发生碰撞危险的情况，从而更好地为威胁评估应用提供服务。

传统 *k*-means 算法每次迭代需要根据距离函数求解全部数据点与聚簇中心点的距离，因此其时间复杂度 $O(tknm)$ 与对象数目 n 值和迭代次数 t 值成正比。本小节通过对 *k*-means 算法进行迭代次数优化和数据稀疏减少算法时间复杂度，加速聚类中心的生成[23]。

1．模型介绍

模型采用 *k*-means++算法来进行车路协同环境中的关联性消息聚类。作者主要针对初始化质心和数据参数的选取方法，设计了车路协同环境中面向于 V2X 消息的 *k*-means++算法。

在 V2X 消息预处理领域中不需要过多的优先级消息队列，因此这里选定的 k 值聚类数目为 4（即 4 个优先级队列），它们的含义分别如下。

① 紧急队列（emergency queue）。

② 高优先级队列（high priority queue）。

③ 中优先级队列（medium priority queue）。

④ 低优先级队列（low priority queue）。

接下来介绍关联性聚类模型的详细过程，初始化质心的优化选取方法如下。

（1）随机选择输入数据点集合之中的某个数据点，充当首个聚类中心 μ_1。

（2）对于数据集中的其余数据点 x_i，计算它与 μ_i 的欧几里得距离 $D(x_i)$。

$$D(x_i) = \| x_i - \mu_i \| \tag{5.2}$$

（3）在计算结果中选择 $D(x_i)$ 较大的数据点作为新的聚类中心，因其具备一定程度的分散性，故将 $D(x_i)$ 相对偏大的数据点选定为聚类中心的概率偏高。

（4）重复步骤（2）和步骤（3），直至获得 k 个聚类质心。

（5）基于前述操作所获得的 k 个质心，执行 k-means 算法。

在步骤（3）中，为了避免选择到样本空间边缘的点，减少质心迁移的次数从而减少距离点的计算，选择 $D(x_i)$ 较大的而不是最大的数据点。为了减少迭代次数，新的质心选择策略可以根据样本点数目 n 和 k 的值来界定，具体的界定方法如下。

假设需要聚类的 V2X 消息总条数为 n，聚类数目 k 为 4，簇内平均数据点数目为 n/k 个。

第一次迭代，计算出 $n-1$ 个样本点距离第一个簇心 W_1 的距离数组 D（d_i 为 X_i 与 W_1 的距离），再对数组 D 进行排序操作，排序后数组元素 d_i 依次增大，$D=\{d_1,d_2,\cdots,d_{n-1}\}$ $(d_1<d_2<\cdots<d_{n-1})$。

第二次迭代，选取 X_i 作为新质心，其中

$$i=\left\lfloor\frac{n-1}{2k}\right\rfloor \tag{5.3}$$

第 t 次迭代，选取 X_j 作为新质心，其中

$$j=\left\lfloor\frac{n-t+1}{2k}\right\rfloor \tag{5.4}$$

对于给定的样本集 P，将其划分为 4 个优先级队列，k-means 算法针对聚类所得到的簇为 $C=\{C_1,C_2,C_3,C_4\}$，划分的平方误差为

$$E=\sum_{i=1}^{k}\sum_{x\in C_i}\|x-\mu_i\|^2 \tag{5.5}$$

式中，k=4；E 越小表示数据集样本中相似程度越高，当 E 局部最小时，算法收敛。其中，μ_i 为簇中心，其计算公式如下。

$$\mu_i=\frac{1}{|c_j|}\sum_{x\in c_j}x \tag{5.6}$$

式中，c_j 为聚类簇；$|c_j|$ 为簇的个数；x 为样本数据点。

2. 聚类参数和数据稀疏

下面讲解聚类参数相对距离与角度和数据获取方式以及计算方法。

1）目标 V2X 设备的相对距离

汽车 CAN 总线是各个传感器和电控系统的数据传输总线，因此 OBU 可以从本车 CAN 总线获取高精度定位消息，结合解析得到的 BSM 对应的目标设备的经纬度位置信息，可以计算出本车与 V2X 设备的相对距离，相对距离公式如下。

$$\mathrm{Dis} = 2R \times \arcsin\left[\cos(\alpha_{\mathrm{lat}})\cos(\beta_{\mathrm{lat}})\cos^2\left(\frac{\alpha_{\mathrm{long}} - \beta_{\mathrm{long}}}{2}\right) + \sin^2\left(\frac{\alpha_{\mathrm{lat}} - \beta_{\mathrm{lat}}}{2}\right)\right] \quad (5.7)$$

式中，R 为地球半径，取平均值，约为 6371km；α 、β 分别表示本车与目标车辆；long 、 lat 分别表示经度和纬度。

在对 k-means++算法进行数据稀疏时，根据对消息的筛选避免计算复杂的三角函数，可以提高程序执行效率。数据稀疏的判别函数如式（5.8）所示。式（5.9）用于确定目标相对距离，以及消息类型参数与该 V2X 消息是否参与消息聚类之间的关系，具体描述如下。

（1）若是原始 V2X 消息，则参与消息聚类；否则进行以下判定。

（2）如果两车距离超过 250m，则认为消息低关联性，直接进入最低优先级队列，不参与消息聚类；反之，参与消息聚类。

$$H(d,c) = \left(1 - \frac{d}{250}\right)^{1-c} \quad (5.8)$$

$$\varPhi = \begin{cases} 1, & H(d,c) \geqslant 0 \\ 0, & H(d,c) < 0 \end{cases} \quad (5.9)$$

式中，d 为距离，单位为 m；c 代表接收到的消息类型，若是转发类消息，则 $c=0$，否则 $c=1$。

根据 $H(d,c)$ 的值确定该消息是否参与消息聚类。$\varPhi$ 为消息参与聚类系数，分为以下两种情况。

① 根据式（5.9）可知，当目标发送设备与本车的相对距离 $d < 250\mathrm{m}$ 时，$H(d,c)$ 恒大于 0，表示该消息加入聚类队列。这符合在车路协同环境中距离较近，无论消息是否经过转发，都具有判别优先级价值的情况。

② 当 $d \geqslant 250\mathrm{m}$ 时，如果消息类型为转发类消息，即 $c=0$，则 $H(d,c) < 0$，该消息直接进入最低优先级队列。这符合在车路协同环境中接收到较远距离的转发类消息的处理预期。同理，如果消息类型为原始 V2X 消息，即 c=1，则 $H(d,c) > 0$，该消息参与消息聚类。这表明该消息无论距离多远，如果是通过 PC5 直连通信的，则参与消息聚类，并划分优先等级。

2）本车与目标车辆角度和

同样的，可以从 CAN 总线中获取本车航向角信息，结合解析得到的 BSM 对应的目标设备的航向角信息，可以计算出本车与目标车辆的相对航向角。当两个交通参与者都在争抢道路资源（即时空轨迹存在交叉）时，存在如下特性：当两角之和越大时，轨迹出现交叉的概率较小。相对航向角与方位角的具体公式如下。

$$\theta_{\mathrm{c}} = \theta_{\mathrm{rv}} - \theta_{\mathrm{hv}} \quad (5.10)$$

式中，θ_c 为相对航向角；θ_{rv} 为目标设备航向角；θ_{hv} 为本车航向角。航向角是指航向与正北方向顺时针的夹角，相对航向角换算公式如下。

$$\theta_c = \begin{cases} \theta_c + 360, & \theta_c < -180 \\ 360 - \theta_c, & \theta_c > 180 \\ |\theta_c|, & -180 \leqslant \theta_c \leqslant 180 \end{cases} \tag{5.11}$$

相对方位夹角公式如下。

$$\theta_p = \tan^{-1}\left[\frac{\sin(\beta_{long} - \alpha_{long})\cos\beta_{lat}}{\cos\alpha_{lat}\sin\beta_{lat} - \sin\alpha_{lat}\cos(\beta_{long} - \alpha_{long})}\right] \tag{5.12}$$

式中，θ_p 表示相对方位夹角；α_{long}、α_{lat} 表示本车经度和纬度；β_{long}、β_{lat} 表示目标设备经度和纬度。

本车与目标车辆角度和公式如下。

$$\theta = \theta_c + \theta_p \tag{5.13}$$

3. 车联网环境中的 k-means 消息聚类模型

在车联网环境中，先从消息接收缓存中获取到全部消息，经过消息过滤后的有效消息集合为 $P = \{P_1, P_2, \cdots, P_n\}$，OBU 维护的两条聚类线程分别为线程 L_1 和线程 L_2，并分别进行如下处理。

（1）线程 L_1 负责解析接收的消息并提取消息 ID、消息类型、经度及纬度和航向角信息。分别计算以下两部分数据，得到新的消息信号强度 Q，并放入缓存中。

① 将接收到的 V2X 消息的原始消息 P_i 与安全系数 r 组合，若是安全警示类的消息，则 $r=1$；若是其他类型的消息，则 $r=0$。

② 通过式（5.7）计算出本车与目标设备的相对距离，通过式（5.10）～式（5.13）计算出本车与目标设备的相对方位角与相对航向角之和 θ，组成消息集 $Q = \{P_i, r_i, \lambda_i\}$ $(1 \leqslant i \leqslant n)$。

（2）线程 L_2 负责将 $r=0$ 或者 $\Phi = 0$ 的消息放入最低优先级，不参与消息聚类。

（3）通过每一次递归迭代，计算簇中心。

（4）在每一次递归的最后，需要重新计算中心点 C_i 和误差函数（sum of squared errors，SSE），计算公式分别如式（5.14）和式（5.15）所示。

$$C_i = \frac{C_{LS}^i}{C_n^i} \tag{5.14}$$

$$\mathrm{SSE}=\frac{\sum(C_{\mathrm{SS}}^{i}-(C_{\mathrm{LS}}^{i})^{2})}{C_{n}^{i}} \tag{5.15}$$

式中，C_n^i 表示点的数目；C_{LS}^i 表示所有点的线性和；C_{SS}^i 表示所有点的平方和。

如果SSE 小于 0.001，则停止本次迭代，并认为算法收敛，已经达到聚类最优；否则返回步骤（3）。

（5）输出聚类后的消息集合 $R=\{R_1,R_2,\cdots,R_n\}$，簇心集合为 $C=\{C_1,C_2,\cdots,C_n\}$。

根据式（5.16）确定各个簇的优先等级。σ 越小，表示对应优先等级越大。

$$\sigma=\sum_{n=1}^{m}\tau_i C_{km} \tag{5.16}$$

式中，$\tau_i C_{km}$ 为簇心 C_k 的 m 项维度所占比例的和。例如，聚簇后有簇心 C_1 坐标为 (x_1,y_1,z_1)，其对应的 $\sigma_{c_1}=\frac{x_1}{\max(X)}+\frac{y_1}{\max(Y)}+\frac{z_1}{\max(Z)}$，$\max(X)$ 为维度 X 中的最大值，$\max(Y)$、$\max(Z)$ 同理，按照 σ 从小到大依次映射优先级队列即可。

5.3.3 基于优先级的聚类消息调度策略

作者根据周围车辆的数量分别采用了两种不同的调度方法。一种是在车辆不多的情况下的调度方法，这种情况下车辆自组网中消息的数量不足以使 OBU 计算资源紧张，可采用简单调度方法：设置所有优先级队列的数据读取频率保持一致，并根据优先级队列依次处理消息。

另一种则是在车辆较多的复杂路况下的调度方法。其会先判断对应优先级队列是否阻塞，如果阻塞，则进入次高优先级并根据队列权值提高相应读取频率，再采用随机概率调度处理队列消息。

优先级队列调度流程如图 5.7 所示。

采用随机概率调度处理队列消息的方法是使用一条包含 9 个节点的单向链表 A（节点 1～节点 6 的数据域中存放 Q_1 队列的入口地址，节点 7 和节点 8 存放 Q_2 队列的入口地址，最后节点 9 存放 Q_3 队列的入口地址）来随机访问节点。具体步骤如下。

（1）生成新的单向链表 A。

（2）随机读取一个节点，并根据数据域入口地址处理相应队列。

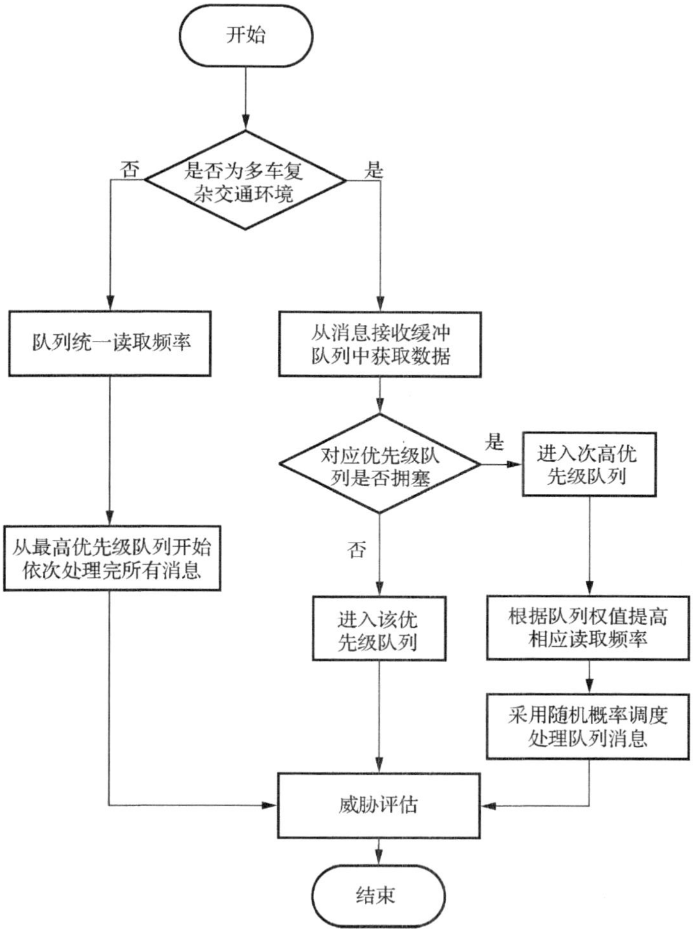

图 5.7　优先级队列调度流程

（3）删除该节点。

（4）如果该单向链表不为空，则重新链接链表，并跳转至步骤（2）；否则跳转至步骤（1）。

随机概率调度策略在满足处理 $Q_1 \sim Q_3$ 队列的概率随机性的同时，不会因为高优先级的高概率事件而使低优先级队列等待太久，使得队列的处理总是呈现周期性，即 9 次队列处理为一个循环，其中，Q_1 队列必然被处理 6 次，Q_2 队列必然被处理 2 次，而 Q_3 队列必然被处理 1 次，但队列处理先后次序不定。

1. 优先级队列的权值划分

完成消息关联性聚类后会得到优先级划分方法，对应优先级等级代表了消息的紧要程度。这里对各类优先级进行了排序，获得了四大队列，具体信息详见表 5.1。

表 5.1 优先级队列分布

优先级队列	队列元素优先级等级
Q_1	最高（紧急）优先级、高优先级
Q_2	高优先级、中优先级
Q_3	中优先级、低优先级
Q_4	低优先级、普通

应用程序层会从优先级最高的队列 Q_1 中抽取信息并在队列为空时进行下一条优先队列的信息处理，直至全部的优先队列信息被处理完。然而，OBU 的消息处理能力是有限的，在安全行驶过程中，为了满足实时性和安全性要求，对消息处理速度要求非常高。此外，由于受硬件性能的制约，在复杂的交通状况下，车载终端无法在广播周期内完成所有的 V2X 处理，若是运用优先级相对最高的队列抢占策略，则会造成应用程序层始终忙碌于处置各类高威胁消息，从而忽视了威胁程度较低的信息，进而忽视了可能的威胁。因此，采用不同权值的消息比例调度策略可以更好地解决以上问题。

采用不同权值的消息比例调度策略时，首先要对不同优先级队列使用不同的权值分配方法。从表 5.1 中可以看出，在优先级队列 $Q_1 \sim Q_3$ 中缓存的消息都要进行实时处理，其中，Q_1 队列中的消息是最高优先级的紧要消息，因此要优先处理。其权值分配具体如下。

队列 Q_1 的权值为 $p_1 = \dfrac{100}{t_\mathrm{p}}$（其中，$t_\mathrm{p}$ 是应用程序层处理一条 V2X 消息所用的时间，单位为 ms）；队列 Q_2、队列 Q_3 的权值分别为 $p_2 = \dfrac{100}{3t_\mathrm{p}}$、$p_3 = \dfrac{100}{6t_\mathrm{p}}$，权值关系尽可能满足 $p_1 = 3p_2 = 6p_3$；而队列 Q_4 中的所有消息都无须进行实时处理，只需定期进行处理即可。Q_4 队列的处理策略如下：每处理完 $p_4 = \dfrac{100\gamma}{t_\mathrm{p}}$ 条 V2X 消息后处理一次本队列中的消息，γ 是任意数，权值关系尽可能满足 $p_4 = n(p_1 + p_2 + p_3)$，n 为正整数。

这样分配权值的结果使得 Q_1 可以最大程度地先得到处理而又不遗漏低优先级队列的消息处理。

2. 多车复杂环境和队列拥塞状况的判定

本书根据车辆应用程序层的消息处理能力、V2X 报文的广播频率、车辆附近消息源表中有效对象数量和优先级队列的个数来判断周边车辆的数量是否满足多车复杂路况的情景，以决定采取何种消息调度策略。这里采取的判别路况环境的方法如式（5.17）所示。

$$\varepsilon = t_{\mathrm{p}} \frac{fk}{n-1} - 1 \tag{5.17}$$

式中，f 表示 V2X 消息广播频率，单位为 Hz；k 表示车辆附近消息源表中有效对象的个数；t_{p} 表示评估一条 V2X 消息威胁值所用的时间，单位为 s；n 表示优先级队列个数。

在 V2X 车联网中，终端的 BSM 对于实时性的要求相对较高，所以选定 BSM 频率为基本参照。因为车辆附近消息源表在不断自更新维护，而参数 k 的物理意义是车辆附近消息源表中的有效对象的个数，再结合消息发送频率和单位消息处理速度可以较为真实地反映当前 CPU 是否处于超负荷状态。假设 $f=10$，$k=100$，n=5（预留一个最低优先级队列容量），t_{p} 为 0.008s（8ms）。根据式（5.17）可知，此时 $\varepsilon=1$。

当 $\varepsilon \geqslant 0$ 时，表明本车应用程序层未能在 V2X 广播间隔之中处理所有的 V2X 消息，将当前车辆所处环境划定为复杂环境范畴。

当 $\varepsilon < 0$ 时，表明该阶段的实际环境中车辆较少，可以在 V2X 广播间隔之中对各类获取的 V2X 消息进行实时处理。

这样，结合优先级队列实时长度、优先级队列权值及优先级队列扩容因子可对消息优先级队列的拥塞状况进行判定。

$$\eta = N - \sigma p \tag{5.18}$$

式中，N 表示优先级队列的实时长度；p 表示优先级队列的权值；σ 表示优先级队列的扩容因子。

可以将 σ 设定为 2、3、4。当 $\eta < 0$ 时，意味着其进入拥塞状态；若 $\eta \geqslant 0$，则意味着其有充足的缓存。

为了防止绝大多数消息被缓存在一个优先级队列中，从表 5.1 中可以看出，大多数优先级队列都有着两大优先级的隶属关系，因此可依据拥塞状况与隶属度来划分消息的优先级，避免消息过度集中。

5.4 消息预处理系统功能测试和性能分析

5.4.1 功能测试

在仿真测试环境中，测试车辆接收到 200 条原始 V2X 消息，通过式（5.7）和式（5.13）的 V2X 消息预处理结果对比，如图 5.8 所示。其中，各子图的横坐标均为角度和，纵坐标均为距离。

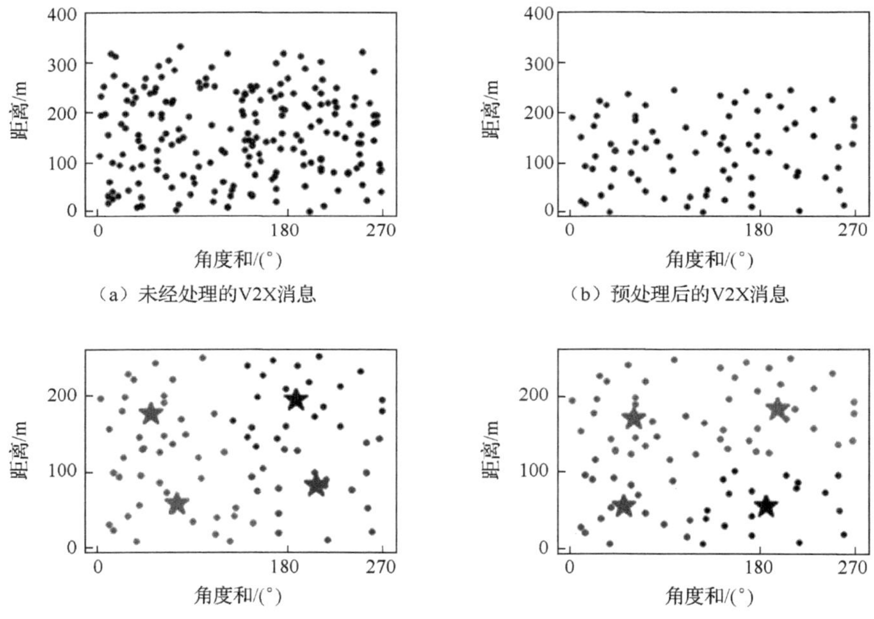

（a）未经处理的V2X消息　（b）预处理后的V2X消息

（c）使用*k*-means算法聚类后的V2X消息　（d）使用*k*-means++算法聚类后的V2X消息

图 5.8　V2X 消息预处理结果对比

图 5.8（a）表示测试车辆接收到的未经处理的 V2X 消息数据图，共 200 条消息；图 5.8（b）表示预处理后的 V2X 消息数据图。

图 5.8（c）表示使用 *k*-means 算法聚类后的 V2X 消息数据图。

图 5.8（d）表示使用 *k*-means++算法聚类后的 V2X 消息数据图。

图 5.8（b）的数据为图 5.8（a）的 200 条原始数据经过消息预处理模型后得到的消息数据，不难看出图 5.8（b）的消息密度明显减少了，统计得到有效消息数为 108 条。其中，过滤掉的 92 条消息包含过时 V2X 消息、重复转发的 V2X 消息。图 5.8（c）和图 5.8（d）的消息数据是对图 5.8（b）数据分别采用 *k*-means

算法和 k-means++算法聚类后得到的消息数据。因为算法逻辑不同，因此获得的聚类队列略有差异。图 5.8 中优先级队列数量为 4。

在聚类后的消息中，优先级队列需要根据式（5.16）确定。对于图 5.8（d），簇心 $C_1=(63.2，70.6)$，$C_2=(75.3，181)$，$C_3=(184，68)$，$C_4=(188，191.2)$，其中角度和与距离维度中最大的值分别为 269.3、249.5。由此可以计算出各个簇的优先级。根据式（5.16），得到 $\sigma_{c_1}\approx 0.5176$，$\sigma_{c_2}\approx 1.0051$，$\sigma_{c_3}\approx 0.9558$，$\sigma_{c_4}\approx 1.4644$。因为 $\sigma_{c_1}<\sigma_{c_3}<\sigma_{c_2}<\sigma_{c_4}$，故队列优先级顺序由高到低依次为 $Q_{C_1}>Q_{C_3}>Q_{C_2}>Q_{C_4}$。

5.4.2　性能分析

作者以消息时间作为消息预处理的分析依据。当消息入队时记录当前系统时间为 t_{start}，消息被预处理机制处理完成时记录当前系统时间为 t_{end}，则该消息处理所用的时间 $t=t_{\text{end}}-t_{\text{start}}$。客户端接收到原始 V2X 消息的具体信息如图 5.9 所示，其中各参数说明如下。

timestamp：消息的时间戳（即消息发送时间）。

Join_team_time：消息入队时的当前系统时间（即消息入队时间）。

Finish_time：消息聚类完成时的当前系统时间（即消息聚类完成时间）。

ID：消息来源设备的唯一标识。

```
timestamp: 1664030844840.3647    Join_team_time: 1664030844840.7852    Finish_time: 1664030844857.667     ID:car2
timestamp: 1664030844840.9924    Join_team_time: 1664030844841.3506    Finish_time: 1664030844854.7422    ID:car1
timestamp: 1664030844841.3223    Join_team_time: 1664030844841.6184    Finish_time: 1664030844858.0125    ID:car4
timestamp: 1664030844841.7947    Join_team_time: 1664030844842.051    Finish_time: 1664030844858.5886    ID:car7
timestamp: 1664030844842.5369    Join_team_time: 1664030844843.073    Finish_time: 1664030844856.7131    ID:car5
timestamp: 1664030844842.1465    Join_team_time: 1664030844842.8364    Finish_time: 1664030844859.364    ID:car9
timestamp: 1664030844842.4062    Join_team_time: 1664030844842.5322    Finish_time: 1664030844858.3347    ID:car3
timestamp: 1664030844841.919    Join_team_time: 1664030844842.2847    Finish_time: 1664030844855.0825    ID:car6
```

图 5.9　客户端接收到原始 V2X 消息的具体信息

对接收到的数据采用不同的聚类算法，很容易得出 k-means 和 k-means++算法在对 V2X 消息进行聚类时的效率对比，如图 5.10 所示。在对数据进行 10 次对比试验后，得出 k-means 算法的平均处理速度为 0.015743s；k-means++算法的平均处理速度为 0.011900s。后者的算法效率相较于前者的算法效率提升了 $(0.015743-0.011900)/0.015743\approx 24.4\%$。

以下分别对消息有无进行预处理的不同情况展开对比研究，分析消息预处理的必要性。依然采用本节所示场景中的 200 条数据，根据是否开启消息预处理对应用程序层的处理耗费进行研究。设置的模拟系数依然保持不变，即 V2X 转发系数为 30%，过时消息系数为 10%。

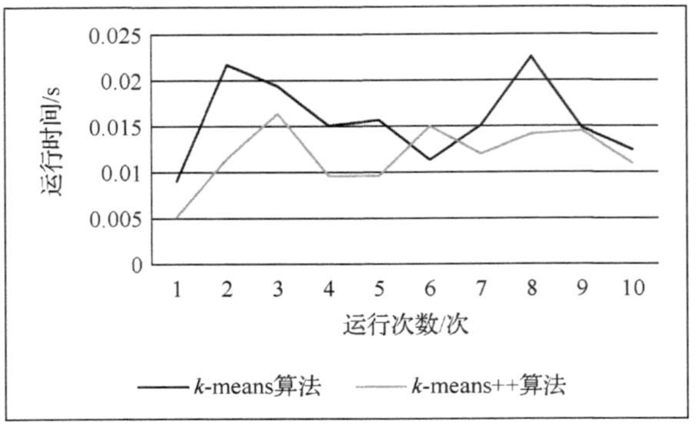

图 5.10　聚类算法的效率对比

在进行多次对比试验后有无消息预处理的情况对比如图 5.11 所示，依据设置的 V2X 消息广播周期是 100ms，即每秒广播 10 条消息，研究仿真环境中 15 辆车在 1s 内产生的共 150 条 V2X 消息，加上 $\zeta=0.3$ 的转发消息和其余干扰消息，按照测试车辆 1s 内共接收 200 条 V2X 消息进行计算。每条消息在应用程序层进行处理时需要 t_{p}ms，则不经过消息预处理时处理完该消息需要 $t_1=200t_{\mathrm{p}}$ms。根据 5.4.1 小节的测试结果，200 条数据使用 k-means++算法进行处理的时间大致为 12ms，而进行消息预处理后，应用程序层处理完这些消息的时间 $t_2=12+[(1-\zeta)\times 200]t_{\mathrm{p}}$，令 $t_{\mathrm{sub}}=t_2-t_1$，得到公式 $t_{\mathrm{sub}}=3-50\zeta t_{\mathrm{p}}$。若 $t_{\mathrm{sub}}<0$，则证明进行消息预处理是不划算的；反之，证明进行消息预处理节约了时间成本。消息预处理的划算与否和以下两个因素有极大关系：需要过滤消息的占比 ζ，这取决于 V2X 网络的当前状态；每条 V2X 消息在应用程序层的处理时间。

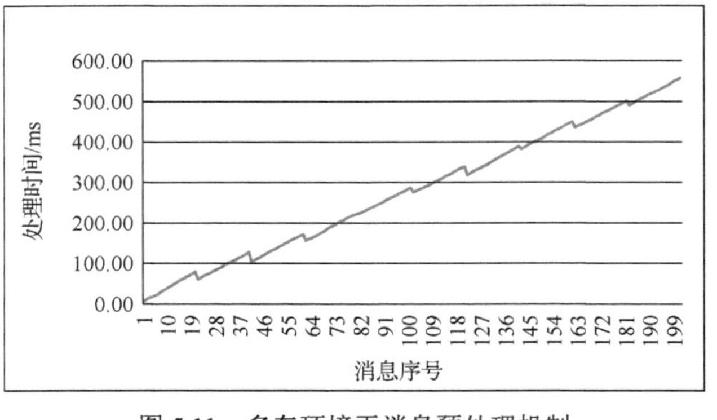

图 5.11　多车环境无消息预处理机制

200 条 V2X 消息有无消息预处理所消耗的总时间的对比如图 5.12 所示。在 $\zeta = 0.3$ 的情况下，无消息预处理的消耗总时间大约为 350ms，有消息预处理的消耗总时间大约为 217ms。结合图 5.12 可知，在复杂多车路况环境中有消息预处理的消耗总时间显著偏低。

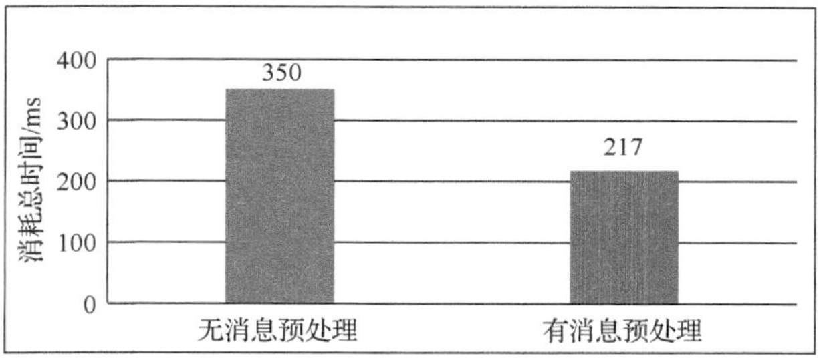

图 5.12　200 条 V2X 消息有无消息预处理所消耗的总时间的对比

根据式（5.17）可以判断 OBU 在广播周期之中能否处理完所有的车辆数据，若在复杂多车路况环境中无消息预处理进而造成消息拥塞，则新获取的 V2X 消息处理无法在一个 V2X 周期内完成，伴随时间的增长，推迟处理的消息数目线性增加，从而使报文的延迟时间直线上升，这将显著影响整个车联网的安全性及可靠性。

V2X 周期内消息处理数对比如图 5.13 所示，对于聚类后的消息队列 $Q_1 \sim Q_3$，根据 5.3.3 小节的内容，能够得出两个优先级队列依据权值 6∶2∶1 进行处理，应用程序层会在 $Q_1 \sim Q_4$ 中进行循环处理，结合前面的介绍，可得出一个轮询周期为 9 次优先级队列消息读取，空的优先级队列会被应用程序层跳过。在某一优先级队列拥塞时会直接进入下一优先级队列，不会在消息接收缓存中停留。根据拥塞场景中的对比仿真实验，无消息预处理的消息的延迟大于 52ms，原因在于优先级队列有先进先出的规则，后面接收的消息必须等待前面各类消息均处理完成后才能进行处理。但有消息预处理与优先级的调度策略，在仿真持续进行过程中，处理的耗时没有提升，处理延迟最大为 45ms，和无消息预处理状况对比，数据延迟显著减少。如图 5.13 所示，一个 V2X 周期内有消息预处理的实际消息处理数目和车辆数目接近，这使得消息吞吐规模大幅度提升，可以有效避免先前消息未及时处理而引发的消息处理的延迟，使得最终的安全性得到保障。

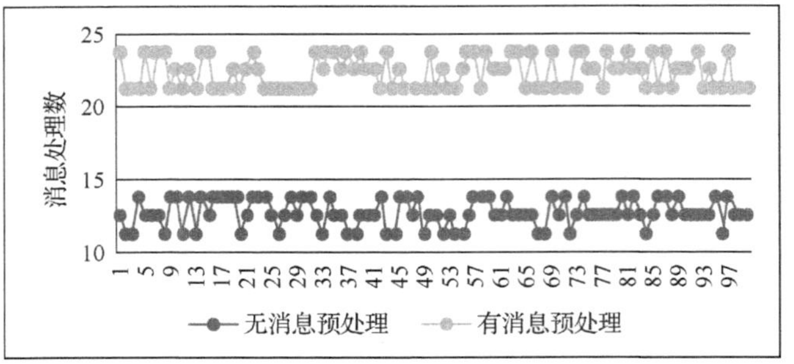

图 5.13 V2X 周期内消息处理数对比

参 考 文 献

[1] FAKHAV A, FAN P Z, ZAHID K. A novel low-latency V2V resource allocation scheme based on cellular V2X communications[J]. IEEE transactions on intelligent transportation systems, 2019, 20(6): 2185-2197.

[2] ZHANG D, LIU Y W, DAI L L, et al. Performance analysis of FD-NOMA-based decentralized V2X systems[J]. IEEE transactions on communications, 2019, 67(7): 5024-5036.

[3] EMARA M, FILIPPOU M C, SABELLA D. MEC-assisted end-to-end latency evaluations for C-V2X communications[C]. European conference on networks and communications(EuCNC), Ljubljana, 2018: 1-9.

[4] 林家瑞．基于威胁评估的 C-V2X 车载单元消息预处理方法的研究与设计[D]．重庆：重庆邮电大学，2021．

[5] LIU G, WANG Z Q, HU J W, et al. Cooperative NOMA broadcasting/multicasting for low-latency and high-reliability 5G cellular V2X communications[J]. IEEE internet of things journal, 2019, 6(5): 7828-7838.

[6] HUANG H, LI H Y, SHAO C P, et al. Data redundancy mitigation in V2X based collective perceptions[J]. IEEE access, 2020, 8: 13405-13418.

[7] ZHENG H Y, LI H, HOU S J, et al. Joint resource allocation with weighted max-min fairness for NOMA-enabled V2X communications[J]. IEEE access, 2018, 6: 65449-65462.

[8] WANG P F, DI B Y, ZHANG H L, et al. Cellular V2X communications in unlicensed spectrum: harmonious coexistence with VANET in 5G systems[J]. IEEE transations on wireless communications, 2018, 17(8): 5212-5224.

[9] CHETLUR V V, DHILLON H S. Coverage and rate analysis of downlink cellular vehicle-to-everything(C-V2X) communication[J]. IEEE transactions on wireless communications, 2019, 19(3): 1738-1753.

[10] SIAL M N, DENG Y S, AHMED J, et al. Stochastic geometry modeling of cellular V2X communication over shared channels[J]. IEEE transactions on vehicular technology, 2019, 68(12): 11873-11887.

[11] 闵宗茹，冯建国，张芳，等．一种基于区域广播的 VANET 机会路由协议[J]．信息技术与信息化，2014（3）：10．

[12] SHAH S A A, AHMED E, XIA F, et al. Adaptive beaconing approaches for vehicular ad hoc networks: a survey[J]. IEEE systems journal, 2016, 12(2): 1263-1277.

[13] KHABAZIAN M, AISSA S, MEHMET A M. Performance modeling of message dissemination in vehicular ad hoc networks with priority[J]. IEEE journal on selected areas in communications, 2010, 29(1): 61-71.

[14] MEIRELES R, BOBAN M, STEENKISTE P, et al. Experimental study on the impact of vehicular obstructions in VANETs[C]//2010 IEEE vehicular networking conference. Jersey City, 2010: 338-345.

[15] RUI M, BOBAN M, STEENKISTE P, et al. Experimental study on the impact of vehicular obstructions in VANETs[C]//2010 IEEE vehicular networking conference. Jersey City, 2011.

[16] HAMIDA E B, JAVED M A. Channel-Aware ECDSA signature verification of basic safety messages with K-Means clustering in VANETs[C]//2016 IEEE 30th international conference on advanced information networking and applications(AINA), Crans-Montana, 2016.

[17] KHABAZ S, TRANG N, PUJOLLE G, et al. A new clustering-based radio resource allocation scheme for C-V2X[C]. 2021 Wireless days (WD), Paris, 2021.

[18] LIN X, LI X. Achieving efficient cooperative message authentication in vehicular ad hoc networks[J]. IEEE transactions on vehicular technology, 2013, 62(7): 3339-3348.

[19] HORNG S J, TZENG S F, PAN Y, et al. b-SPECS+: batch verification for secure pseudonymous authentication in VANET[J]. IEEE transactions on information forensics and security, 2013, 8(11): 1860-1875.

[20] 裴玉，荆涛，霍炎，等. 车联网环境下基于过滤算法的消息认证方案[J]. 信息通信技术，2017，11（1）：66-72.

[21] 蒋建春，林家瑞，王建军，等. 一种车载终端V2X消息过滤与转发系统：CN112584353B[P]. 2022-07-15.

[22] 付一豪，鲍泓，徐成. 自动驾驶汽车碰撞威胁评估算法研究进展[C]//中国计算机用户协会网络应用分会2020年第二十四届网络新技术与应用年会论文集，2020:164-168.DOI:10.26914/c. cnkihy. 2020.031796.

[23] 蒋建春，林传钰，李振东，等. 一种基于k-means算法的V2X消息聚类方法及系统：CN114549886A [P]. 2022-05-27.

第6章　车路协同路侧感知关键技术

车路协同路侧感知是车路协同辅助安全、交通效率信息的重要来源，可以为车辆感知范围进行补充，提高车辆和路侧感知的范围与准确性，是车路协同系统的重要环节。路侧感知可以有效扩展车辆的感知范围，解决感知盲区问题。本章主要针对路侧感知中的关键技术进行分析，结合车路协同系统工程应用中的实际需求，研究了基于毫米波和相机的路侧对象感知算法，为车路协同防撞预警和交通调度提供基本的数据支撑。

6.1　车路协同系统架构

6.1.1　车路协同系统硬件架构

车路协同系统在 C-V2X 车联网的基础上增加了路侧基础设施、交通对象、云端信息处理等环节，主要实现车路协同的感知识别、信息分析处理、决策控制等功能。车辆通过车载感知设备、车身网络和 C-V2X 通信获取车辆状态与环境感知等信息，通过本地或者云端处理，部分结果用于本车的决策控制，部分结果通过 C-V2X 通信分享给其他车辆、路侧和云端，为车辆本地决策控制和协同感知提供数据支撑。路侧 MEC 通过路侧感知设备，如毫米波雷达、激光雷达、摄像机、相机等，识别及计算路侧感知的交通与环境信息，通过信号灯控制器获取交通信号状态，并将这些信息通过 C-V2X 通信分享给其他车辆，用于协同感知和交通信息广播，或者上传给云平台进行监控。云平台通过 OBU 或者 RSU 获取感知的车辆、道路环境、交通状态等数据，对数据进行统计分析，输出分析结果，为决策控制提供依据；并推送道路提醒、交通信息到相应的路侧设备，如图 6.1 所示。

车路协同系统依托 C-V2X 终端、激光雷达、毫米波雷达、摄像头、相机、MEC、交通信号灯等设备，实现车与人、车、路、网立体的网联系统，能够极大地改善交通的安全性，提高交通效率。车路协同系统通过“端-管-云”3 层架构实现环境感知、数据融合计算、决策控制，从而提供安全、高效、便捷的智慧交通服务。

图 6.1　车路协同“端-管-云”系统架构

1. 端——端侧基础设施

端：指交通服务中实际参与的实体元素，包括具有通信功能的 OBU、RSU、手机等，具有感知功能的摄像头、雷达等，以及路侧交通基础设施中的信号灯、公告牌、电子站牌等。

在车联网场景中，根据端侧设备在整体系统中的功能和作用，可以分为三大类：通信类、感知识别类和基础设施类。车路协同场景中端侧设备的类型如表 6.1 所示。

表 6.1　车路协同场景中端侧设备的类型

序号	类型	设备名称
1	通信类	OBU
2		RSU
3		移动终端
4		ETC
5	感知识别类	激光雷达
6		高清相机
7		毫米波雷达
8		环境监测感知终端
9		路侧 MEC

续表

序号	类型	设备名称
10	基础设施类	信号灯与控制机
11		电子站牌
12		GNSS 地面基站

1）通信类端侧设备

OBU 和 RSU 是车路协同系统的基本通信设备，提供 V2X 通信和定位功能，在此基础上实现基于车路协同的辅助安全、交通效率和信息服务等应用。OBU 和 RSU 是集成 C-V2X 功能的网联设备，用以实现车、路、云平台之间的全方位连接。OBU 主要用于发送车辆的状态、位置等信息，接收车辆、道路、云端的消息。RSU 主要实现交通信息的推送，通过 V2I 通信将该路段的限速、交通标牌、危险提醒、信号灯状态等广播给周围车辆；在一些 V2V 信号遮挡的路段转发 V2V 数据，提高车辆感知范围；同时，接收云平台的交通危险警示信息、调度信息并通过 V2I 通信推送给周围车辆，提高驾驶安全和交通效率。

2）感知识别类端侧设备

感知识别类端侧设备部署的对象包含感知识别单元和决策控制单元。端侧感知可以分为车载感知和路侧感知两部分，对交通对象与环境进行感知识别，为实现“聪明的车”和“智慧的路”提供数据基础。路侧感知识别单元可由一系列路侧感知设备与处理设备构成，如雷达、相机等感知设备，实现对本地交通环境和状态的实时感知，包括信号灯信息、交通参与者信息、交通事件信息、定位信息等。路侧决策控制单元在设备端有多种实现方式，可以融合到 RSU 内，可以是路侧 MEC 单元，还可以是区域的计算中心，负责对本地或区域的数据进行处理、存储，以及应用、服务的计算与发布。

3）基础设施类端侧设备

基础设施类端侧设备是实现交通体系智能化的关键因素，主要包括路侧基础设施和路侧电子交管设施，如信号灯及其控制机、电子站牌、GNSS 地面基站等。路侧基础设施可以与道路子系统中的路侧决策控制单元、云控中心、车辆决策控制系统等进行数据交互。路侧电子交管设施主要包含交通信号控制、交通视频监视、交通流信息采集、交通违法监测记录、交通信息发布等。

2. 管——网络通信能力

管：指实现交通各实体元素互连互通的网络，包括 4G/5G、V2X，网络支持根据业务需求灵活配合，同时保障通信的安全可靠。

C-V2X 车联网为车路协同搭建了设备之间的连接通道。在 C-V2X 通信机制 V2N 场景中，联网车辆的车载 4G/5G 模组通过 Uu 无线接口实现车与网的互连，通过 PC5 接口与其他车辆和路侧设施通信。

基于 LTE-V2X 的 PC5 接口与基于 5G NR 的 PC5 接口的对比如表 6.2 所示。

表 6.2　基于 LTE-V2X 的 PC5 接口与基于 5G NR 的 PC5 接口的对比

对比项		基于 LTE-V2X 的 PC5 接口通信	基于 5G NR 的 PC5 接口通信
共同点		低时延，覆盖范围小； 资源调度，网络侧协助、自感知； LTE 网络覆盖范围内外可用	
不同点	交互方式	广播	广播、点播、多播
	帧结构	子载波间隔固定、子帧长度固定	子载波间隔可灵活配置、子帧长度灵活可变
	调制方式	QPSK、16QAM	QPSK、16QAM、64QAM
	波形	SC-OFDM	OFDM
	信令、数据复用方式	FDM	TDM
	重传方式	基于盲感知的数据重传	标准混合自动重传请求
	调度单元	子帧	slot、mini-slot、multi-slot
	业务支持	交通安全类、交通效率类	交通安全类、交通效率类、信息娱乐类

3. 云——云平台

云平台是实现数据汇集、计算、分析、决策及基本运维管理功能的平台，根据业务需求可部署在边缘侧或中心云。云平台主要功能介绍请参考 4.3 节。

在“端-管-云”新型车路协同系统架构中，车端和路端将实现基础设施的全面信息化，形成底层与顶层的数字化映射；5G 与 C-V2X 联合组网构建广覆盖蜂窝通信与直连通信协同的融合网络，保障智慧交通业务连续性；人工智能和大数据实现海量数据分析与实时决策，建立车路协同的一体化管控平台。基于分层架构的管控平台如图 6.2 所示。

1）车端设备

车端设备主要包括通信终端、环境感知设备、决策控制设备等，主要用于获取车辆数据处理及同步、车辆数据通信、定位等信息，获取车辆运行状态和环境感知信息，实现车辆环境信息感知识别、车辆辅助安全与驾驶控制等功能。

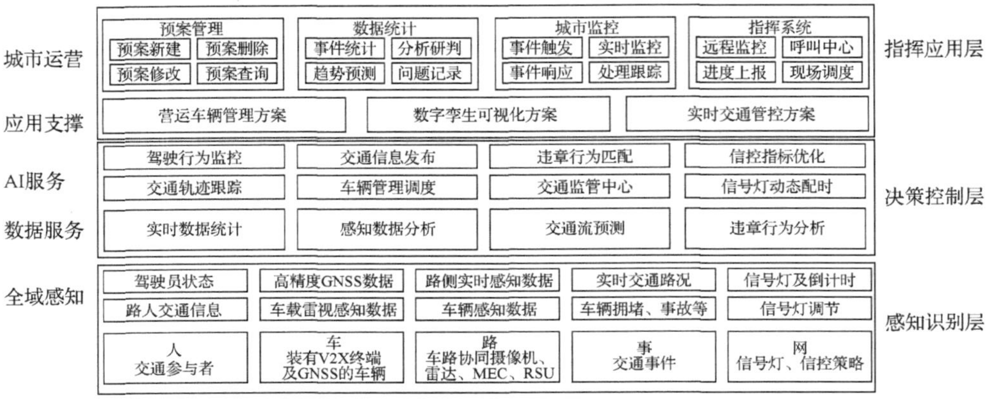

图 6.2 基于分层架构的管控平台

（1）OBU 主要负责车-车、车-路、车-云等的通信，包括信息的过滤、转发、信息加/解密处理、高精度定位等，是车辆与外界信息交互的主要设备。

（2）车载环境感知识别设备主要包括车载毫米波雷达、激光雷达、超声波雷达、车载摄像头等设备，负责感知车辆周围与车内环境、进行驾驶员行为监测等工作，为驾驶过程中可视范围的对象进行识别监测、行为分析等提供信息源。

（3）决策控制设备主要用于在辅助驾驶或者自动驾驶过程中提供决策控制功能，其通过运行算法模型，对环境感知信息进行分析处理，根据决策控制逻辑输出相关决策控制命令。目前，该部分设备主要由车载 AI 计算平台来完成。

2）路侧基础设施

路侧基础设施主要包括 C-V2X 系统所定义的 RSU、路侧感知单元和路侧计算决策单元、路侧交管设施等。路侧基础设施可以与道路子系统中的电子交管设施、中心子系统、车辆子系统和个人子系统进行数据交互。

（1）RSU 是集成 C-V2X 功能的路侧网联设施，用以实现路与车、路与人、路与云平台之间的全方位连接。RSU 还可以实现交通信息的推送，包括该路段的道路危险状况、交通标牌、交通信号灯以及通过云平台推送的实时交通状况等。

（2）路侧感知单元可由一系列路侧感知设备与处理设备构成，实现对本地交通环境和状态的实时感知，包括信号灯信息、交通参与者信息、交通事件信息、定位信息等。

（3）路侧计算决策单元在设备端有多种实现方式，可以融合到 RSU 内，也可以是路侧 MEC 单元，还可以是区域的边缘计算中心，负责对本地或区域的数据进行处理、存储，以及应用、服务的计算与发布。

（4）路侧交管设施主要包含交通信号控制、交通视频监视、交通流信息采集、交通违法监测记录、交通信息发布等。

3）基于大数据与 AI 的云平台

随着车联网的快速发展，针对 C-V2X 的数据平台搭建不可或缺。数据平台可以汇聚多源数据，采用大数据与 AI 技术对 V2N/I2N/P2N 等各类应用数据进行深入分析、挖掘，提取关键信息，做出决策，并将决策指令及时推送到 OBU 和 RSU，为 C-V2X 系统高效运行提供必要支撑。

C-V2X 数据平台能够实现对接入网络的所有路侧设施、感知设备和智能网联汽车的监管，云平台从全局角度掌握整体车、路的运行态势，主要实现车辆信息的统计、交通危险与调度信息的实时推送等功能；云平台还可以通过路侧设备推送生活推荐服务，既能提高驾驶安全，又能提高驾驶员出行效率。

目前，车路协同数据云平台可以分为以下几种。

（1）交通行业数据平台：主要围绕交通监测与信息服务展开，致力于交通管理、道路运输和应用服务。

（2）示范区数据平台：致力于解决智能驾驶技术和道路交通环境的适应性发展问题，基于车路协同、交通大数据等新技术与新产品应用示范，为实验验证与测试评估而研究开发的智能驾驶大数据一体化平台。

（3）整车制造企业数据平台：整车企业联合系统平台开发商结合 C-V2X 技术共同建设的大数据分析平台，充分利用了更多的车联网数据进行分析、决策，提供智能辅助驾驶服务，并为其他系统提供获取模型分析结果的数据接口，满足了车联网数据使用者的各种需求，使车联网数据价值最大化。

（4）网络运营商数据平台：网络运营商与通信设备商、汽车厂商深度合作建设的大数据平台，致力于推动远程驾驶、智能调度等云-网-端协同场景的应用。

（5）科技企业数据平台：百度、华为等科技企业同国内外的车企、运营商等相关合作伙伴建设的大数据平台，致力于基础数据平台的研究和探索。

总的来说，当前车联网数据平台的搭建依托于智能交通及智能网联测试示范区、行业部门、企业建设，为车路协同系统提供服务，实现了设施设备的全局管控和运行态势监测。

6.1.2 车路协同业务体系架构

城市场景中的车路协同业务架构主要由路侧终端、边缘端、云端和外部应用组成，如图 6.3 所示。其中，一个路侧边缘计算平台会连接多组路侧感知设备，一个区域计算平台会连接多个路侧边缘计算平台，一个业务运营平台会连接多个区域计算平台。

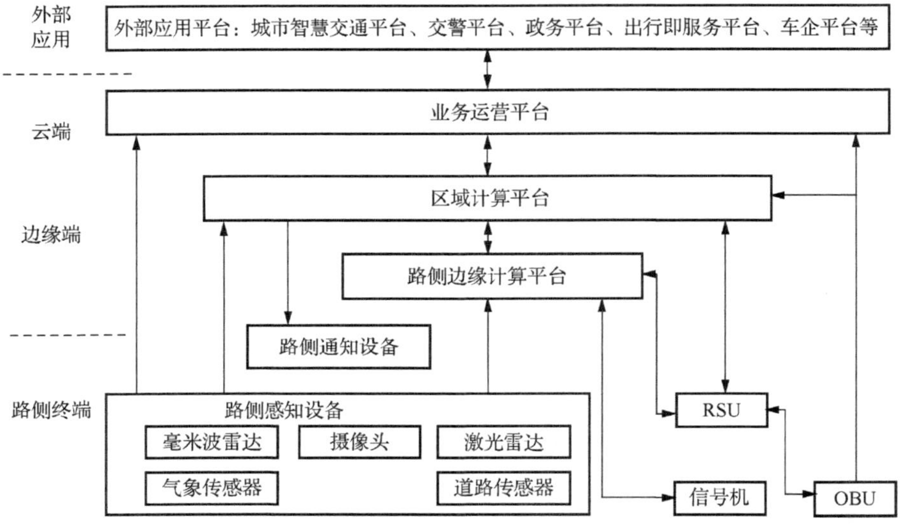

图 6.3 车路协同业务体系架构

车路协同业务场景如表 6.3 所示。

表 6.3 车路协同业务场景汇总

序号	场景名称	类型	选自标准
1	限速预警	交通安全类	T/CSAE 53—2020
2	闯红灯预警	交通安全类	
3	绿波车速引导	交通效率类	
4	前方拥堵提醒	交通效率类	
5	交叉路口碰撞预警	交通安全类	
6	左转辅助	交通安全类	
7	弱势交通参与者碰撞预警	交通安全类	
8	车内标牌	交通效率类	
9	道路危险状况提示	交通安全类	

续表

序号	场景名称	类型	选自标准
10	协作式优先车辆通行	交通效率类	T/CSAE 157—2020
11	动态车道管理	交通效率类	
12	感知数据共享	交通安全类	
13	协作式变道	交通安全类	
14	协作式车辆汇入	交通安全类	
15	协作式交叉路口通行	交通安全类	
16	场站路径引导服务	信息服务类	
17	差分数据服务	信息服务类	
18	浮动车数据采集	交通管理类	
19	基于路侧感知的“僵尸车”识别	交通安全类	T/CSAE 158—2020
20	基于协同式感知的异常驾驶行为识别	交通安全类	
21	基于路侧协同的自动驾驶车辆“脱困”	交通安全类	
22	基于路侧感知的交通状况识别	交通效率类	
23	高精地图版本对齐及动态更新	信息服务类	

6.2　车路协同路侧感知关键技术

6.2.1　路侧感知系统架构分析

目前，路侧感知主要以雷达+视觉的组合方式进行环境感知，雷达主要包括毫米波雷达、激光雷达，视觉部分主要以红外高清摄像机为主，有单目、双目深度相机和热成像相机等。目前，激光雷达在成本和使用寿命等方面还存在一些劣势，路侧雷达主要以毫米波雷达为主[1]。

路侧基于毫米波雷达和相机信息融合的车辆目标检测系统主要包含 4 部分，分别为毫米波雷达检测模块、相机传感器检测模块、RSU、路侧 MEC[2]，图 6.4 所示为路侧车辆目标检测系统示意图。

图 6.4 中的毫米波雷达主要用于对目标进行检测，以获得有效区域目标的速度、加速度和位置信息，相机主要用于对交通路口车辆目标进行实时检测并对检测到的目标进行分类识别，RSU 通过 GPS 模块获得目标位置信息，根据位置信息对有效区域目标进行初选，路侧 MEC 对相机和毫米波雷达输入的目标数据进行融合处理，包括相机坐标系和雷达坐标系转换、时间同步机制处理及数据关联。总之，毫米波雷达和相机的融合使获得的目标具有深度信息[3]。

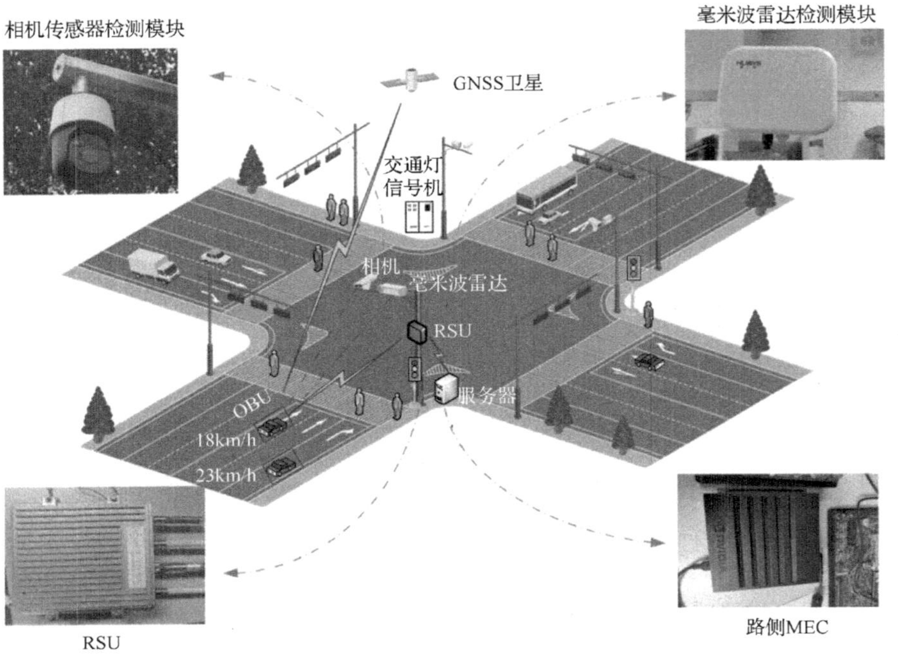

图 6.4 路侧车辆目标检测系统示意图

图 6.5 所示为路侧车辆目标检测系统功能结构，主要分析了路侧检测系统各个模块的功能需求，其中主要包括毫米波雷达检测模块、相机传感器检测模块以及 C-V2X 路侧单元（RSU）的功能分析与设计。

1. 毫米波雷达检测模块

毫米波雷达检测模块的功能就是获得目标速度、位置等信息，但毫米波雷达易受杂波影响而产生虚假目标，甚至出现漏检、误检的情况，因此需要设计一种毫米波雷达滤波算法来提高检测的精度，其中主要包括数据解析、卡尔曼滤波和虚假目标剔除算法。毫米波雷达滤波算法将在 6.3.2 小节中进行详细介绍。

2. 相机传感器检测模块

相机传感器检测模块主要用于对丰富的图像信息进行特征提取，并通过网络模型训练和基于卷积神经网络（convolutional neural network，CNN）的目标检测算法对目标进行检测分类，但相机传感器检测模块无法获得目标的深度信息，因此需要通过相机和毫米波雷达的融合实现信息互补。相机和毫米波雷达的融合主要包括对相机和毫米波雷达采样时间和空间的校准及数据关联。

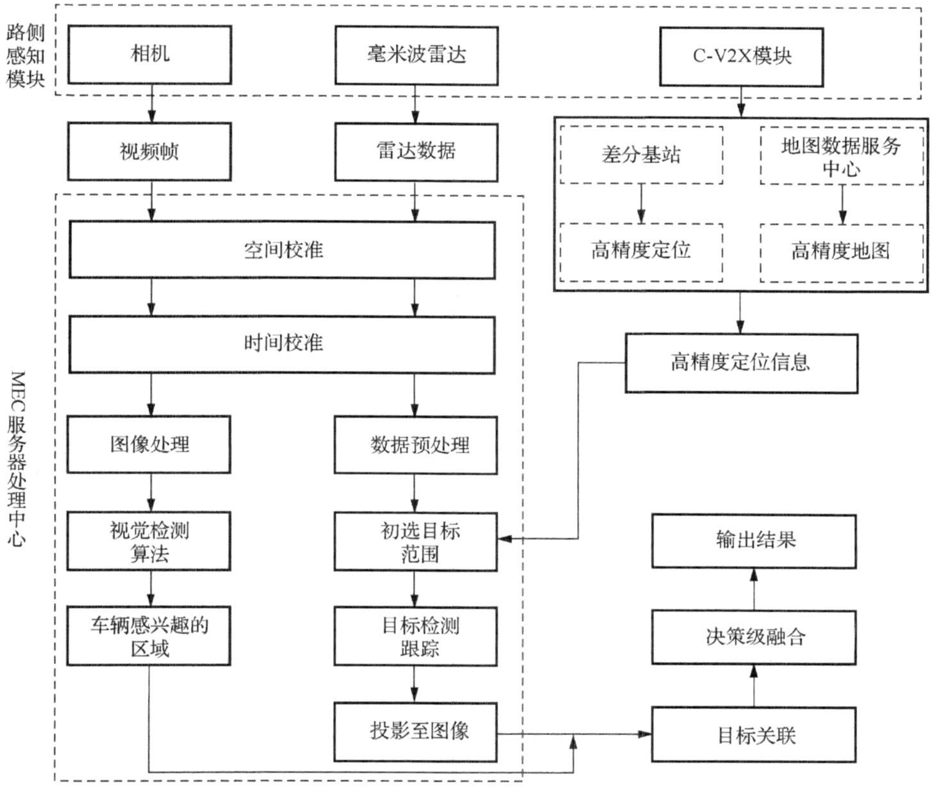

图 6.5　路侧车辆目标检测系统功能结构

3. C-V2X 路侧单元（RSU）

RSU 主要负责采集交通信息，包括高精度定位信息、交通灯数据及道路环境信息，并将采集到的交通信息通过 V2X 通信向周围车辆广播。本节主要介绍获取车辆位置信息，并将获取到的高精度定位信息发送到路侧 MEC，同时结合毫米波雷达信息对有效区域目标进行筛选，得到初选目标的过程。

6.2.2　路侧感知关键技术与理论基础

本小节将对作者需要运用的滤波算法、目标检测算法及多传感器融合技术相关基础理论进行介绍，其中，滤波算法主要包括最近邻滤波算法、卡尔曼滤波法等。

1. 滤波算法

1）最近邻滤波算法

毫米波雷达会因许多噪声的影响而使目标检测产生误差，需要对检测目标进行滤波处理，最近邻滤波算法[4]能在杂波环境中对目标进行跟踪滤波，通过设定相关波门剔除一部分杂波，并与距离目标坐标最近的数据进行关联。其中，相关波门[5]（correlation wave gate）是指跟踪空间中以下一时刻目标的预测位置为中心的区域，用于确定目标测量点的可能范围。统计距离定义为信息向量的加权范数的公式如下。

$$\begin{aligned}\boldsymbol{d}^2\left[x(k)\right]&=\left[\boldsymbol{X}(k)-\hat{\boldsymbol{X}}(k\mid k-1)\right]^{\mathrm{T}}\boldsymbol{S}^{-1}(k)\left[\boldsymbol{X}(k)-\hat{\boldsymbol{X}}(k\mid k-1)\right]\\&=\boldsymbol{w}(k)^{\mathrm{T}}\boldsymbol{S}^{-1}(k)\boldsymbol{w}(k)\end{aligned}\tag{6.1}$$

式中，$\boldsymbol{S}^{-1}(k)$为协方差矩阵；$\boldsymbol{w}(k)=\boldsymbol{X}(k)-\hat{\boldsymbol{X}}(k\mid k-1)$为滤波器残差；$\boldsymbol{d}^2\left[x(k)\right]$是量测点$\boldsymbol{X}(k)$与波门中心$\hat{\boldsymbol{X}}(k\mid k-1)$之间的统计距离。最近邻滤波算法的核心思想如下：当只有一个目标在设定的波门内时，对此目标进行航迹更新；当相关波门内有多个目标时，将距离最近的目标作为选择对象；当相关波门内没有出现目标时，将预测目标作为新的航迹。图 6.6 所示为最近邻滤波算法示意图。

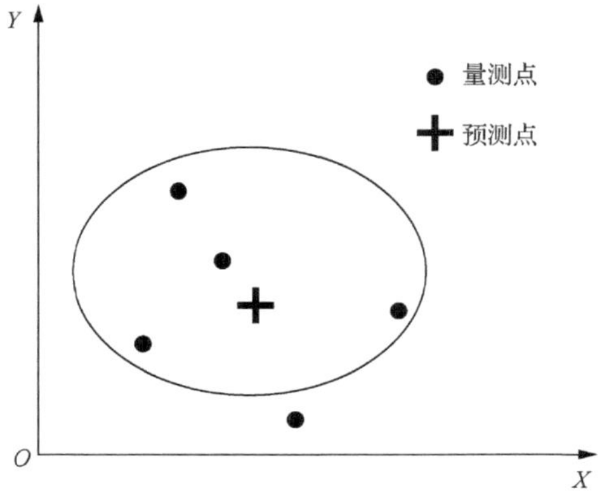

图 6.6 最近邻滤波算法示意图

最近邻滤波算法计算量小，易于实现，但这是一种次优滤波算法，只能保证局部意义上的最优，如果在波形密集的环境中出现多个目标相近或者航迹交叉的情况，则离预测位置最近的有效目标有可能是其他目标点，此时就会出现目标匹配错误的现象，因此最近邻滤波算法可应用于稀疏环境中的目标跟踪。

2）卡尔曼滤波法

卡尔曼滤波器[6]主要用于非平稳、多维的参数预测问题，且当目标方程为线性方程时可以取得最优估计。对于系统的输入输出，为了更好地表示两者之间的关系，通常将观测的目标用状态方程表示，将毫米波雷达检测过程用量测方程表示，因此，需要设计系统运动模型来构建系统的状态方程[7]。构造目标运动模型既要符合目标实际的运动情况，又要满足实时处理的要求。对于做匀速直线运动的目标，可将其运动状态表示为如下形式。

$$\begin{bmatrix} x' \\ x'' \end{bmatrix} = \begin{bmatrix} 0 & 1 \\ 0 & 0 \end{bmatrix} \begin{bmatrix} \boldsymbol{x} \\ x' \end{bmatrix} + \begin{bmatrix} 0 \\ 1 \end{bmatrix} v(t) \tag{6.2}$$

式中，$\boldsymbol{x}$ 表示目标坐标方向向量；x' 表示目标速度分量；x'' 表示目标加速度分量；$v(t)$ 为符合均值为零的高斯分布。目标的运动状态由状态向量 $\boldsymbol{X}(k) = [\boldsymbol{x}?x']^{\mathrm{T}}$ 表述，则可得离散时间系统中的目标状态方程，即

$$\boldsymbol{X}(k+1) = \begin{bmatrix} 1 & T \\ 0 & 1 \end{bmatrix} \boldsymbol{X}(k) + \boldsymbol{V}(k) \tag{6.3}$$

式中，T 是采样时间；$\boldsymbol{V}(k)$ 表示高斯白噪声序列。通过目标状态方程可以进一步得到系统的状态转移矩阵 $\boldsymbol{W}(t)$，即

$$\boldsymbol{W}(t) = \begin{bmatrix} 1 & T \\ 0 & 1 \end{bmatrix} \tag{6.4}$$

进一步的，可将匀加速模型的目标状态方程表示为

$$\begin{bmatrix} x' \\ x'' \\ x''' \end{bmatrix} = \begin{bmatrix} 0 & 1 & 0 \\ 0 & 0 & 1 \\ 0 & 0 & 0 \end{bmatrix} \begin{bmatrix} \boldsymbol{x} \\ x' \\ x'' \end{bmatrix} + \begin{bmatrix} 0 \\ 0 \\ 1 \end{bmatrix} v(t) \tag{6.5}$$

毫米波雷达传感器的观测过程表示为量测方程，即

$$\boldsymbol{Z}(k+1) = \boldsymbol{E}(k+1)\boldsymbol{X}(k+1) + \boldsymbol{V}(k+1) \tag{6.6}$$

式中，$\boldsymbol{Z}(k+1)$ 表示观测向量；$\boldsymbol{E}(k+1)$ 表示量测矩阵；$\boldsymbol{V}(k+1)$ 表示量测噪声序列。进一步使用状态变量法表示离散时间线性系统，如图 6.7 所示。

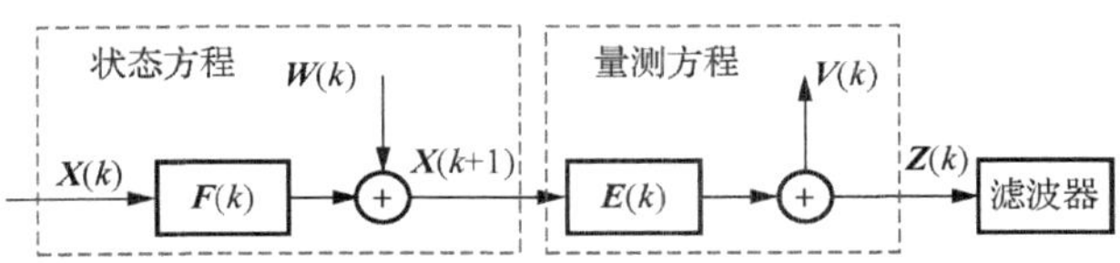

图 6.7　离散时间线性系统

前面描述了系统状态方程，接下来对卡尔曼滤波法进行实际运用。卡尔曼滤

波法的工作原理如下：根据上一时刻的目标值对当前时刻的状态值进行估计，再结合观测值综合输出最优结果，以此降低噪声的影响。下面对卡尔曼滤波法进行具体的推算。

（1）状态向量的预测方程为

$$\boldsymbol{X}'(k+1|k)=\boldsymbol{F}(k)\boldsymbol{X}'(k|k) \tag{6.7}$$

（2）预测的误差协方差矩阵为

$$\boldsymbol{P}(k+1|k)=\boldsymbol{F}(k)\boldsymbol{P}(k|k)\boldsymbol{F}^{\mathrm{T}}(k)+\boldsymbol{Q}(k) \tag{6.8}$$

（3）利用雷达$k+1$时刻的量测值$\boldsymbol{Z}(k+1)$，得到残差为

$$\boldsymbol{v}(k+1)=\boldsymbol{Z}(k+1)-\boldsymbol{H}(k+1)\boldsymbol{X}'(k+1|k) \tag{6.9}$$

（4）协方差矩阵为

$$\boldsymbol{S}(k+1)=\boldsymbol{H}(k+1)\boldsymbol{P}(k+1|k)\boldsymbol{H}^{\mathrm{T}}(k+1)+\boldsymbol{R}(k+1) \tag{6.10}$$

（5）卡尔曼增益为

$$\boldsymbol{K}(k+1)=\boldsymbol{P}(k+1|k)\boldsymbol{H}^{\mathrm{T}}(k+1)\boldsymbol{S}(k+1)^{-1} \tag{6.11}$$

（6）对状态向量的预测值进行修正，状态向量更新为

$$\boldsymbol{X}'(k+1|k+1)=\boldsymbol{X}'(k+1|k)+\boldsymbol{K}(k+1)\boldsymbol{v}(k+1) \tag{6.12}$$

在卡尔曼滤波过程中，$\boldsymbol{X}'(k+1|k)$为最佳预测值，$\boldsymbol{X}'(k+1|k+1)$是最佳滤波值，代表状态$\boldsymbol{X}(k+1)$的线性无偏最小方差估计，$\boldsymbol{P}(k+1|k)$为预测信号协方差矩阵，$\boldsymbol{P}(k+1|k+1)$是最小均方误差矩阵，$\boldsymbol{K}(k+1)$为最佳卡尔曼滤波增益。总之，通过卡尔曼滤波法可以对系统状态进行估计，结合观测值得到最优结果。

2. 目标检测算法

目前，目标检测算法得到了快速发展[8]，并在一定程度上取得了很大突破。常用的目标检测算法可分为以下几类：Haar-like 特征[9]+Adaboost 车辆目标检测算法；Two-stage 目标检测算法[10]，该算法分两步对目标进行检测，先生成候选框，再通过卷积神经网络进行样本分类，主要包括 R-CNN 算法、Fast R-CNN 算法和 Faster R-CNN 算法[11]；One-stage 目标检测算法，该算法直接通过卷积神经网络进行目标检测，主要包括单次多边框检测（single shot multiBox detector，SSD）、YOLO（you only look once）系列算法。相对来说，Two-stage 目标检测算法比 One-stage 目标检测算法的检测速度要低一些，但准确度要高一些。

1）Haar-like 特征+Adaboost 车辆目标检测算法

目前，基于 Haar-like 特征和 Adaboost 车辆目标检测算法的应用场景较多，其训练的多级分类器检测方法[12]在实时性和准确性方面有一定的优势。在基于图

像的车辆目标检测应用中，该算法先对目标样本进行 Haar-like 特征提取，再使用 Adaboost 算法对提取的特征进行分类并得到强分类器，最后对得到的多个强分类器进行级联得到车辆目标检测分类器。

（1）Haar-like 特征。Haar-like 特征经常用来描述目标的特征，常见的人脸检测算法中就运用了 Haar-like 特征，并结合积分图对人脸进行检测。随着对目标检测算法性能要求的提高，人们对 Haar-like 特征进行了扩展，扩展后的特征主要分为以下 4 类：边界特征、中心环绕特征、线特征和对角特征，如图 6.8 所示。

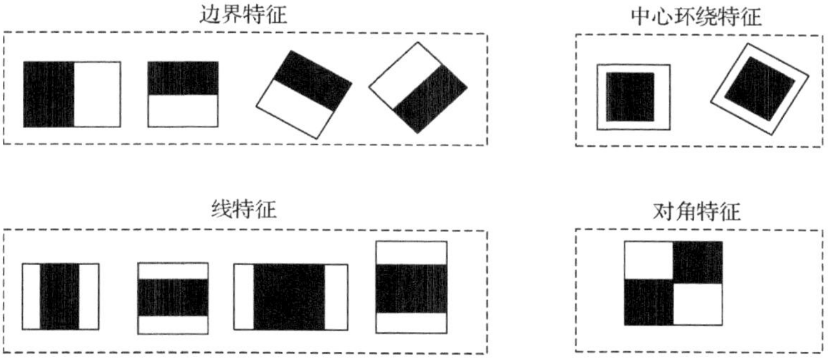

图 6.8 Harr-like 扩展后的特征

图 6.8 中每种特征都由黑白矩形组成，进一步对黑白矩形像素灰度值进行计算，通过对像素灰度值做差计算得到特征值。在实际设计矩形大小时，矩形的类别、矩形的大小和矩形的位置都是影响矩阵特征值的因素，一个图像窗口内的矩阵特征会因矩形的类别、大小和位置排列组合的不同而不同。在进行特征值计算时，需要获得特征数量，式（6.13）为特征数量计算公式。

$$N = XY\left(W + 1 - w\frac{X+1}{2}\right)\left(H + 1 - h\frac{Y+1}{2}\right) \tag{6.13}$$

式中，X 表示特征矩形在水平方向的变换比例；Y 表示特征矩形在垂直方向的变换比例；N 表示特征数量；W 和 H 分别表示样本图像的宽度和高度；w 和 h 分别表示特征矩形的宽度和高度。

进一步对特征值进行计算，在实际处理过程中，由于特征值的计算量很大，造成计算效率低，无法满足应用要求，因此采用构造积分图的方法来解决这一问题。图 6.9 所示为 Haar-like 矩阵特征积分图，通过对图像进行积分构造得到积分图，减少了求取像素值的运算次数，因而提高了计算特征值的速率[13]。

在图 6.9 中，$\text{Sum}(x,y)$ 表示像素点 (x,y) 左上方所有像素点像素值之和，$I(x,y)$ 表示点 (x,y) 处的像素值，则有

$$\text{Sum}(x,y) = \sum_{x' \leqslant x, y' \leqslant y} I(x',y') \tag{6.14}$$

采用增量计算积分图，即

$$\mathrm{Sum}(x,y)=\mathrm{Sum}(x,y-1)+\mathrm{Sum}(x-1,y)+I(x,y)-\mathrm{Sum}(x-1,y-1) \tag{6.15}$$

边界条件为

$$\mathrm{Sum}(-1,y)=\mathrm{Sum}(x,-1)=\mathrm{Sum}(-1,-1)=0 \tag{6.16}$$

进一步，计算 Haar-like 特征值 Z，可得

$$\begin{aligned}Z=&\mathrm{Sum}(x-1,y-1)+\mathrm{Sum}(x+w-1,y+h-1)\\&-\mathrm{Sum}(x-1,y+h-1)-\mathrm{Sum}(x+w-1,y-1)\end{aligned} \tag{6.17}$$

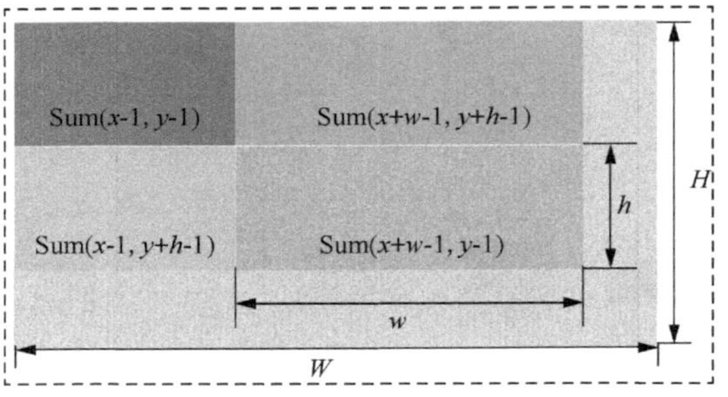

图 6.9 Harr-like 矩阵特征积分图

（2）Adaboost 分类算法。Adaboost 分类算法是在 Boosting 算法的基础上发展而来的。Boosting 算法基于概率近似正确学习模型，其主要思想是通过样本集训练出多个弱分类器，并对多个弱分类器进行加权计算得到最终结果。Adaboost 分类算法通过集成同样的算法训练不同的弱分类器，将其结合为强分类器[14]。图 6.10 所示为 Adaboost 分类算法的流程图。

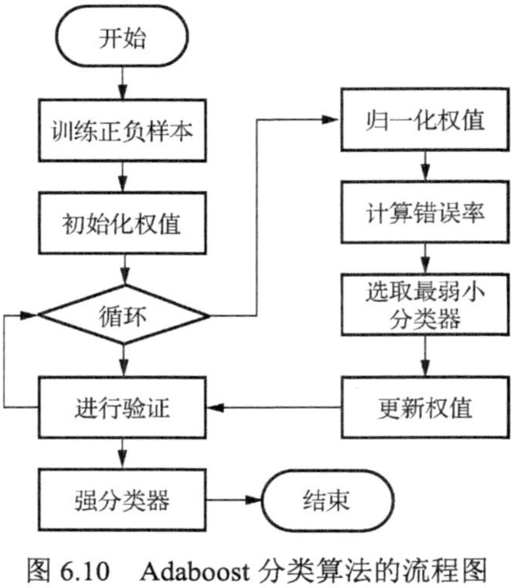

图 6.10 Adaboost 分类算法的流程图

Adaboost 分类算法的处理过程主要分为以下 5 个步骤。

① 对样本的权值 W 进行初始化。

$$W_{i,j}(k)=\begin{cases}\dfrac{1}{2j}\,y_i=0\\ \dfrac{1}{2p}\,y_i=1\end{cases} \tag{6.18}$$

式中，p 表示正样本数；j 表示负样本数；$i=1,2,\cdots,n$。

② 进一步对样本权值进行归一化处理，得到新的权值。

$$W_{t,i}=\frac{w_{t,i}}{\sum_{i=1}^{n}\sum_{t=1}^{T}w_{t,i}} \tag{6.19}$$

③ 训练分类器 z，计算分类器权值错误率 ξ_t。

$$\xi_t=\sum w_i\left|z(x_i)-y_i\right| \quad (i=1,2,\cdots,n;t=1,2,\cdots,T) \tag{6.20}$$

④ 更新样本的权值，获得新的权值。

$$w_{i+1}=w_i\varepsilon_t^{1-S_i} \quad (i=1,2,\cdots,n;t=1,2,\cdots,T) \tag{6.21}$$

式中，$\varepsilon_t=e_t/(1-e_t)$；$S_i=0$ 时表示样本 x_i 分类正确，$S_i=1$ 时表示样本 x_i 分类错误。

⑤ 通过加权平均将多个弱分类器组合成强分类器 $H(x)$。

$$H(x)=\begin{cases}1, & \sum_{t=1}^{T}\lambda_t h_t(x)\geqslant\dfrac{1}{2}\sum_{t=1}^{T}\lambda_t\\ 0, & 其他\end{cases} \tag{6.22}$$

式中，$\lambda_t=\log\varepsilon_t$。

Adaboost 分类算法的核心思想就是将弱分类器训练组合成强分类器，根据权值对弱分类器进行选择，该权值也可视为选择弱分类器的概率[15]。在训练强分类器的过程中，对样本设定不同的权值，通过不断改变样本的权值使得分类结果准确，从而可知，通过不断地改变样本权值增加了训练样本数量，使得分类结果更可靠。

2）Two-stage 目标检测算法

（1）R-CNN 算法。随着 CNN 的普遍运用，一些学者和企业将其用在了目标检测算法[16]中。图 6.11 所示为 R-CNN（即 region-CNN）算法的使用过程，该算法利用图像分类问题来代替目标检测场景的问题，将滑动窗口对应区域提取并直接利用 CNN 进行图像分类，从而实现目标检测，其中滑动窗口大小不一致，在图像中根据设置的移动长度进行上、下、左、右滑动。

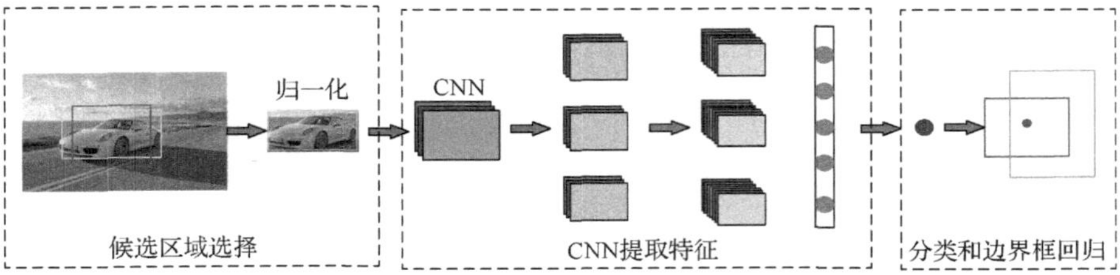

图 6.11　R-CNN 算法的使用过程

在目标检测过程中，由于不知道目标的大小，不能确定滑动窗口的大小，从而需要设置大小不一致的窗口，但这会增加较大的计算量，使得目标检测实时性不高。

（2）Fast R-CNN 算法。R-CNN 算法的计算量大，不能满足实时性要求，而 Fast R-CNN[17]算法相对于 R-CNN 算法的优势在于检测速度较快，并针对计算量大的问题进行了优化处理。R-CNN 算法计算量大的主要原因是在提取目标特征时存在重复的计算，针对这一问题，Fast R-CNN 算法从以下几个方面对其进行了改进：对目标感兴趣区域（region of interest，ROI）进行简化处理，结合候选框映射功能解决了空间金字塔池化[18]（spatial pyramid pooling，SPP）网络训练的短板；使用具有更好分类效果的 Softmax（归一化指数函数）模块代替支持向量机（support vector machine，SVM）分类算法；将 R-CNN 中的边界框回归改为使用 Smooth Loss（平滑损失）函数。

图 6.12 所示为 Fast R-CNN 算法的使用过程，其先通过深度卷积生成特征图，进一步划分正负样本[19]，再通过选择性搜索算法得到候选框，最后将提取的目标特征送入 R-CNN 子网络进行分类和回归处理。

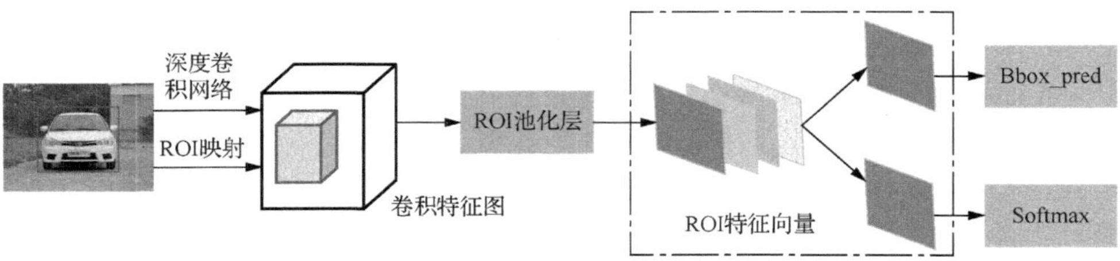

图 6.12　Fast R-CNN 算法的使用过程

（3）Faster R-CNN 算法。Faster R-CNN 算法为了提升检测框的生成速度而选择使用全卷积网络（region proposal network，RPN）生成检测框，并没有使用滑动窗口和选择性搜索算法，因为选择性搜索算法对一幅图像提取候选框时大概需要 2s，比较耗时。RPN 可以生成多个候选框，有利于目标分类并在一定程度上提高了检测准确度。图 6.13 所示为 Faster R-CNN 算法获取候选框的流程图。

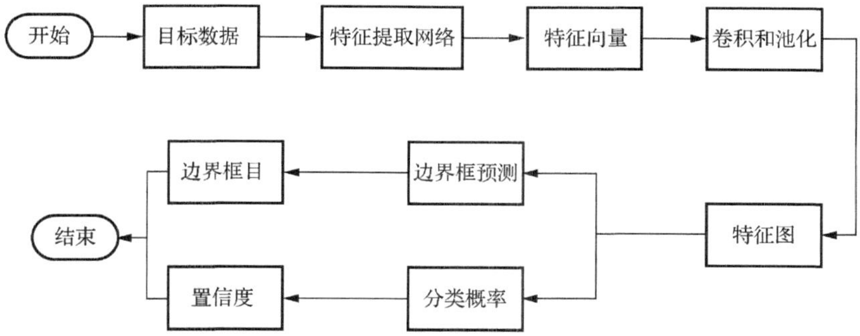

图 6.13　Faster R-CNN 算法获取候选框的流程图

Faster R-CNN[20]算法的执行主要包括以下步骤。

对图像大小为 $X\times Y$ 的原始图像进行标准化，得到标准大小的图像集。

利用 CNN 对经过标准化处理的图像进行特征提取，其中 CNN 中包含卷积层、激活层和池化层。

将得到的特征图（feature map）送入 RPN，并对特征图进行多次卷积操作，生成预测框，计算出对应的边界框回归偏移量。

送入后续的全连接和 Softmax 模块完成目标分类任务。

3）One-stage 目标检测算法

R-CNN 系列算法属于 Two-stage 目标检测算法范畴，需要经过目标区域提取和目标分类两个阶段，虽然可以保证较高的检测精度，但是检测速度通常比较慢，接入视频之后，图像传输速度达不到实时的要求。针对 Two-stage 目标检测算法的缺点，One-stage 目标检测算法被提出，其中以 YOLO[21]算法为主要代表。本书采用 YOLOx 作为相关感知识别的测试验证设计思想，YOLOx 选择直接输入整幅图像到网络中，直接回归出边框的位置和目标所属的类别，YOLOx 的网络结构如图 6.14 所示，其中 CBM 是 YOLO 网络结构中的最小组件，由 Conv+Bn+Mish 激活函数三者组成，CBL 由 Conv+Bn+Leak_relu 激活函数组成，SPP 采用最大池化方式进行多尺度融合。

YOLOx 网络使用卷积神经网络来替代 Inception 模块实现跨通道信息融合，并在 GoogleNet 网络的结构基础上进行了扩展。YOLOx 网络是在独立的单元网格中进行目标检测的，其原理是把输入的原始图像划分为多个单元网格，若某个目标的中心位置落在某个单元网格中，则对应的单元网格对该目标进行检测。在检测过程中，每个单元网格负责预测多个边界框，同时预测边界框的置信度，置信度可被表示为待检测目标的概率 $P_r(\text{Object})$ 和该边界框与真实位置交并比（intersection over union，IOU）的乘积。包围框与目标真实框之间的交集和并集之比即为交并比。当检测框中不存在目标时，$P_r(\text{Object})=0$，当检测框中存在目标时，$P_r(\text{Object})=1$，置信度定义为

$$\text{Confidence}=P_r(\text{Object})\times \text{IOU}_{\text{pred}}^{\text{truth}} \tag{6.23}$$

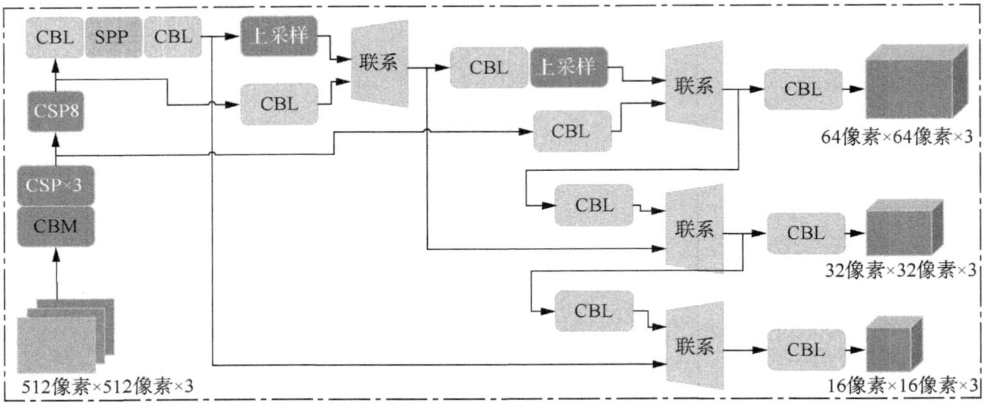

图 6.14　YOLOx 的网络结构

置信度的设计从两个方面进行考虑，一是考虑边界框含有目标的可能性大小，二是考虑边界框的准确度。如图 6.15 所示，网络预测的包围框具有 5 个预测参数，分别为预测框中心坐标 (x,y)，预测框的宽 (w)、高 (h)，以及当前位置存在一个目标的置信度。

图 6.15　真实框和预测框

（1）主干网络与特征融合网络。

YOLOx 的主干网络使用的是 CSPDarkNet[22]，特征融合网络使用的是 PAFPN[23]，两者均来自 YOLOv5。

① 主干网络 CSPDarkNet。CSPDarkNet 结合了跨阶段局部网络 CSPNet 和 YOLOv3 主干网络 DarkNet，是一种高效主干网络，能在训练中引入更为丰富的梯度信息组合，从而减少网络所需的实际计算量。CSPDarkNet 的网络结构组成

如表 6.4 所示。从网络结构组成进行分析，CSPDarkNet 由 4 种卷积结构组成，其分别是 ConvBlock、Focus、CSPBottleneck 和 SPPBottleneck。假设网络的输入图像大小为 36×640 像素×640 像素，在经过表 6.4 中各结构的顺序处理后，将得到多尺度输出特征 P3、P4 和 P5，其对应的特征大小分别为 256×80 像素×80 像素、512×40 像素×40 像素和 1024×20 像素×20 像素。网络输出的多尺度特征将作为特征融合网络的输入。

表 6.4 CSPDarkNet 的网络结构组成

输入大小*	结构类型	瓶颈数量	残差连接	步长	输出特征
3×640×640	Focus	—	—	2	—
64×320×320	ConvBlock	—	—	2	—
128×160×160	CSPBottleneck	3	True	1	—
128×160×160	ConvBlock	—	—	2	—
256×80×80	CSPBottleneck	9	True	1	P3
256×80×80	ConvBlock	—	—	2	—
512×40×40	CSPBottleneck	9	True	1	P4
512×40×40	ConvBlock	—	—	2	—
1024×20×20	SPPBottleneck	—	—	1	—
1024×20×20	CSPBottleneck	3	False	1	P5

* 本列数字单位为 mm。

ConvBlock 的网络结构如图 6.16 所示，其由卷积层 Conv2d、批归一化层 BatchNorm2d 和激活函数 SiLU 组成，是 CNN 中最为常见的一种卷积结构。ConvBlock 的参数主要包括输入通道数、输出通道数、卷积核大小、步长和填充大小等。其中，填充大小固定为卷积核大小整除 2，以使卷积所得特征的大小与卷积核大小无关。在 YOLOx 网络中，ConvBlock 也是 CSPDarkNet、PAFPN 和检测头部网络的基本组成部分。

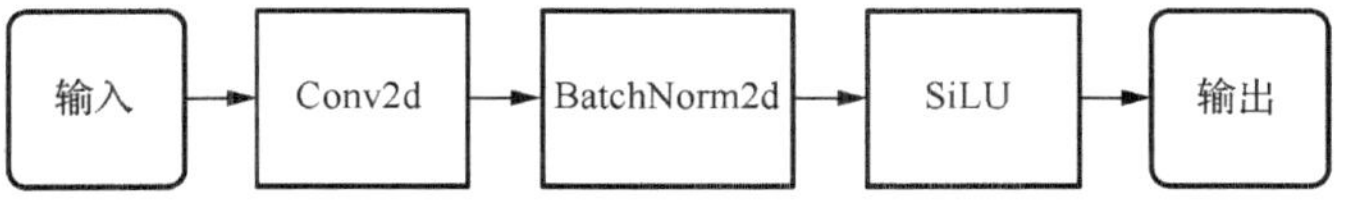

图 6.16 ConvBlock 的网络结构

Focus 的网络结构如图 6.17 所示，其先通过 4 个 Slice（切片）层从不同的宽高偏移位置对输入图像的空间维度进行步长为 2 的切片，使得图像的空间分辨率减半，但通道数增加为原来的 4 倍，再使用 Concat 层拼接切片的图像张量，经过 ConvBlock 得到输出特征。在 CSPDarkNet 中，Focus 用于对输入图像执行下采样操作。相较于直接使用 ConvBlock 进行下采样的方式，Focus 可保留更多的图像信息，能在仅增加少量计算量的情况下有效提升网络的表示能力。

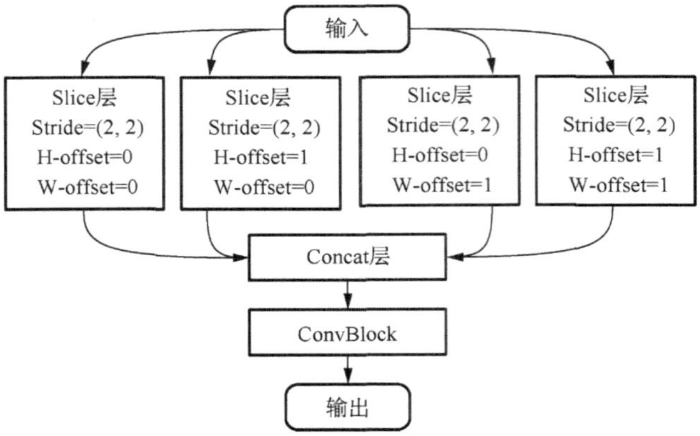

图 6.17 Focus 的网络结构

CSPBottleneck 的网络结构如图 6.18（a）所示，其包括左、右两个分支。其中，左侧分支仅用 ConvBlock 对输入特征进行降维，使得输入特征的通道数减半；右侧分支先执行与左侧分支相同的降维操作，再使用若干个 Bottleneck 处理降维后的特征。Bottleneck 的网络结构如图 6.18（b）所示，其使用两个 ConvBlock 对输入特征进行卷积得到输出特征；当具有残差连接时，输出特征会再与输入特征逐元素进行相加操作。CSPBottleneck 在将左、右两个分支所得特征通过 Concat 层拼接后，最后经过 ConvBlock 得到输出特征。与使用若干个 Bottleneck 直接处理特征的方式相比，CSPBottleneck 所需的计算量更少，且能获得更好的检测性能。

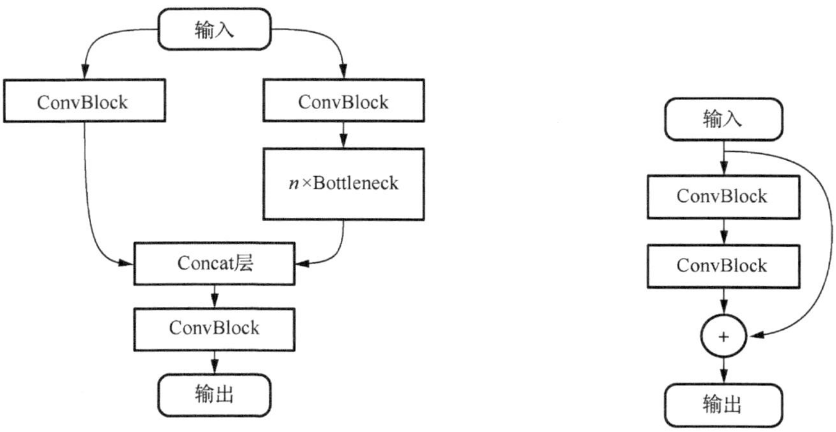

（a）CSPBottleneck的网络结构　　（b）Bottleneck的网络结构

图 6.18 CSPBottleneck 与 Bottleneck 的网络结构

SPPBottleneck 的网络结构如图 6.19 所示，其在主干网络中以插件的形式存在，用于融合模型的深层特征，增强模型对不同尺寸目标的特征提取能力。

SPPBottleneck 先用 ConvBlock 对输入特征进行降维，再用三个池化核大小分别为 5×5、9×9 和 13×13 的最大池化层 MaxPool2d 处理降维后的特征，经 Concat 层拼接各分支特征后，最后经过 ConvBlock 得到输出特征。在增加少部分计算量的情况下，SPPBottleneck 能有效提升网络的检测性能，因此被广泛应用于目标检测。

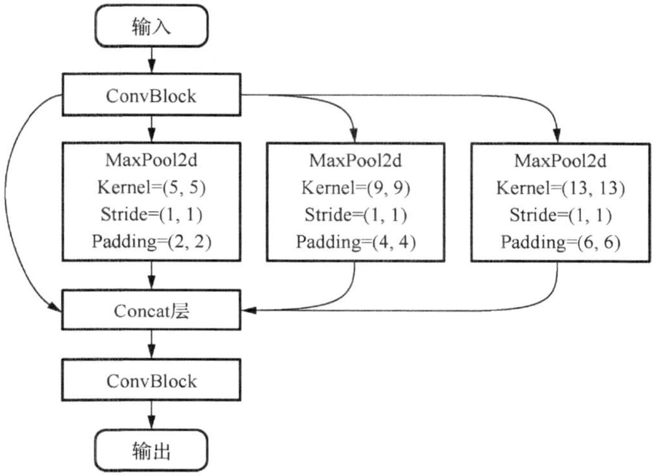

图 6.19　SPPBottleneck 的网络结构

② 特征融合网络 PAFPN。PAFPN 的网络结构如图 6.20 所示。其由自顶向下和自底向上的两部分网络组成。在自顶向下的网络中，从输入特征 P5 开始，通过卷积、上采样和拼接操作，先后与输入特征 P4 和 P3 进行特征融合，并得到融合后的中间特征。在自底向上的网络中，从 P3 对应的中间特征开始，通过卷积、下采样和拼接操作，先后与 P4 和 P5 对应的中间特征进行特征融合，最终得到特征大小与输入特征相同的输出特征 C3、C4 和 C5。在 YOLOx 网络中，PAFPN 使用的每个 CSPBottleneck 均包括 3 个无残差连接的 Bottleneck。在特征金字塔网络（feature pyramid network，FPN）的基础上，PAFPN 通过引入额外的自底向上网络通路，能更好地提升网络的表示能力。

（2）分类与回归特征解耦的检测头部网络。YOLOx 的检测头部网络结构如图 6.21 所示，其用 3 个参数不共享的网络分别处理特征融合网络 PAFPN 输出的多尺度特征 C3、C4 和 C5。假设网络预测了 C 个类别，对于空间大小为 H、W 的单个尺度特征，首先用 ConvBlock 对输入特征进行降维，以减少后续网络的计算量。其次，分别用两组包括两个 ConvBlock 的网络卷积特征，得到解耦的分类与回归分支[24]。对于分类分支，用 Conv2d 卷积得到分类预测。对于回归分支，用两个 Conv2d 分别卷积得到置信度和边框回归预测。分类与回归特征解耦的检测头部网络的优点是能明显地提升模型的收敛速度，并能缓解分类和回归特征存在冲突的问题。

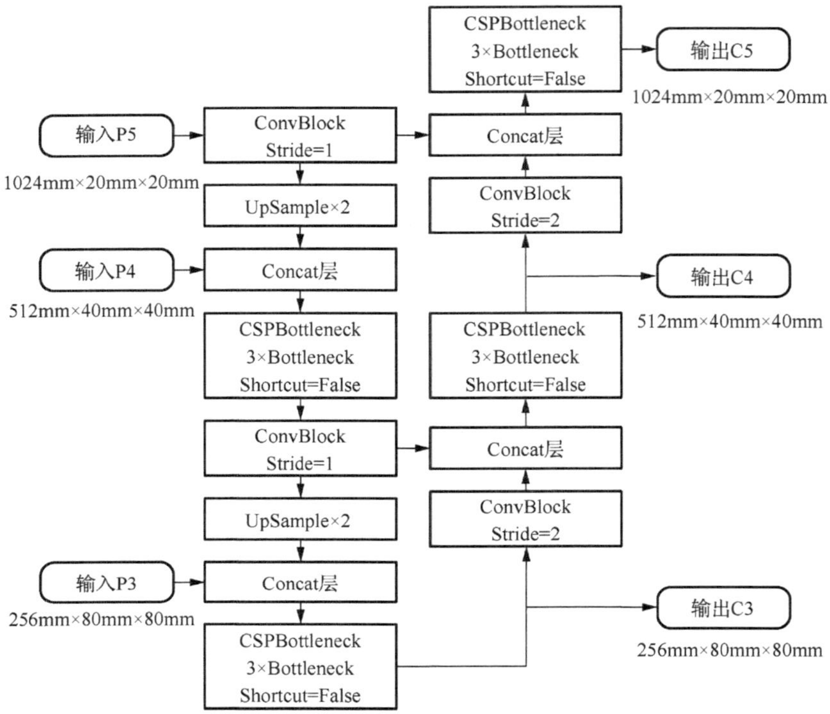

图 6.20 PAFPN 的网络结构

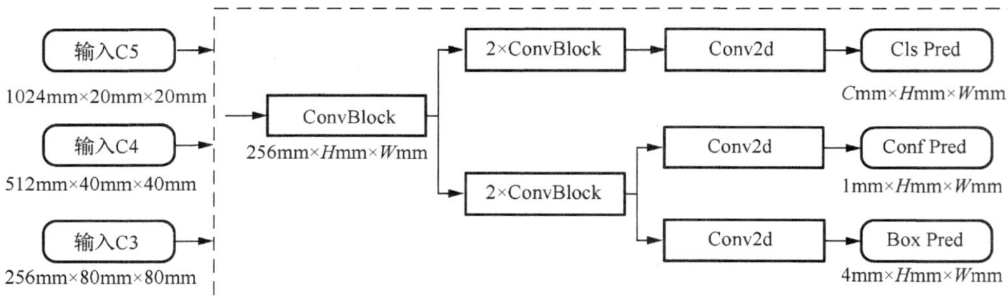

图 6.21 YOLOx 的检测头部网络结构

（3）模型压缩算法。现阶段目标检测算法主要依赖于深度学习对深度卷积网络进行大量的数据训练，以便在视频流的处理上取得较高的精度。然而，深度学习模型的参数量通常较多，计算量巨大，需要借助模型压缩算法减少模型所需的计算量与存储空间，从而满足 AI 应用的实时性需求。目前，模型压缩几乎是模型部署的必要步骤，而主流的模型压缩算法包括结构化剪枝、知识蒸馏（knowledge distillation）和低精度量化等。

① 结构化剪枝。结构化剪枝通过移除网络中的部分卷积核或整组通道参数，以减少模型的参数和计算量。在结构化剪枝方法中，以通道为裁剪单位的剪枝方法最为常见，其通常包括通道筛选和精度恢复两个步骤。其中，通道筛选的目的是通过特定方法，如 L1 范数惩罚和最小绝对收缩和选择操作（least absolute shrinkage and selection operator，LASSO）回归[25]等，鉴别在当前任务中网络参数的重要性，通常认为低重要性的通道参数不会对网络的性能产生太大影响，可以被安全去除；精度恢复指在完成通道筛选及裁剪低重要性的部分通道参数后，微调剩余的网络参数，从而恢复网络因参数裁剪而丢失的精度。此外，还有一些无须微调的通道剪枝方法，其在训练中逐步筛选通道，并同时恢复网络的精度。

典型的通道剪枝方法如图 6.22 所示，其在待裁剪的 CNN 中插入通道缩放因子（channel scaling factor），并在训练中对其施加稀疏惩罚，用于自适应评估网络通道的重要性。图 6.22（a）所示为通道裁剪前的示意图。其中，通道缩放因子的部分元素趋近于零，表明对应通道的重要性相对较低。图 6.22（b）所示为通道裁剪后的示意图，其通过裁剪网络中相对低重要性的部分通道参数，以得到紧凑的网络。但此时网络的精度会相应下滑，还需对其进行微调。

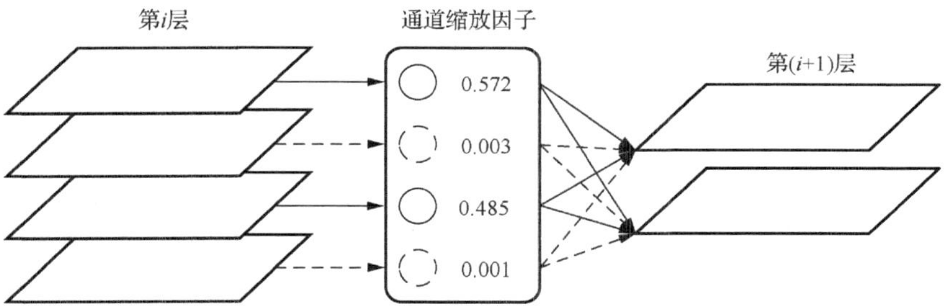

（a）通道裁剪前的示意图

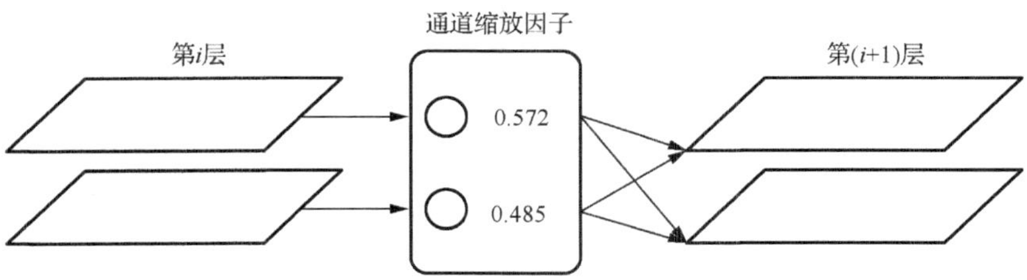

（b）通道裁剪后的示意图

图 6.22　典型的通道剪枝方法

② 知识蒸馏。知识蒸馏引入了教师网络和学生网络的概念，其将教师网络的输出作为软标签，用于监督学生网络的学习，达到将教师网络的知识传递给学生网络的目的。教师网络的性能通常优于学生网络，模仿教师网络的输出，能使

学生网络获得比自身更好的性能。利用此特性，可将大网络视作教师网络，并将裁剪参数得到的小网络视作学生网络，从而实现模型压缩的效果。

在目标检测任务中应用知识蒸馏时，较为通用的做法是通过图 6.23 所示的方式，使用 L2 范数[26]或 KL 散度[27]等蒸馏损失（distillation loss），让学生网络模仿教师网络的多尺度特征特性。通常情况下，性能越好的教师网络蒸馏得到的学生网络性能也就越好。此外，教师网络可以不是单独存在的，能通过与学生网络共享部分或全部网络结构的方式进行高效蒸馏。

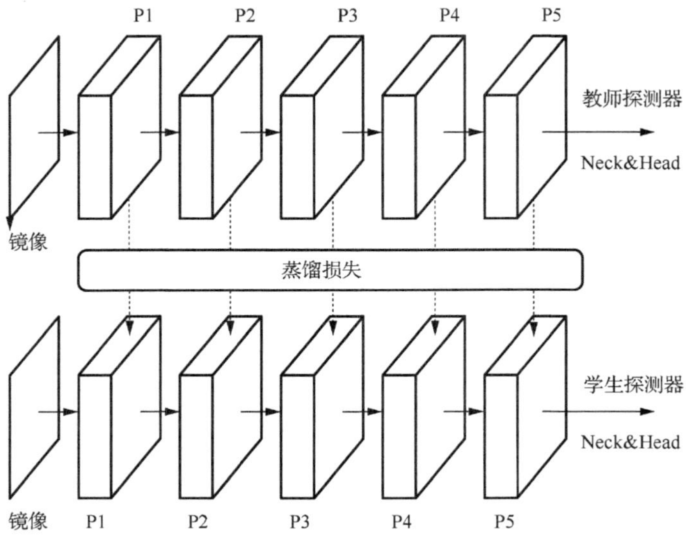

图 6.23　知识蒸馏

P1～P5：知识蒸馏的阶段层级；Neck&Head：深度学习网络的不同部分，
Neck 用于融合不同尺度的特征，Head 用于生成回归和分类分数。

③ 低精度量化。目前主流的深度学习框架如 PyTorch 和 TensorFlow 等，使用的默认数据类型均为 32 位浮点数。通常，网络在单次推理过程中要进行上亿次浮点数计算，对设备的算力和存储带宽都有较高要求。对于算力与存储资源受限的嵌入式设备而言，使用 32 位浮点数计算的方式非常低效。通过低精度量化可将网络的参数和激活值替换为低带宽、定点的整数，从而加快网络计算，并降低所需的存储带宽，达到显著提升模型推理效率的目的。尽管低精度量化会不可避免地降低模型精度，但是结合专用的计算库或硬件加速器可成倍地加速模型推理。目前，常见的低精度量化类型包括 Int8、Int4 和二值。其中，工业界主要以 Int8 量化为主，典型代表包括 Google 的 TensorFlow Lite 量化方案[28]和 NVIDIA 的 TensorRT 量化方案等。

3. 多传感器融合技术

单一传感器的检测结果往往存在不同层面的缺陷，利用多个传感器提供的信息进行融合可以在某种程度上弥补单一传感器检测结果的不足，感知单个传感器系统所不能感知的信息特征，从而扩展系统处理信息的能力，并通过信息互补来增强系统的可靠性。对多个传感器信息进行融合可以降低外界干扰的影响，保证系统的稳定性，使系统可以稳定高效地工作；在多传感器信息融合过程中，可通过多传感器获取更加全面、更加精确、不同时刻的目标状态数据。目前，多传感器融合模型主要包括多传感器融合功能模型、多传感器融合结构模型、多传感器融合数学模型、数据关联技术和数据决策技术[29]。下面对多传感器融合功能模型和多传感器融合结构模型进行介绍。

1）多传感器融合功能模型

美国国防部提出了对信息融合在信息处理时有很大实用性的通用数据融合处理模型，最开始被应用在一个防御系统中，其模型[30]如图 6.24 所示。

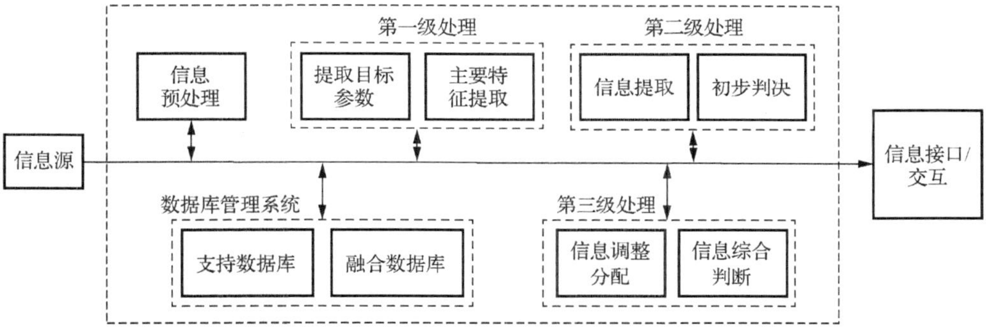

图 6.24 多传感器融合功能模型

多传感器融合功能模型的每个模块的基本功能如下。

（1）信息源：传感器信息获取的来源，来自不同局部的传感器，如路侧设备、相机、毫米波雷达、光电传感器、全球定位系统等。

（2）信息预处理：对收集的多个传感器的原始数据进行噪声滤波、野值剔除、时间同步、空间对准及分类处理等，从而减小计算量，提高融合精度。

（3）第一级处理：进行数据关联、数据融合和属性融合，提取目标主要特征和参数信息，用于对目标进行识别和判决。

（4）第二级处理：根据当前条件进一步提取目标信息，对目标进行初步判决。

（5）第三级处理：信息调整分配和信息综合判断，即实时监控系统各个环节，分配和调节多传感器获取的量测信息。

（6）信息接口/交互：信息交互和控制，针对融合功能模型的各个环节设计计算机交互和控制界面。

（7）数据库管理系统：为了方便系统信息调用，对数据进行整理和存储。

2）多传感器融合结构模型

在多传感器融合结构模型中，需要根据实际要求对融合体系结构进行设计，根据传感器种类、传感器的组合形式来选择不同的结构，所选取的结构需要确保能提高信息融合的准确度、降低系统计算量，因此一般主要考虑位置级和属性级融合[31]的结构模型。

（1）位置级融合结构模型。位置级融合结构模型主要分为以下 3 种类型：集中式融合结构模型、分布式融合结构模型和混合式融合结构模型。

① 集中式融合结构模型处理的内容主要包括数据预处理、时空转换/对准、数据关联/融合、匹配状态和决策输出。图 6.25 所示为集中式融合结构模型。集中式融合结构模型适用于同类特征数据融合，能够对各个传感器的优势进行互补，充分发挥各自的优点，但这一结构模型对数据关联的要求很高，计算较复杂。

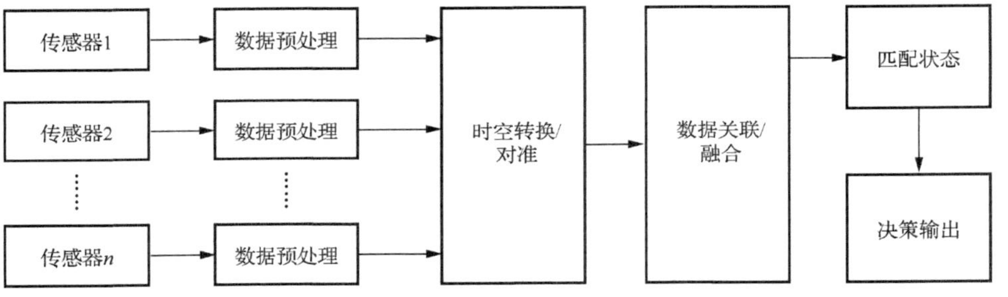

图 6.25　集中式融合结构模型

② 分布式融合结构模型与集中式融合结构模型在处理过程方面有所不同，分布式融合结构模型侧重于各个传感器检测的结果，并对各个传感器处理得到的结果进行融合决策。图 6.26 所示为分布式融合结构模型，其中信息融合中心主要对目标数据进行综合处理，获得相应的融合结果，强调局部传感器的判决处理能力[32]。在分布式融合结构模型中，因为数据处理主要集中在局部传感器模块，所以对整个系统而言，系统负载较轻，但数据融合准确度不高。

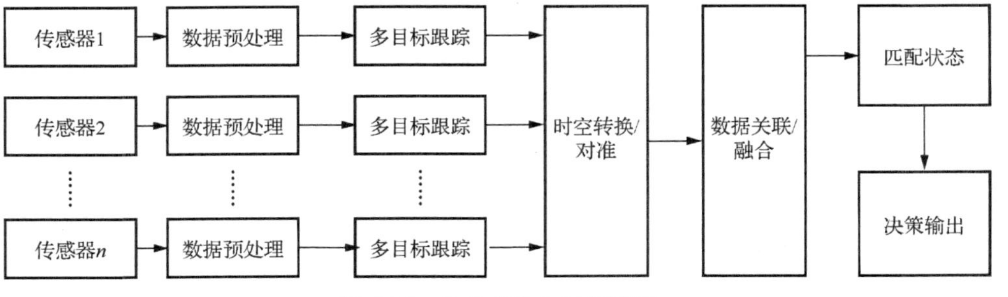

图 6.26　分布式融合结构模型

③ 混合式融合结构模型将经局部传感器处理的数据和没有经局部传感器处理的原始观测数据传入信息融合中心进行处理，如图 6.27 所示。混合式融合结构模型结合了集中式融合结构模型和分布式融合结构模型的特点，平衡了计算速度、通信带宽、存储容量、处理精度和可靠性[33]等因素之间的关系，但是稳定性较差。

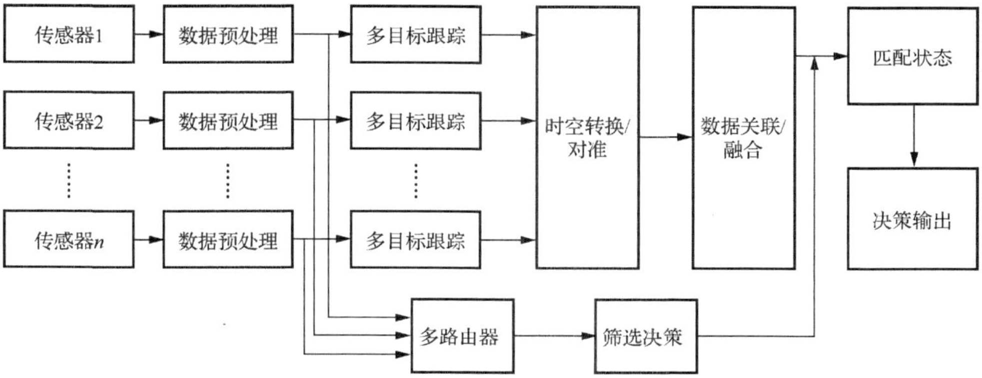

图 6.27　混合式融合结构模型

对位置级融合结构模型的 3 种类型进行比较，如表 6.5 所示，集中式融合结构模型和分布式融合结构模型在精确度、带宽要求、融合难度、控制难度和扩展性方面的表现截然不同，而混合式融合结构模型综合了集中式融合结构模型和分布式融合结构模型的特点。

表 6.5　3 种位置级融合结构模型的对比

融合结构模型	精确度	带宽要求	融合难度	控制难度	扩展性
集中式融合结构模型	高	高	困难	简单	困难
分布式融合结构模型	低	低	简单	困难	容易
混合式融合结构模型	中等	中等	中等	中等	中等

（2）属性级融合结构模型。在目标识别中，通过多传感器融合技术可以获得更丰富的目标属性特征，进而能够更好地进行决策，对目标的检测关键在于对目标特征属性的提取，并将具有不同属性特征的数据通过分类融合算法进行综合处理[34]，最后融合决策输出最优目标结果。属性级融合结构模型可分为数据级、特征级和决策级 3 种。

① 数据级融合结构模型主要是对多传感器的原始数据进行融合处理，其中包括特征提取和目标属性决策[35]。图 6.28 所示为数据级融合结构模型，在对数据进行融合之前需要对目标数据进行关联[36]，从而保证多个传感器检测的数据来自同一目标，为下一步的信息融合提供可靠有效的数据。

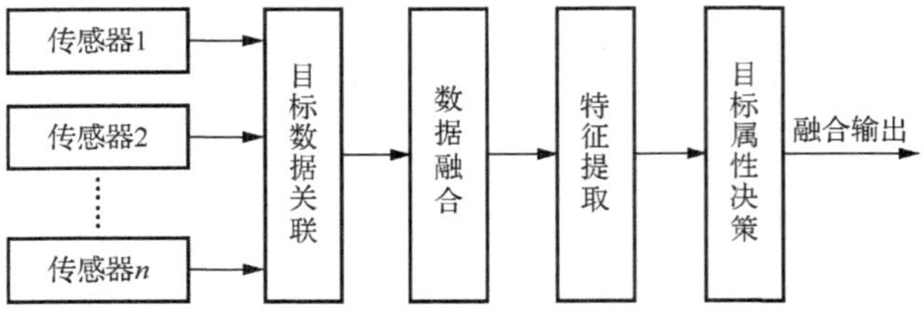

图 6.28 数据级融合结构模型

② 与数据级融合结构模型相比，特征级融合结构模型的计算量更小，更容易实现，在实际中运用更加广泛。图 6.29 所示为特征级融合结构模型，其先对各个传感器检测的目标进行特征提取，再进行数据关联，最后进行目标属性决策，融合输出特征提取结果。

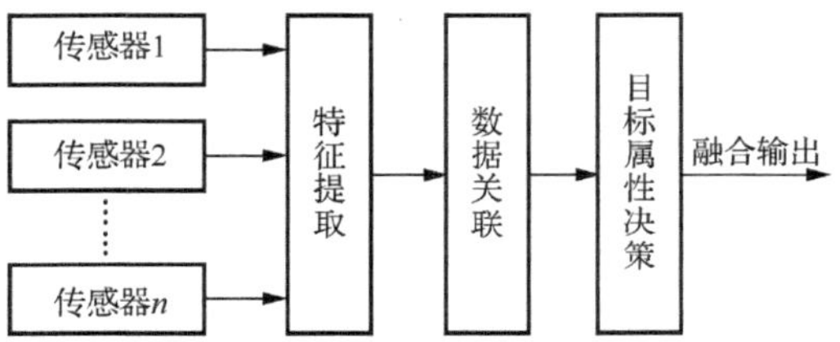

图 6.29 特征级融合结构模型

③ 在融合过程中，决策级信息融合[37]是最重要的环节之一，也是国内外学者研究的重点。在决策级融合结构模型（图 6.30）中，每个传感器先独立对目标进行检测，完成目标数据预处理、特征提取和属性决策，为了进一步提高目标的判别精度，在数据送到信息融合中心之前需要对各个传感器获得的判决信息进行数据关联处理，信息融合中心获取关联处理后的数据后完成判决过程，并获得最终融合结果。

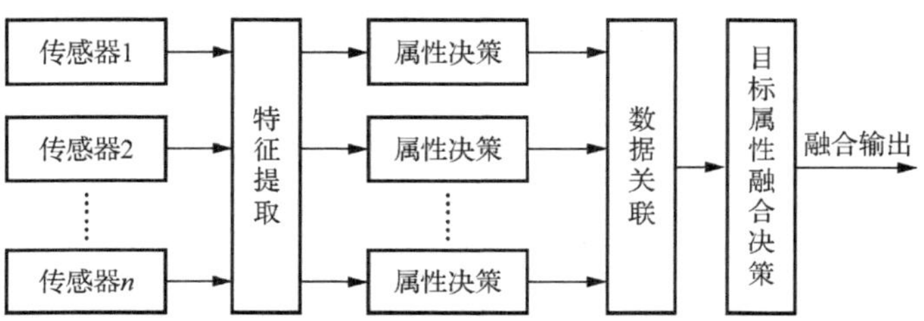

图 6.30 决策级融合结构模型

在选择融合结构模型时，选择的依据主要如下：传感器的类型是否满足性能要求、传感器数据预处理难度和整体系统可靠性。3 种属性级融合结构模型的对比如表 6.6 所示[38]，其中，数据级融合结构模型的精确度高，但数据处理比较复杂，实现融合难度大；特征级融合结构模型在精确度和实时性方面比较平衡，系统稳定性较好；决策级融合结构模型的精确度低，但没有集中处理数据，系统计算负载小，实时性好。

表 6.6　3 种属性级融合结构模型的对比

融合结构模型	精确度	融合难度	鲁棒性	计算量	实时性	信息损失
数据级融合结构模型	高	难	差	大	差	小
特征级融合结构模型	中	中	中	中	中	中
决策级融合结构模型	低	易	好	小	好	大

6.3　基于毫米波雷达和相机信息融合模型

单目视觉传感器检测目标存在漏检、误检问题，且单一的视觉传感器无法提供准确的目标距离和速度信息，并存在气候、光线等环境影响问题，同时，毫米波雷达在目标检测过程中存在大量空信号、无效目标和杂波干扰信号，导致目标检测存在偏差。针对这些问题，作者设计了毫米波雷达与相机信息融合的车辆检测模型，并对毫米波雷达和相机传感器在时间和空间上进行了同步/对准，同时针对在不同环境中相机和毫米波雷达的检测精确度会发生变化这一问题设计了一种自适应目标检测算法，使得检测过程始终保持着较高的精确度，增强了目标检测系统的鲁棒性。

6.3.1　毫米波雷达和相机信息融合框架

图 6.31 所示为毫米波雷达和相机信息融合框架，先将雷达数据和图像进行时空转换，再将其投影到图像上，生成雷达检测的车辆 ROI，最后结合机器视觉检

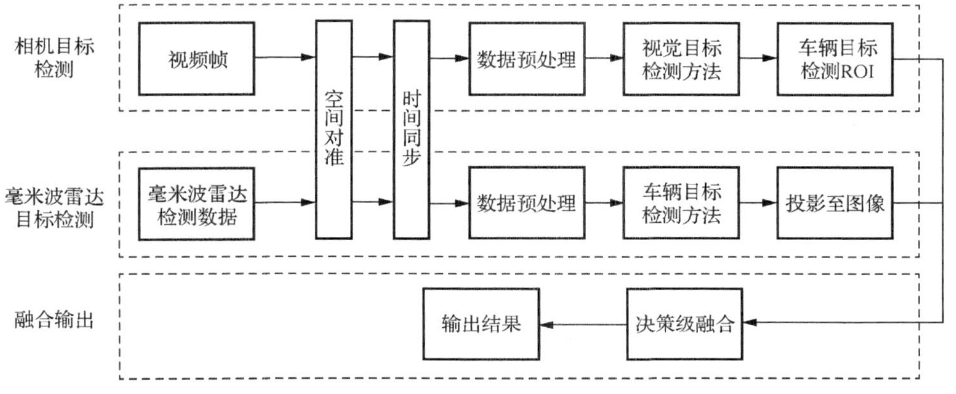

图 6.31　毫米波雷达和相机信息融合框架

测的车辆ROI，采用信息融合关联算法判断雷达和机器视觉检测的ROI的关联度，根据关联度的高低决策融合输出结果。

6.3.2 毫米波雷达和相机空间对准

在进行毫米波雷达和相机融合之前，需要将三维世界坐标系中的目标位置信息转换到图像显示的目标坐标系中，以实现毫米波雷达和相机空间坐标系的统一。在进行坐标系转换的过程中，主要涉及毫米波雷达坐标系、三维世界坐标系和相机坐标系。在这 3 种坐标系中，需要先将毫米波雷达坐标系转换映射到相机坐标系，再将相机坐标系转换为三维世界坐标系，图 6.32 所示为各个坐标系之间的关系。通过坐标系转换，将毫米波雷达的目标数据映射到相机的视频图像上，产生目标区域，在进行空间对准的过程中，需要设计一个测距模型来实现空间融合，并使用相机的标定参数进行修正。

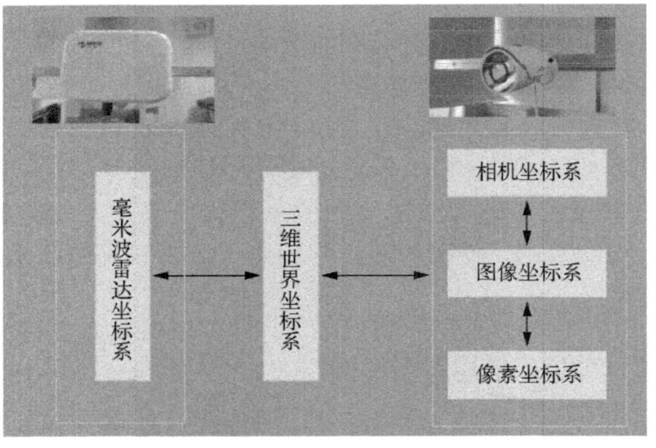

图 6.32 各个坐标系之间的关系

1. 毫米波雷达坐标系和三维世界坐标系的转换

通过毫米波雷达对目标进行检测，可以获得车辆目标的距离、速度等信息。图 6.33 所示为毫米波雷达坐标系和三维世界坐标系之间的关系。

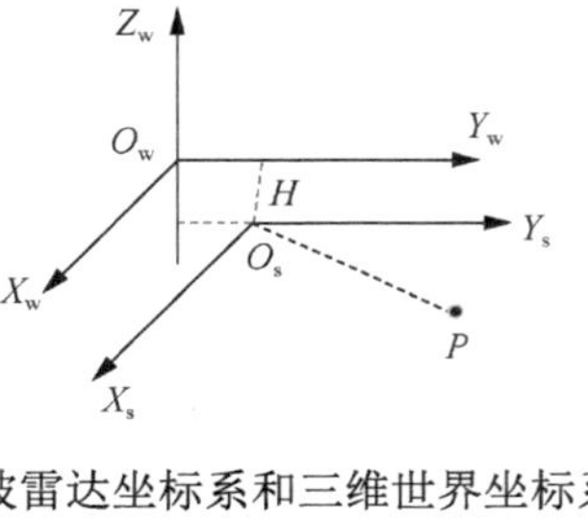

图 6.33 毫米波雷达坐标系和三维世界坐标系之间的关系

图 6.33 中，$O_w - X_w Y_w Z_w$ 是三维世界坐标系，$X_s O_s Y_s$ 是毫米波雷达坐标系，点 P 为目标，为了更好地判断目标在毫米波雷达坐标系与三维世界坐标系中的位置关系，将其投影至 $X_w O_w Z_w$ 平面，如图 6.34 所示，点 P 在毫米波雷达坐标系中的位置为 (L,α)，在三维世界坐标系中的位置为 (X_w, Y_w, Z_w)，则有如下坐标转换关系。

$$\begin{cases} X_w = L \cdot \sin\alpha \\ Y_w = -H \\ Z_w = Z_0 + L \cdot \cos\alpha \end{cases} \tag{6.24}$$

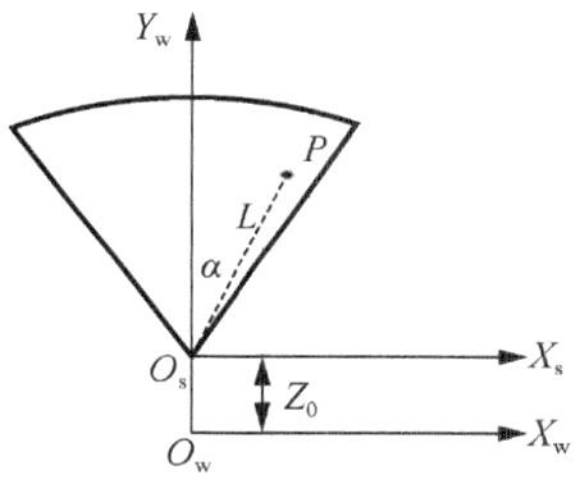

图 6.34 毫米波雷达目标投影至三维世界坐标系

2. 相机坐标系和三维世界坐标系的转换

在对相机坐标系和三维世界坐标系进行转换之前，需要将三维世界坐标系中的目标位置映射到图像坐标系中，图 6.35 所示为几个坐标系之间的位置关系，其中 $O_c - X_c Y_c Z_c$ 为相机坐标系，$O_w - X_w Y_w Z_w$ 为三维世界坐标系，UO_0V 为像素坐标系，XOY 为图像坐标系。

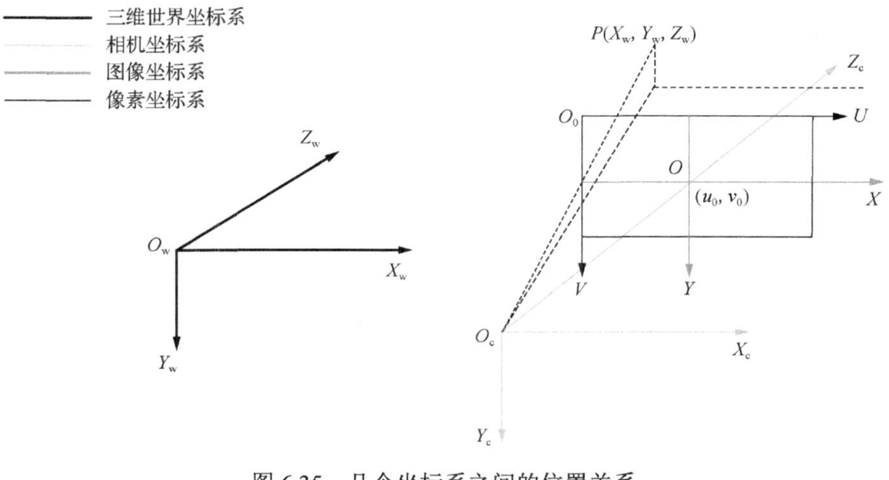

图 6.35 几个坐标系之间的位置关系

对相机坐标系和三维世界坐标系进行转换时主要包括三维世界信息与二维图像信息之间的转换，具体可以分为以下几种坐标系之间的转换。

1）相机坐标系和图像坐标系之间的转换

通过相机坐标系和图像坐标系之间的位置关系可知，通过相机成像得到图像坐标系 XOY，该成像平面平行于相机坐标系，设车辆目标为 $P(X_a, Y_a, Z_a)$，将相机坐标原点 O 与车辆目标 P 连接起来，其在图像中的交点为 $P(x, y)$，则将三维世界坐标系中车辆坐标的位置 P 投影至图像坐标系中时，有

$$x = \begin{cases} \dfrac{fX_a}{Z_a} \\ \dfrac{fY_a}{Z_a} \end{cases} \tag{6.25}$$

进一步对以上公式进行转换得到齐次坐标和矩阵，即

$$Z_a \begin{bmatrix} x \\ y \\ 1 \end{bmatrix} = \begin{bmatrix} f & 0 & 0 & 0 \\ 0 & f & 0 & 0 \\ 0 & 0 & 1 & 0 \end{bmatrix} \begin{bmatrix} X_a \\ Y_a \\ Z_a \\ 1 \end{bmatrix} \tag{6.26}$$

2）图像坐标系和像素坐标系之间的转换

图 6.36 所示为图像坐标系和像素坐标系之间的关系，其中，$O_1(x_0, y_0)$ 为相机镜头光轴 Z_a 与图像坐标系平面的交点，设 (u_0, v_0) 是交点 O_1 在图像坐标系 uO_0v 中的坐标，在 x 轴上的像素大小对应为 $\mathrm{d}x$，在 y 轴上的像素大小为 $\mathrm{d}y$，则通过式（6.27）可将图像坐标系转换为像素坐标系。

$$\begin{cases} u = \dfrac{x}{\mathrm{d}x} + u_0 \\ v = \dfrac{y}{\mathrm{d}y} + v_0 \end{cases} \tag{6.27}$$

进一步通过式（6.25）～式（6.27）的变换，可得像素坐标系和相机坐标系的转换关系如下。

$$\begin{bmatrix} u \\ v \\ 1 \end{bmatrix} = \begin{bmatrix} \dfrac{1}{\mathrm{d}x} & 0 & -u_0 \\ 0 & \dfrac{1}{\mathrm{d}y} & v_0 \\ 0 & 0 & 1 \end{bmatrix} \begin{bmatrix} x \\ y \\ 1 \end{bmatrix} \tag{6.28}$$

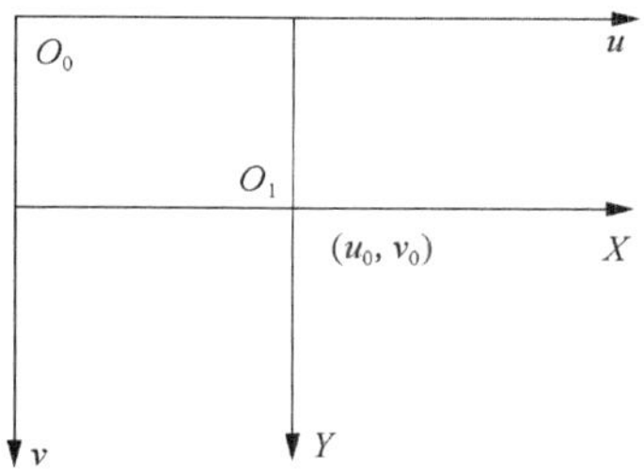

图 6.36　图像坐标系和像素坐标系之间的关系

3）三维世界坐标系和相机坐标系之间的转换

在交通路口对相机进行标定之前，需要对相机位置进行固定，此时相机位置 $O_c - X_cY_cZ_c$ 就确定了，进一步可得到相机成像平面为 $X_cO_cY_c$，相机坐标系的 Z_c 轴为相机镜头的光轴。对相机坐标系进行旋转和平移可得到对应的三维世界坐标系，式（6.29）～式（6.32）为车辆目标在三维世界坐标系中的坐标 (X_a, Y_a, Z_a) 和相机坐标系中的坐标 (X_b, Y_b, Z_b) 之间的转换过程。

首先，目标位置绕 X 轴旋转变换后，有

$$[X_a, Y_a, Z_a] = [X_b, Y_b, Z_b]\begin{bmatrix} 1 & 0 & 0 \\ 0 & \cos\alpha & \sin\alpha \\ 0 & -\sin\alpha & \cos\alpha \end{bmatrix} = [X_b, Y_b, Z_b]\boldsymbol{R}_X \tag{6.29}$$

其次，目标位置绕 Y 轴旋转变换后，有

$$[X_a, Y_a, Z_a] = [X_b, Y_b, Z_b]\begin{bmatrix} \cos\beta & 0 & -\sin\beta \\ 0 & 1 & 0 \\ \sin\beta & 0 & \cos\beta \end{bmatrix} = [X_b, Y_b, Z_b]\boldsymbol{R}_Y \tag{6.30}$$

再次，目标位置绕 Z 轴旋转变换后，有

$$[X_a, Y_a, Z_a] = [X_b, Y_b, Z_b]\begin{bmatrix} \cos\chi & \sin\chi & 0 \\ -\sin\chi & \cos\chi & 0 \\ 0 & 0 & 1 \end{bmatrix} = [X_b, Y_b, Z_b]\boldsymbol{R}_Z \tag{6.31}$$

最后，综合以上各式，可得三维世界坐标系 $X_aY_aZ_a$ 与对应的相机坐标系 $X_bY_bZ_b$ 的转换关系如下。

$$\begin{bmatrix} X_a \\ Y_a \\ Z_a \\ 1 \end{bmatrix} = \begin{bmatrix} \boldsymbol{R} & \boldsymbol{T} \\ \boldsymbol{0}^{\mathrm{T}} & 1 \end{bmatrix}\begin{bmatrix} X_b \\ Y_b \\ Z_b \\ 1 \end{bmatrix} \tag{6.32}$$

式中，矩阵 $\boldsymbol{R}$ 是 3×3 的正交单位矩阵；旋转矩阵为 $\boldsymbol{R}_X\boldsymbol{R}_Y\boldsymbol{R}_Z$，三维零向量 $\boldsymbol{0}^{\mathrm{T}}=\begin{bmatrix}0 & 0 & 0\end{bmatrix}^{\mathrm{T}}$；$\boldsymbol{T}$ 则是三维的平移向量矩阵。

4）三维世界坐标系和像素坐标系之间的转换

通过以上坐标系的转换，确定了相机坐标系和三维世界坐标系的关系，通过坐标转换得到三维世界坐标 $(X_{\mathrm{b}},Y_{\mathrm{b}},Z_{\mathrm{b}})$ 和像素坐标 (u,v) 之间的关系为

$$\begin{bmatrix}u\\v\\1\end{bmatrix}=\begin{bmatrix}\frac{1}{\mathrm{d}x} & 0 & u_0\\0 & \frac{1}{\mathrm{d}y} & v_0\\0 & 0 & 1\end{bmatrix}\begin{bmatrix}f & 0 & 0 & 0\\0 & f & 0 & 0\\0 & 0 & 1 & 0\end{bmatrix}\begin{bmatrix}\boldsymbol{R} & \boldsymbol{T}\\\boldsymbol{0}^{\mathrm{T}} & 1\end{bmatrix}\begin{bmatrix}X_{\mathrm{b}}\\Y_{\mathrm{b}}\\Z_{\mathrm{b}}\\1\end{bmatrix}$$

$$=\begin{bmatrix}w_x & 0 & u_0 & 0\\0 & w_y & v_0 & 0\\0 & 0 & 1 & 0\end{bmatrix}\begin{bmatrix}\boldsymbol{R} & \boldsymbol{T}\\\boldsymbol{0}^{\mathrm{T}} & 1\end{bmatrix}\begin{bmatrix}X_{\mathrm{b}}\\Y_{\mathrm{b}}\\Z_{\mathrm{b}}\\1\end{bmatrix} \tag{6.33}$$

式中，包含了相机的内部参数和外部参数，$w_x=f/\mathrm{d}x$，$w_y=f/\mathrm{d}y$。

本小节对毫米波雷达和相机的空间坐标进行了转换，保证两个传感器处于同一坐标系，下面对毫米波雷达和相机采样时间进行对准。

6.3.3 毫米波雷达和相机采样时间对准

由于毫米波雷达和相机采样频率不一样，在服务器接收到毫米波雷达和相机采集的数据时，收到的可能是同一目标不同时刻的数据，这会使后期两个传感器的数据融合产生较大误差，甚至产生错误检测结果，因此需要对毫米波雷达和相机进行时间同步操作，使得匹配的目标数据是同一目标同一时刻的数据。图 6.37 所示为统一毫米波雷达和相机采样频率示意图，通过该图可知，当间隔一帧取一次毫米波雷达数据时，正好和间隔两帧取视频数据（即相机数据）实现了同步。

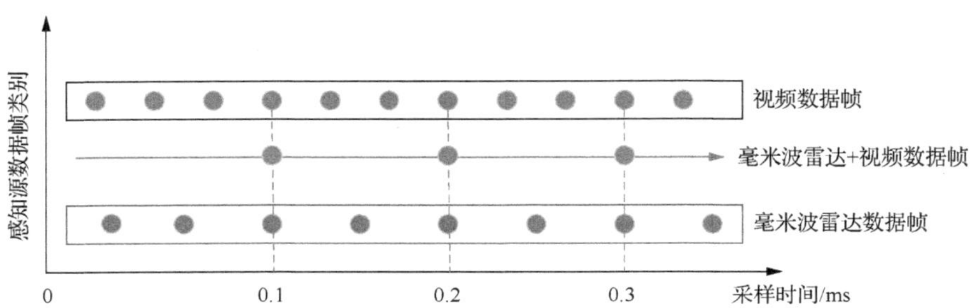

图 6.37 统一毫米波雷达和相机采样频率示意图

这里使用的毫米波雷达的工作频率只有 20Hz，而相机的采样频率是毫米波雷达的近两倍，为了实现时间上的同步，需开启多线程处理方式保证毫米波雷达和相机数据融合。图 6.38 所示为毫米波雷达和相机采样时间对准的过程。首先，根据毫米波雷达工作频率低于相机工作频率这一依据，每次先接收毫米波雷达的目标信息；其次，通过触发相机采集线程采集相应时刻的图像数据，一般情况下，当毫米波雷达采集线程触发后，立即采集当前时刻的图像信息，进一步将采集到的目标数据传送到信息融合处理线程；最后，对融合结果进行显示。整个对准过程保证了采集的数据在时间上是同步的，为后面毫米波雷达和相机数据融合做好了准备。

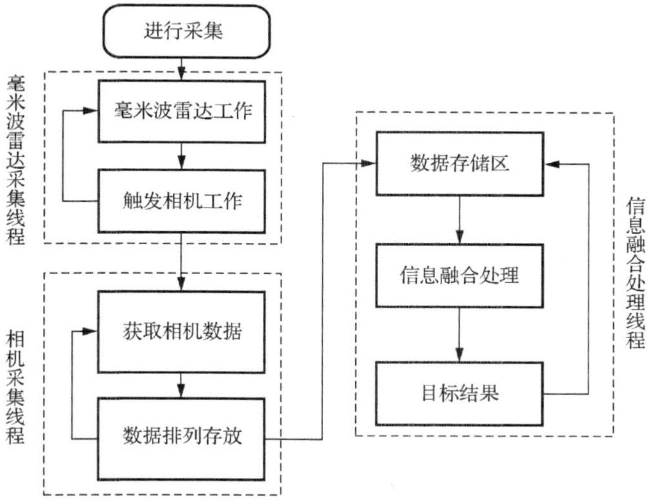

图 6.38　毫米波雷达和相机采样时间对准的过程

6.3.4　相机的镜头畸变及标定

1. 相机镜头畸变分析

在使用相机之前，需要对相机进行标定以得到内部参数和外部参数来进行相机校正，这是因为相机的镜头是曲面形状的，在实际道路安装过程中会产生非线性畸变，使得用户得到的成像图像和实际图像产生较大偏差，因此需要根据相机的成像原理进行镜头修正，以改善畸变带来的不良影响。

相机镜头的畸变分为切向畸变和径向畸变两种类型。

切向畸变主要是因为相机镜头的曲面形状使得成像平面和实际图像平面不平行，从而导致图像变形，如图 6.39 所示。

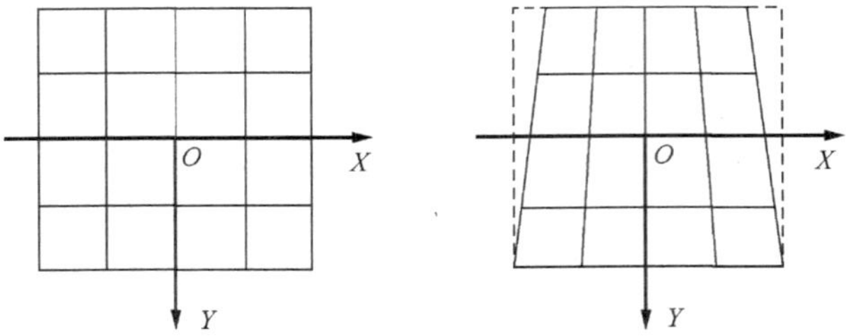

图 6.39 相机镜头的切向畸变

通过调用 OpenCV 函数库，可以得到切向畸变的模型，即

$$\begin{cases} x'' = x + [2p_1xy + p_2(r^2 + 2x^2)] \\ y'' = y + [p_1(r^2 + 2y^2) + 2p_2xy] \end{cases} \tag{6.34}$$

式中，（x'', y''）表示畸变点在成像仪上的原始位置；（x,y）表示畸变校正后新的位置；p_1、p_2 表示相机镜头的切向畸变系数；r 表示以光轴中心的点为原点的半径。

相机的径向畸变主要是因为相机镜头的径向曲率变化造成了图像变形，如图 6.40 所示。在实际测试过程中，当对远处线条进行拍摄时，图像会发生弯曲。径向畸变又分为桶形畸变和枕形畸变，当以相机坐标为中心原点坐标时，距离中心原点越近，相机成像的畸变程度越小。

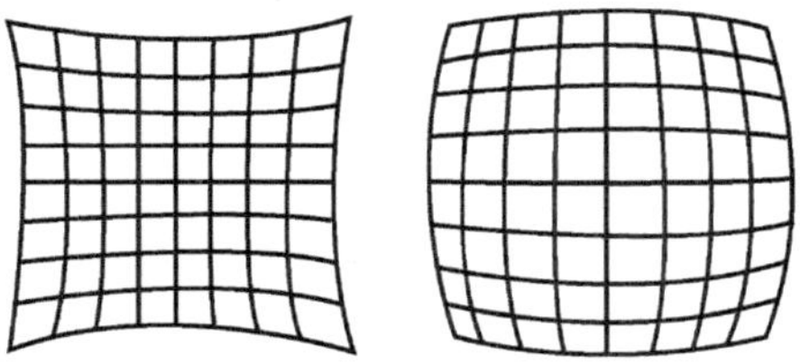

图 6.40 相机镜头的径向畸变

通过调用 OpenCV 函数库，可以得到径向畸变的模型，即

$$\begin{cases} x' = x(1 + k_1r^2 + k_2r^4 + k_3r^6) \\ y' = y(1 + k_1r^2 + k_2r^4 + k_3r^6) \end{cases} \tag{6.35}$$

式中，(x, y) 表示图像上某点的坐标；(x', y') 表示经过畸变校正后图像上点 (x, y) 的新坐标；k_1、k_2、k_3 表示相机的径向畸变系数；r 表示图像上某点到图像中心原点的距离。

2. 相机标定

对相机进行标定主要是为了获得相机内部参数和外部参数，相机内部参数是与相机自身特性相关的参数，如相机的焦距和像素大小等；相机外部参数是在世界坐标系中的参数，如相机的位置、旋转方向等。总的来说，对相机进行标定就是根据相机成像原理模型建立相机图像坐标和实际目标位置之间的关系，其中涉及图像坐标系和三维世界坐标系位置对应关系。图 6.41 所示为小孔成像原理，此成像原理可简单描述为将三维世界坐标转换为二维的相机坐标。通过小孔成像原理，可以得到相机拍摄的目标车辆图像和实际三维世界坐标系中的车辆位置之间的关系。

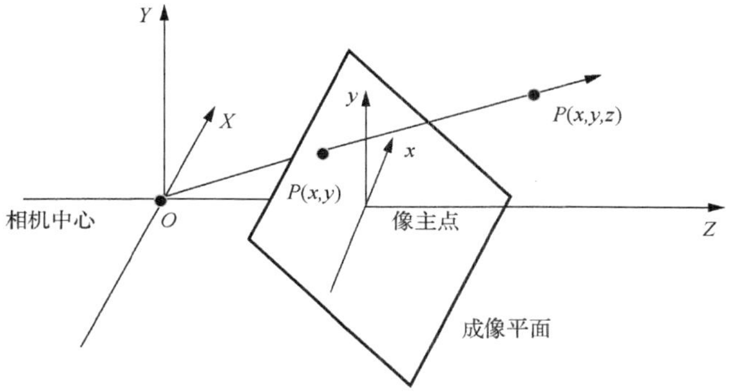

图 6.41　小孔成像原理

当前对相机进行标定的方法有很多，比较常见的有算法最优法、矩阵变换法、张定友标定法和分离差分法。为了满足需求且考虑算法的稳定性，实际标定过程中使用了张定友标定法。图 6.42 所示为张定友标定法的流程图。

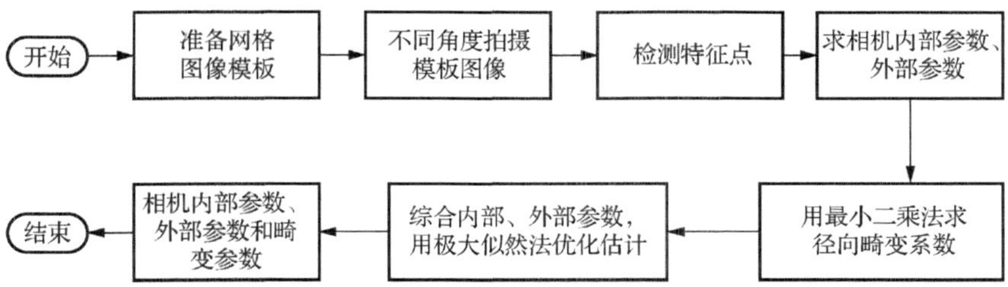

图 6.42　张定友标定法的流程图

在对相机进行标定时，先通过相机的内部参数获得初始值，再通过畸变参数进行校正，因为在标定畸变参数之前标定了内部参数，所以在获得内部参数时产生了误差，为了使误差较小，这里采用平均值法来优化内部参数。

使用张定友标定法时，需要利用的工具为 MATLAB。在 MATLAB 工具中对相机进行标定，采用棋盘网格图像作为标定参照，图 6.43 所示为标定所选用的棋盘网格图像，进一步通过标定获得模型参数，为下一步的数据融合做好准备。

对选用的棋盘进行修正，先选用 3cm×2cm 的方格，再使用相机从不同角度进行拍摄，将拍摄的图像保存并导入到 Toolbox 文件夹中，进一步通过 MATLAB 工具获得棋盘灰度图像并提取方角点进行校正，如图 6.44 所示。

图 6.43 标定所选用的棋盘网格图像

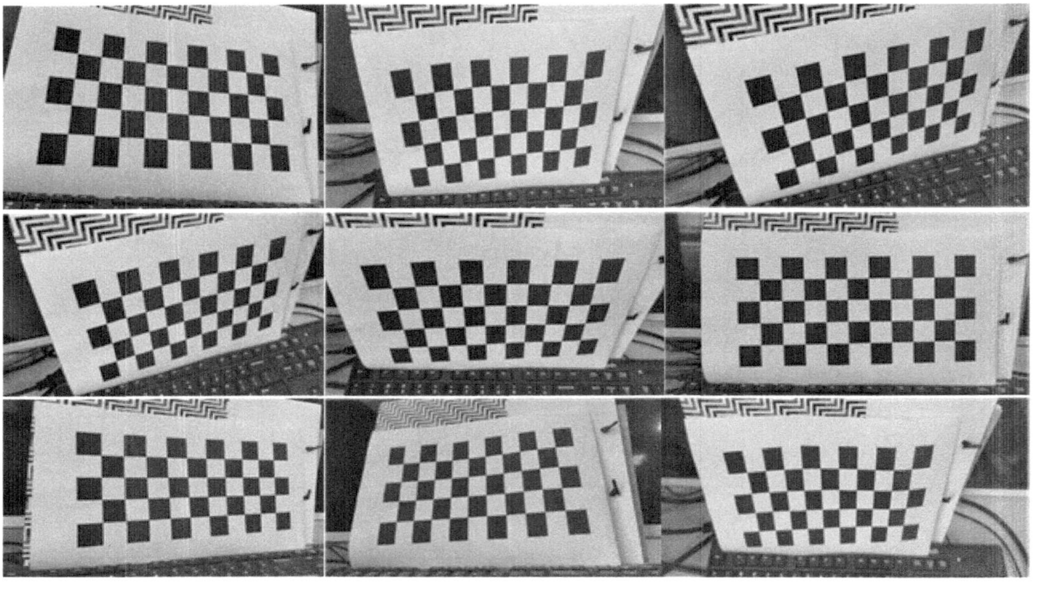

图 6.44 棋盘网格图像方角点提取及校正

利用 MATLAB 的标定函数，通过图像信息便可以获得相机的镜头参数，通过实际测试，标定得到相机内部参数矩阵 $\boldsymbol{M}$ 为

$$\boldsymbol{M}=\begin{bmatrix}1102.3 & 0 & 785.24 & 0\\ 0 & 1254.5 & 621.12 & 0\\ 0 & 0 & 1 & 0\end{bmatrix} \tag{6.36}$$

相机镜头畸变参数向量 $\boldsymbol{R}$ 为

$$\boldsymbol{R}=\begin{bmatrix}-0.28125 & -0.31252 & -0.00096 & -0.00102\end{bmatrix} \tag{6.37}$$

旋转矩阵 $\boldsymbol{T}$ 为

$$\boldsymbol{T}=\begin{bmatrix} 0.195423 & -0.061235 & 0.0324587 \\ 0.892568 & 0.0012025 & -0.695212 \\ 0.095624 & 0.036782 & -0.854982 \end{bmatrix} \tag{6.38}$$

平移向量 $\boldsymbol{S}$ 为

$$\boldsymbol{S}=\begin{bmatrix} 3.4528741 & -0.145829 & 0.321584 \end{bmatrix} \tag{6.39}$$

6.3.5 ROI 目标一致性检测

对毫米波雷达和相机进行联合标定后，接下来的工作就是对雷达与相机检测的目标进行数据融合，首先需要将毫米波雷达检测到的目标投影到视觉图像上，然后根据数据关联算法进行匹配。设毫米波雷达检测到的目标车辆坐标为 (R,α)，通过坐标转换将其投影到图像坐标系中的坐标为 (x_0,y_0)，此坐标为毫米波雷达检测到目标的中心位置坐标。进一步，在设置检测目标毫米波雷达 ROI 大小时，考虑到公交车、货车、轿车的宽度和高度不一致，需要设置合理的宽高比例以保证投影框尽可能包含检测的目标，通过有关统计资料可知，一般宽高比例 β 为 0.7～1.3，在实验中，设定目标车辆宽度 $W=2.0\text{m}$，宽高比例 $\beta=1.2$，根据坐标系转换关系可以得到毫米波雷达检测的目标在图像的左上角的坐标 (x_1,y_1) 以及检测框宽度 w 和高度 h 为

$$\begin{cases} w=f\times W\times(R\cdot\cos\alpha)^{-1}\times \text{d}x \\ h=f\times\beta\times W\times(R\cdot\cos\alpha)^{-1}\times \text{d}y \\ x_1=x_0-w\times 0.5 \\ y_1=y_0-h\times 0.5 \end{cases} \tag{6.40}$$

式中，w 为 ROI 宽度；f 为相机镜头焦距；(R,α) 为检测目标在毫米波雷达坐标系中的坐标；h 为 ROI 高度；(x_1,y_1) 为 ROI 左上顶点的坐标；(x_0,y_0) 为毫米波雷达检测的目标在图像坐标系目标的中心点坐标。

通过式（6.40）得到了毫米波雷达检测到的目标投影至图像上的 ROI，采用数据关联算法结合相机检测的目标 ROI 对目标进行综合决策判断，若毫米波雷达和相机检测的为同一目标，则两者的关联度会很高，根据这一依据设定合适的阈值综合判决输出两个目标 ROI 中的目标是同一目标的可能性。图 6.45 给出了毫米波雷达和相机数据关联模型。

图 6.45 中，长×宽为 $s\times h$ 的 ROI 为相机检测窗口，长×宽为 $x\times y$ 的 ROI 为毫米波雷达检测窗口，O_w 为相机检测的目标中心，O_c 为毫米波雷达检测的目标中心，毫米波雷达和相机重合部分的面积为 R，如式（6.41）所示，通过该方法可实现毫米波雷达和相机的数据关联。

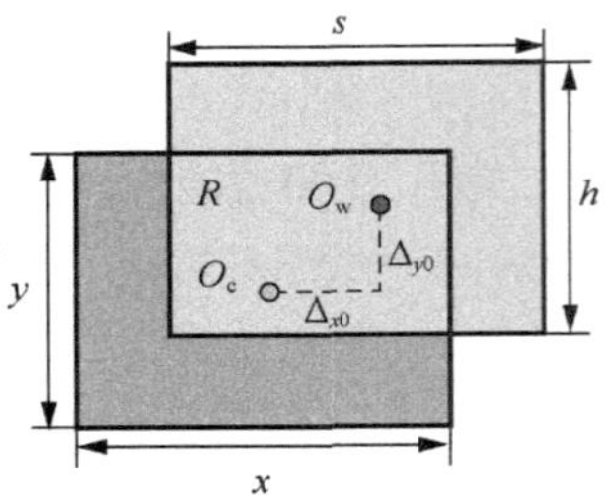

图 6.45 毫米波雷达和相机数据关联模型

$$\begin{cases} |x_c - x_w| = \Delta x_0 < a \\ |y_c - y_w| = \Delta y_0 < b \\ R / S_c = \delta < K \end{cases} \tag{6.41}$$

式中，x_c、y_c为图 6.45 中的O_c点坐标；x_w、y_w为图 6.45 中的O_w点坐标。O_c和O_w分别为毫米波雷达检测 ROI 和相机检测目标 ROI 的中心；a、b、K为阈值，该阈值根据实际情况进行合理设置；S_c为相机检测窗口的面积。当满足上式条件时，认为毫米波雷达和相机数据关联匹配成功。

6.4 毫米波雷达和相机自适应目标检测算法设计

在不同场景中，如雨雾天气、晴朗天气等，毫米波雷达和相机检测精度会随着环境变化而产生变化，这种变化会对检测结果产生较大误差，因此需要设计一种基于交互式多模型（interacting multiple model，IMM）算法的自适应目标检测模型，改变模型分配权值，使得目标检测保持较高检测精度，并适应不同的环境。

6.4.1 交互式多模型算法设计

IMM 算法的核心思想是根据不同场景变化实现模型之间的自动转换和识别[39]，该算法是在贝叶斯理论[40]的基础上研究而来的，能够实现对机动模型的实时检测，通过加权平均获得最优估计状态，其主要内容包括设置模型滤波器、分配权值系数和更新模型概率。

图 6.46 所示为交互式多模型算法原理，该算法会先根据系统特征建立模型集，再通过模型转换条件概率实现模型之间的切换，接着加权融合各个模型滤波器计算出概率模型最优估计值，最后输出融合结果，实现模型之间的切换，提高系统的鲁棒性。

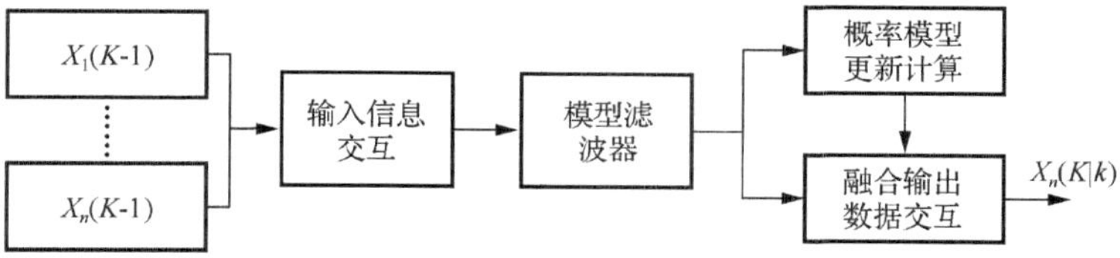

图 6.46　交互式多模型算法原理

IMM 算法中的主要模块是子模型滤波器[41]的设计，滤波器性能的好坏直接影响着融合结果的准确性，各个模型之间的数据通过模型框架进行交互。搭建数据交互模型框架，并对模型系统进行定义，即

$$X(k)=\boldsymbol{\Phi}[k\mid k-1,m(k-1)]X(k-1)+w[k-1,m(k-1)] \tag{6.42}$$

$$\boldsymbol{Z}(k)=\boldsymbol{H}[k,m(k)]X(k)+v[k,m(k)] \tag{6.43}$$

式中，$X(k)$ 表示 k 时刻状态变量估计值；$\boldsymbol{\Phi}[k\mid k-1,m(k-1)]$ 表示有效模式下的状态转移矩阵；$m(k)$ 表示采样时刻 k 的有效模式；$w[k-1,m(k-1)]$ 表示系统过程噪声；$\boldsymbol{Z}(k)$ 表示观测向量；$\boldsymbol{H}[k,m(k)]$ 表示有效模式下的观测矩阵；$v[k,m(k)]$ 表示系统观测噪声。设系统模型为 $M=\{m_1,m_2,\cdots,m_n\}$，且系统状态转换模型符合马尔可夫过程，则基于马尔可夫链的 m 个模型转移概率矩阵为

$$\boldsymbol{Z}=\left|w_{ij}\right|_{m\times m} \tag{6.44}$$

式中，$\boldsymbol{Z}$ 表示转移概率矩阵；w_{ij} 表示无条件约束下第 i 个模型向第 j 个模型跳转的概率，根据马尔可夫过程的性质可以得到总跳转概率之和为 1。

6.4.2　基于交互式多模型的自适应目标检测

自适应检测的关键在于如何分配各个模型的权值，由于 IMM 算法能够利用多个模型准确描述混合系统，符合实际中系统状态随时变化的特性，因此可以通过转移概率使得过去时刻不匹配的模型向正确模型跳转。图 6.47 所示为模型跳转示意图。

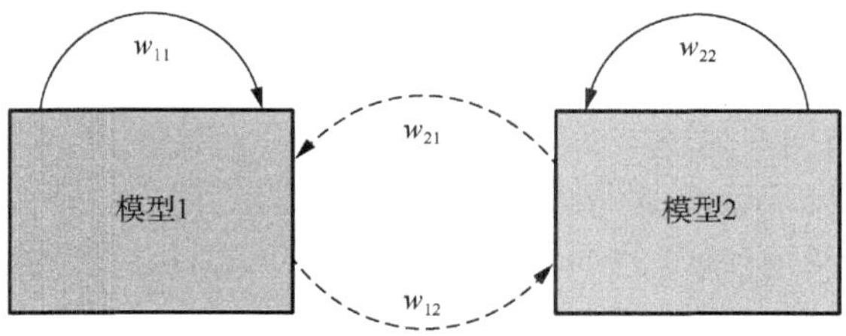

图 6.47　模型跳转示意图

其中，模型 1 为雨雾天气场景，相机检测精度低，根据以毫米波雷达为主、相机为辅的条件设置权值；模型 2 为晴朗天气场景，根据毫米波雷达和相机综合因素设置权值。模型跳转的关键在于转移概率矩阵，转移概率矩阵指导模型间的跳转，接下来对转移概率进行计算。

设现有观测条件下 $m_j(k-1)$ 到 $m_i(k)$ 的条件转移概率为

$$p_r\{m_i(k)\mid m_j(k-1),z^{k-1}\}=\mu_{j|i}(k\mid k-1) \tag{6.45}$$

由贝叶斯公式可以得到基于模型 i 的状态变量估值后验概率密度函数为

$$p[x(k)\mid m(k)=i,z^k]=\frac{p[z(k)\mid x(k),m(k)=i,z^{k-1}]}{p[z(k)\mid m(k)=i,z^{k-1}]}p[x(k)\mid m(k)=i,z^{k-1}] \tag{6.46}$$

模型 i 的概率为

$$\mu_i(k)=\frac{p[z(k)\mid m(k)=i,z^{k-1}]}{p[z(k)\mid z^{k-1}]}p[m(k)=i,z^{k-1}] \tag{6.47}$$

模型 i 的预测概率为

$$\begin{aligned}\mu(k\mid k-1)=p[m(k)=i\mid z^{k-1}]&=\sum_{j=1}p[m(k)\\&=i\mid m(k-1)=j,z^{k-1}]p[m(k-1)=j\mid z^{k-1}]\end{aligned} \tag{6.48}$$

由以上各式可得到 k 时刻系统其他模型 j 跳转到真实模型 i 的混合概率为

$$\mu_{j|i}(k\mid k-1)=p[m(k)=i\mid z^{k-1}]=\frac{\pi_{ij}\mu_j(k-1)}{\sum_{j=1}^{M}\pi_{ij}\mu_j(k-1)} \tag{6.49}$$

通过式（6.45）～式（6.49）的推导得到了 IMM 算法模型间的交互概率，它指导模型跳转，并为模型间交互概率更新计算提供更新条件。

6.5 基于毫米波雷达和相机信息融合测试验证

6.5.1 毫米波雷达和相机信息融合测试

本小节通过前面的调试准备工作，需要对实验设备进行实际的实验操作。这里通过在某交通路口试验来对融合模型进行验证，首先运行相机工程项目，得到使用相机单独进行目标检测的结果，如图 6.48 所示，从此图中可以看到仅使用相机进行车辆目标检测出现了较大偏差。

图 6.48　使用相机单独进行目标检测的结果

下面进行毫米波雷达和相机融合试验。图 6.49 所示为融合检测结果，图中左边灰色小方块表示毫米波雷达检测到的目标，从中还可以看到通过毫米波雷达和相机的融合使得检测到的目标具有深度信息，从融合检测结果来看融合算法能够有效检测到目标，且没有出现虚假目标，说明此实验使用的融合方式和算法具有一定的有效性。

图 6.49　融合检测结果

两种检测方案性能对比如表 6.7 所示。可以看到，融合后的检测结果明显优于单独使用相机进行目标检测的结果，优化处理后的 YOLOx 算法检测时间为 31.7ms，融合后算法的检测时间为 29.6ms，且在检测精度上提高了 6%。

表 6.7 两种检测方案性能对比

检测方案	算法	检测时间/ms	检测精度
相机	优化后 YOLOx 算法	31.7	86%
融合方案	毫米波雷达+YOLOx 算法	29.6	92%

进一步，对通过试验保存下来的毫米波雷达和相机数据进行分析来验证算法的有效性。图 6.50 所示为目标速度曲线和目标距离曲线。

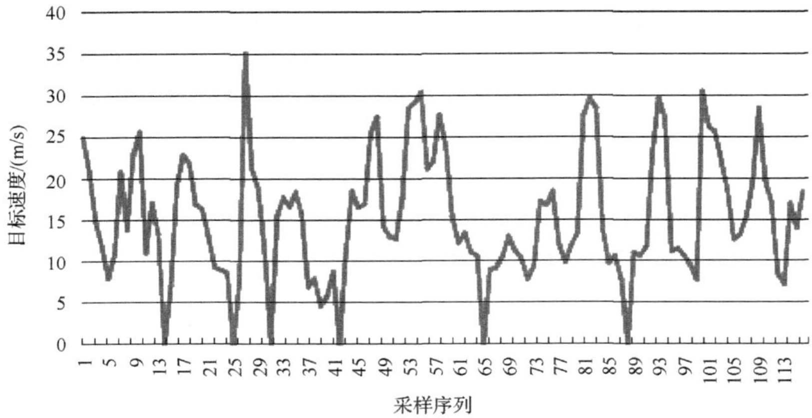

（a）目标速度曲线

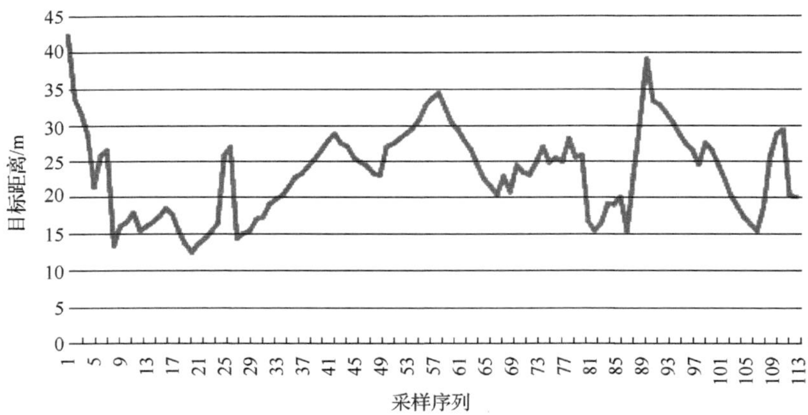

（b）目标距离曲线

图 6.50 目标速度曲线和目标距离曲线

从以上实验结果可知，作者所设计的毫米波雷达和相机融合模型能够弥补相机漏检、误检以及毫米波雷达产生虚假目标等不足，且通过数据融合可以得到更加精确的目标数据，如速度、距离等信息。

6.5.2　毫米波雷达和相机在不同场景中的自适应检测实验

为了体现在不同场景中毫米波雷达和相机自适应目标检测的性能，这里选择某交叉路口的交通进行白天和夜间测试，图 6.51 所示为白天场景中毫米波雷达和相机自适应检测结果，图 6.52 所示为夜间场景中以相机为主的检测结果，图 6.53 所示为夜间场景中以毫米波雷达为主的检测结果。

图 6.51　白天场景中毫米波雷达和相机自适应检测结果

图 6.52　夜间场景中以相机为主的检测结果

图 6.53　夜间场景中以毫米波雷达为主的检测结果

通过以上实验可知，在夜间进行车辆检测时，如果以相机为主进行车辆目标检测，则由于相机受光线影响较大，相机在车辆排队重叠时会产生漏检的情况；如果以毫米波雷达为主进行车辆目标检测，则在车辆处于队列状态时能够更多地检测出目标车辆。因此，在夜间光线较弱的情况下，对毫米波雷达分配的权重应该大于相机的权重。以上实验验证了在不同场景中通过模型切换提高了系统的检测性能。

参考文献

[1] 蒋建春，贾敬森．一种基于 C-V2X、雷达与视觉的智能路侧感知系统：CN112767475B[P]. 2022-10-18.

[2] 蒋建春，奚川龙．一种多功能 V2X 智能路侧基站系统：CN111554088B[P]. 2022-03-22.

[3] 蒋建春，王旭华．基于激光雷达和摄像机的路沿检测方法：CN108519605B[P]. 2021-09-07.

[4] LI Q B, YUAN W, LI W J. Method for fine pattern recognition of space targets using the entropy weight fuzzy-rough nearest Neighbor algorithm[J]. Journal of applied spectroscopy, 2021, 87(6): 1018-1022.

[5] HU X, LI Y, SHAN J, et al. Road centerline extraction in complex urban scenes from lidar data based on multiple features[J]. IEEE transactions on geoscience and remote sensing, 2014, 52(11): 7448-7456.

[6] SHI Y, YANG Z, ZHANG T, et al. An adaptive track fusion method with unscented Kalman filter[C]//2018 IEEE international conference on smart internet of things(SmartIoT), Xi'an, 2018: 250-254.

[7] KULIKOV G Y, KULIKOVA M V. The accurate continuous-discrete extended Kalman filter for radar tracking[J]. IEEE transactions on signal processing, 2016, 64(4): 948-958.

[8] SONG W J, YANG Y, FU M Y, et al. Real-time obstacles detection and status classification for collision warning in a vehicle active safety system[J]. IEEE transactions on intelligent transportation systems, 2018, 19(3): 758-773.

[9] HASELHOFF' A, KUMMERT A, SCHNEIDER G. Radar-vision fusion for vehicle detection by means of improved Haar-like feature and adaboost approach[C]. 15th European signal processing conference, Poznan, September 2007: 2070-2074.

[10] GOSWAMI A, LEE C S G. Design of an interactive multiple model based two-stage multi-vehicle tracking algorithm for autonomous navigation[C]//2015 IEEE intelligent vehicles symposium(IV), Seoul, 2015: 261-266.

[11] ZENG L, XU X, CAI B, et al. Mufti-scale convolutional neural networks for crowd counting[C]//2017 IEEE international conference on image processing(ICIP). IEEE, Beijing, 2017: 465-469.

[12] NEUMANN D, LANGNER T, ULBRICH F, et al. Online vehicle detection using Haar-like, LBP and HOG feature based image classifiers with stereo vision preselection[C]//2017 IEEE intelligent vehicles symposium(IV), Los Angeles, 2017: 773-778.

[13] 奚川龙. 基于路侧毫米波雷达和相机信息融合的车辆目标检测研究[D]. 重庆：重庆邮电大学，2021.

[14] WANG X M, LIANG Y Y, ZHAO X J, et al. Lip AUS detection by boost-SVM and gabor[J]. Journal of software, 2012, 7(9): 1968-1974.

[15] 姜雨含. 毫米波雷达和机器视觉融合的前方车辆检测与跟踪算法研究[D]. 重庆：重庆大学，2019.

[16] ZHANG J P, ZHANG J M, YU S. Hot anchors: a heuristic anchors sampling method in RCNN based object detection[J]. Sensors, 2018, 18(10): 24-53.

[17] YAN H, WANG X, LIU Y, et al. A new face detection method based on faster RCNN[J]. Journal of physics: conference series, 2021, 1754(1): 22-39.

[18] LI C J, ZHOU P. Improved faster RCNN object detection[J]. World scientific research journal, 2020, 6(3): 74-81.

[19] JI S F, HAN R P, WEI J F, et al. Clothing image detection and recognition based on faster RCNN. Proceedings of 2019 2nd international conference on communication, Network and Artificial Intelligence(CNAI 2019)[C]// Advanced science and industry research center: science and engineering research center, 2019: 8-18.

[20] PENG C, ZHAO K, LOVELL B C. Faster ILOD: incremental learning for object detectors based on faster RCNN[J]. Pattern recognition letters, 2020, 140: 109-115.

[21] 张富凯，杨峰，李策. 基于改进 YOLOv3 的快速车辆检测方法[J]. 计算机工程与应用. 2019，55（2）：12-20.

[22] BOCHKOVSKIY A, WANG C Y, LIAO H Y M. YOLOv4: optimal speed and accuracy of object detection[J]. arXiv: 2004. 10934.

[23] LIU S, QI L, QIN H F, et al. Path aggregation network for instance segmentation[C]//2018 IEEE/CVF conference on computer vision and pattern recognition, Salt Lake City, 2018: 8759-8768.

[24] 胡浪. 面向智能路侧边缘计算的车辆行人视觉目标检测算法研究[D]. 重庆：重庆邮电大学，2022.

[25] CHEN J, ZHU Z, LI C, et al. Self-adaptive network pruning[C]//International conference on neural information processing. Springer, Cham, 2019: 175-186.

[26] ZHANG L F, MA K S. Improve object detection with feature-based knowledge distillation: towards accurate and efficient detectors[C]//International conference on learning representations. Addis Ababa, 2020.

[27] GUO J Y, HAN K, WANG Y H, et al. Distilling object detectors via decoupled features[C]//2021 IEEE/CVF conference on computer vision and pattern recognition(CVPR), Nashville, TN, 2021: 2154-2164.

[28] JACOB B, KLIGYS S, CHEN B, et al. Quantization and training of neural networks for efficient integer-arithmetic-only inference[C]//Proceedings of the IEEE conference on computer vision and pattern recognition. Salt Lake City, 2018: 2704-2713.

[29] 马平，吕锋，杜海莲，等．多传感器信息融合基本原理及应用[J]．控制工程，2006，13（1）：48-51．

[30] ROECKER J A, THEISM D K. Multiple sensor tracking architecture comparison[J]. IEEE aerospace and electronic systems magazine, 2014, 29(9): 28-33.

[31] LAI Q F, YUAN H, WEI D Y, et al. A multi-sensor tight fusion method designed for vehicle navigation[J]. Sensors, 2020, 20(9): 52-79.

[32] 康健．基于多传感器信息融合关键技术的研究[D]．哈尔滨：哈尔滨工程大学，2013．

[33] 周芳，韩立岩．多传感器信息融合技术综述[J]．遥测遥控，2006，27（3）：1-7．

[34] WANG K. A new multi-sensor target recognition framework based on dempster-shafer evidence theory[J]. International journal of performability engineering, 2018, 14(6): 63-69.

[35] MAHLER R. Random sets: unification and computation for information fusion-a retrospective assessment[C]//The 7th international conference on information fusion. Stockholm, Sweden, 2004: 1-20.

[36] LEE S, CHO D. Efficient data association for multiple vehicles tracking[J]. Applied mechanics and materials, 2012, 12(26): 2426-2431.

[37] GONG T, YAN H. Multi-sensor information fusion and application[J]. Applied mechanics and materials, 2014, 3365: 2623-2626.

[38] AKSHAYA T G, SREEJA S. Multi-sensor data fusion for aerodynamically controlled vehicle based on FGPM[J]. IFAC papersOnLine, 2020, 53(1): 591-596.

[39] XIE G, SUN L, WEN T, et al. Adaptive transition probability matrix based parallel IMM algorithm[J]. IEEE transactions on systems, man and cybernetics: systems, 2019, 5(99): 1-10.

[40] MA Y, ZHAO S, HUANG B. Multiple-model state estimation based on variational Bayesian inference[J]. IEEE transactions on automatic control, 2019, 64(4): 1679-1685.

[41] DENG L C, LI D, LI R F. Improved IMM algorithm based on RNNs[J]. Journal of physics: conference series, 2020, 1518(1): 43-55.

第7章　车路协同防撞预警模型及其设计

本章首先分析车路协同防撞预警的系统结构，然后设计车载终端方案，再对系统结构的功能设计进行详细分析，包括通信模块功能分析、数据模块功能分析、防撞预警模块功能分析。作者在车路协同防撞预警模型和改进安全距离模型设计的基础上，研究设计了一种改进的隐马尔可夫模型预警预测算法。

7.1　车路协同防撞预警系统架构

7.1.1　车路协同防撞预警车载终端硬件架构

车路协同防撞预警硬件设备主要实现基于 V2X 通信的数据交互、车辆位置数据获取、车辆姿态数据获取，以及与其他车载设备、网络平台的网络通信等功能。

车载终端可从硬件上根据数据来源划分为 GPS/BDS 定位模块、加速度计、陀螺仪、V2X 通信模块；可从软件上根据数据获取、转换格式、处理与预测等功能划分为车辆数据获取/收发模块、车辆状态数据分类模块、防撞预警预测模块及预警观测数据模块。其中，车辆数据获取/收发模块包括 V2X 通信功能模块、定位/惯性导航功能模块、车辆姿态功能模块。V2X 通信功能模块用于车辆之间进行无线通信，发送和接收车辆行驶数据，以及超视距范围内周围车辆的探测、识别；定位/惯性导航功能模块包括 GPS/BDS 定位模块、加速度计、陀螺仪，其中 GPS/BDS 定位模块用于定位本车位置及获取位置数据，加速度计、陀螺仪用于获取本车的姿态数据，并进行高精定位[1-2]；车辆姿态功能模块通过陀螺仪来进行感知识别。

车载终端通过车载传感器获取本车数据，V2X 通信芯片会广播本车数据到周围车辆。如图 7.1 所示，车路协同防撞预警车载终端硬件架构分为中央处理器、GPS/BDS 定位模块、V2X 通信模块、加速度计、陀螺仪，蓝牙通信模块、蜂窝通信模块、CAN 模块、Wi-Fi 通信模块等。

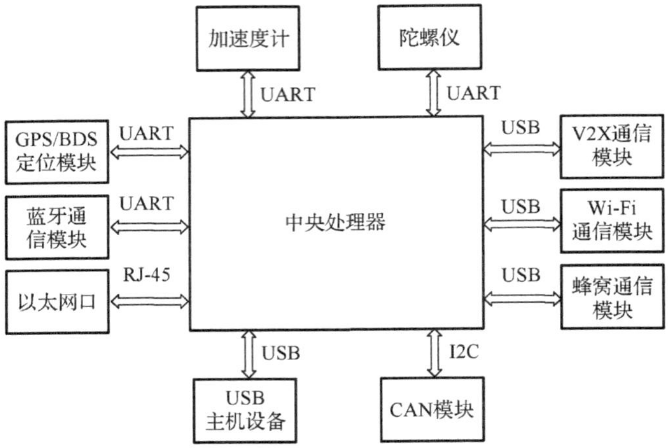

图 7.1 车载终端硬件架构

7.1.2 基于 C-V2X 通信的高精度定位与惯性导航技术

在未来智能网联汽车与智能交通的应用中，C-V2X 应用主要覆盖三大类应用场景：交通安全、交通效率和信息服务。典型的交通安全应用场景包括交叉路口碰撞预警、紧急制动预警等；典型的交通效率应用场景包括车速引导、协作式自适应巡航智慧停车等。这些应用都需要高精度定位和惯性导航技术的支持。

考虑到成本和可行性，本书采用“C-V2X 路侧设备+GPS/BDS 差分基站”的方法来传输定位差分信号。如图 7.2 所示，C-V2X 路侧设备同时作为差分基站，利用 C-V2X 通信时延较低的特点，将差分信号通过 C-V2X 通信发送给通信范围内的车载终端。C-V2X 车载终端通过 C-V2X 通信获得区域内的高精度定位差分信号，该信号与本地高精度定位模块信号相结合，计算得出高精度定位信息。同时，作者研究设计了惯性导航模块高精度定位插补与误差补偿方法，将其与高精度定位结合起来，以解决卫星定位信号和 C-V2X 信号被遮挡导致定位不准确的问题。

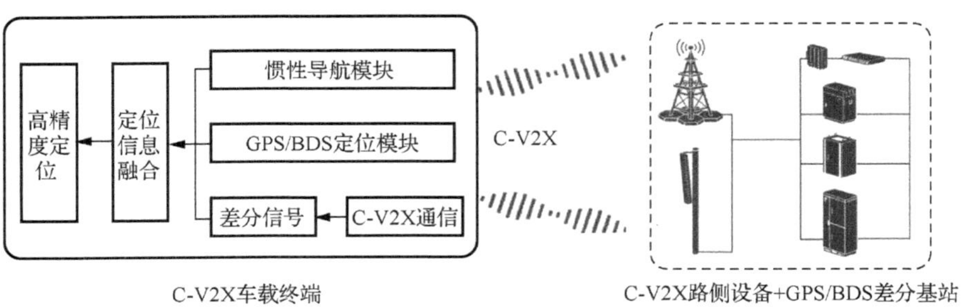

图 7.2 基于 C-V2X 的车载终端高精度定位方法

通过这种方法，可以在道路交通比较复杂的区域布置 5G 基站与定位差分基站，以解决车辆车道高精度定位问题，也可以降低高精度定位技术部署成本，为车辆辅助安全和交通对象准确定位提供支持。

7.1.3　车路协同防撞预警模块功能分析

单车智能是目前智能网联汽车、自动驾驶、智能交通的主要研究和应用方案，但是单车智能存在的计算能力要求高、传感器数量多、硬件成本高等缺点制约了其普及应用。相比单车智能，车路协同可以实现车、路、网的实时数据交互，车-车之间的数据互联，将路侧端、云端的交通信息推送到车辆，可以极大地降低单车成本，推进智能车的推广应用。

车路协同防撞预警主要基于 V2V 通信和 V2I 通信，通过车载终端和路侧设备实现车-车通信、车-路通信。在 C-V2X 车联网中，车辆是车联网功能实现的载体，通过搭载车载设备实现数据通信、消息推送、娱乐休闲等功能。车路协同防撞预警功能模块架构如图 7.3 所示。

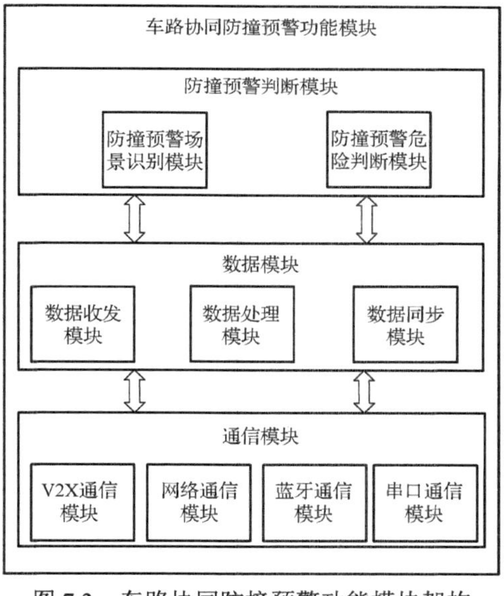

图 7.3　车路协同防撞预警功能模块架构

1．通信模块功能分析

车路协同防撞预警的通信模块负责车载设备与其他车载设备、网络设备、云端、功能设备进行信息交互，将本车数据发送到其他设备上，同时获取其他设备的数据，以用于防撞预警危险判断、交通信息推送、实时路况推送、交通调度，其通信模块主要包含以下几部分。

1）V2X 通信模块

V2X 通信模块中的车载设备与路侧设备采用中信科智联的 LTE-V2X 模块，

V2X 通信模块的主要功能是通过 V2X 通信的方式实现车-车通信、车-路通信。V2X 通信模块会感知周围车辆，扫描超视距范围内的车辆信息，接收周围车辆发送的车辆数据，包括位置、速度、加速度、航向角、海拔等数据，同时将本车的数据发送给其他车辆以用于防撞预警；接收周围路侧设备转发的车辆信息以及路侧设备转发的交通信息，如道路状况、限速状况、交通标志、道路危险等信息，可以在一些特殊、危险路段实现防撞提醒，提高驾驶安全。

2）网络通信模块

网络通信模块主要负责通过4G/5G网络通信将车辆数据发送到云端或者接收到云端推送的交通信息，以及推送给车载显示设备进行防撞预警提醒、交通信息推送、道路信息提醒等。车载终端与云端的通信主要是将车辆数据信息，包括位置、速度、加速度、航向角、海拔等发送给云端进行处理，同时接收云端推送的交通信息，如路段事故情况、恶劣天气情况、前方拥堵情况等。网络通信模块与车载显示设备的通信主要包含推送防撞预警提醒、交通信息、道路信息提醒等，提醒驾驶员谨慎驾驶，降低事故发生率。

3）蓝牙通信模块

蓝牙通信模块的主要功能是通过蓝牙通信与车载 OBU 设备进行连接以读取车身数据，或者通过其他蓝牙通信设备进行数据交互。

4）串口通信模块

串口通信模块主要用于车载设备通过串口通信方式读取 GPS/BDS 定位模块、加速度计及陀螺仪等的数据。

2. 数据模块功能分析

数据模块用于实现数据的处理、转换及线程间的数据同步。数据模块通过硬件架构中的通信模块接收数据，由数据模块进行相应的数据处理。数据模块包含以下部分。

1）数据收发模块

数据收发模块的主要功能是将硬件架构中通信模块接收到的数据交由业务线程进行处理，或者将业务线程处理后的数据传输到硬件架构的通信模块中进行发送，实现数据在硬件和软件业务逻辑中的传输。

2）数据处理模块

数据处理模块的主要功能是对原始数据进行处理，将其转换为软件架构中的基本数据，以进行防撞预警等功能的逻辑运算，包括 V2X 数据、GPS/BDS 定位数据、JSON 格式的网络数据、加速度计数据和陀螺仪数据。

3）数据同步模块

数据同步模块的主要功能是实现业务逻辑中多线程之间的数据同步，由于不同数据的收发频率不同，因此不同线程的处理数据存在数据不同步的问题，通过加入读写锁、互斥锁等，可使数据各个业务线程的数据同步。

3. 防撞预警判断模块功能分析

防撞预警判断模块分为防撞预警场景识别模块、防撞预警危险判断模块，主要实现数据获取、车辆状态数据分类、预警观测数据分析、防撞预测等功能。如图 7.4 所示，防撞预警判断模块通过防撞预警场景识别模块判断当前防撞预警场景，选择合适的防撞预警模型实现应用，包括改进的安全距离模型和改进的隐马尔可夫模型，通过防撞预警判断模块对车辆数据进行分析判断得出当前场景中的车辆危险状况，并推送到驾驶端，提醒驾驶员安全驾驶。

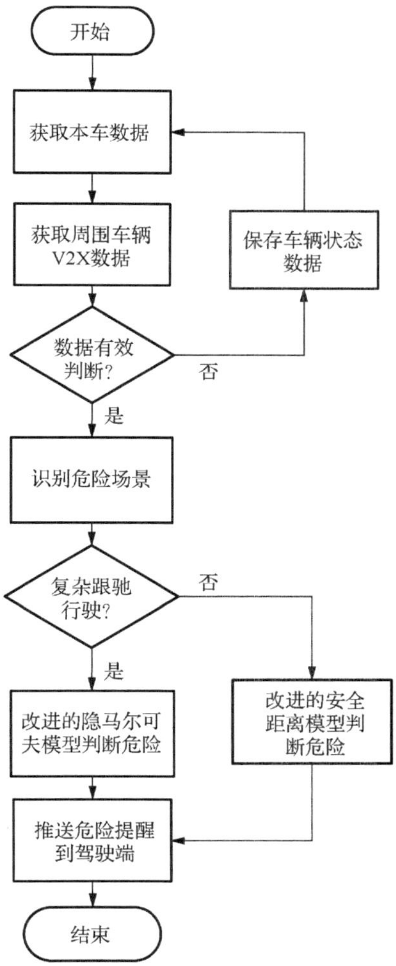

图 7.4　防撞预警判断模块功能判断流程图

7.2 车路协同防撞预警模型设计

在车辆行驶过程中，车辆运动速度过快、控制不稳定、驾驶员注意力不集中等都可能造成严重的交通事故。车辆在行驶过程时，驾驶员对车速、安全距离的控制不到位，车辆行驶速度较快，汽车车流量大，遇到变道、超车等时，大多数情况下是驾驶员根据自身的驾驶经验以及对当前的交通状况的观察来进行决策的，整个决策过程存在巨大的模糊性，没有判断危险状况的指标，也无法精确地进行危险判断。

7.2.1 防撞预警模型设计

如图 7.5 所示，作者根据车辆跟驰理论、改进的安全距离模型和隐马尔可夫模型，设计了一种可以客观、精确计算、评估交通危险状况的防撞预警方案，包括改进的安全距离模型和改进的隐马尔可夫模型，以分析车辆制动过程中不同阶段的制动行为，通过分析车辆制动的不同阶段的特征和车辆跟驰行为的特点对安全距离模型进行优化。防撞预警模型功能流程如图 7.6 所示。为了优化根据单一时刻车辆数据进行危险判断准确率低的问题，这里采用隐马尔可夫模型根据周期过程观测序列进行危险判断。同时，采用改进的安全距离模型进行车辆数据状态标记，采用 *k*-means 算法观测数据分类离散化。预警场景用于统计该路段车辆航向角的数值，根据航向角数值种类的不同，判断出当前处于弯道、直道或路口等场景。

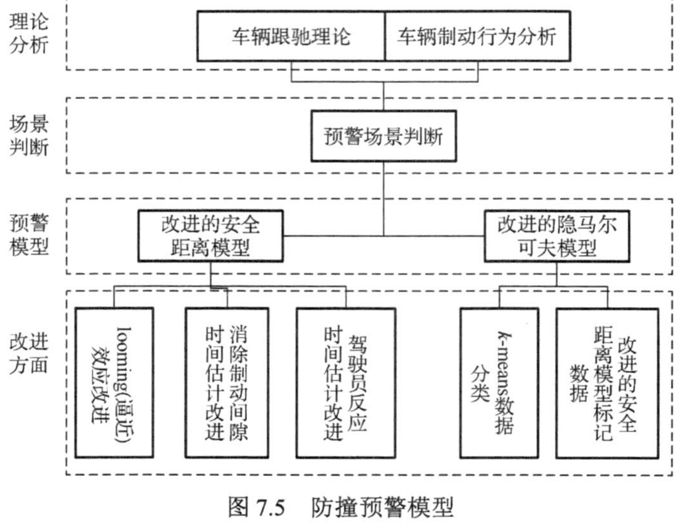

图 7.5 防撞预警模型

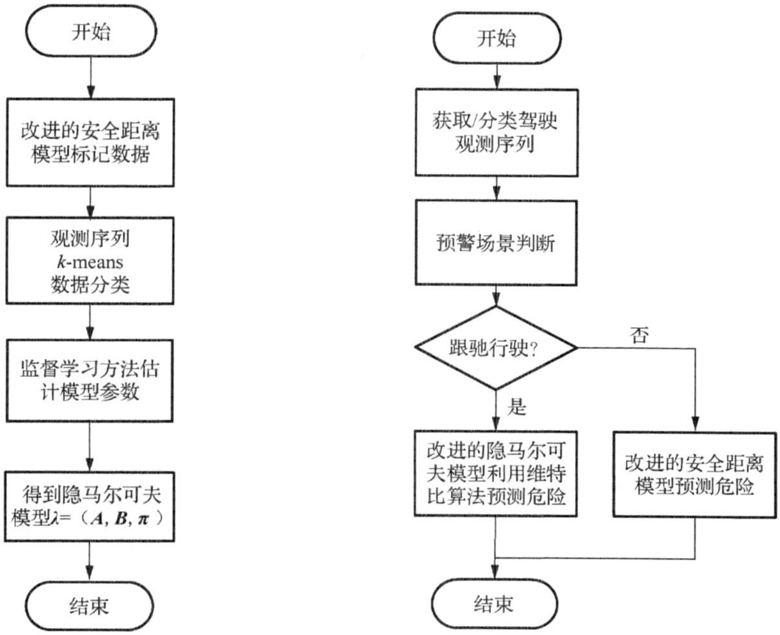

（a）隐马尔可夫模型训练流程　　（b）隐马尔可夫模型预测流程

图 7.6　防撞预警模型功能流程

1. 改进的安全距离模型

改进的安全距离模型基于车辆跟驰理论，通过分析车辆制动过程中每个阶段的运行状况，借助车联网的互连互通的通信优势采集路段上的车辆数据，提高了传统的安全距离模型的预测准确率，在驾驶员反应时间、消除制动间隙时间、“looming 效应”[3]方面进行了改进，结合 V2X 通信的防撞预警技术，可以有效地进行驾驶提醒，安全合理地控制车距、车速，提高驾驶安全。

改进的安全距离模型基于 Berkeley（伯克利）模型，通过 V2X 车联网通信技术感知并获取周围车辆数据，并引入碰撞时间倒数对模型进行优化，充分考虑了安全时距对驾驶员的影响，实时地计算安全预警距离，对驾驶员进行危险提醒，辅助驾驶员合理控制车速和车距，提高驾驶安全。

2. 改进的隐马尔可夫模型

在车辆进行跟驰行驶时，当前交通状况的危险程度不仅与当前车辆的运动状态和目标车辆的运动状态有关，还受驾驶员上一时刻的驾驶操作行为的影响。

改进的隐马尔可夫模型应用于交通状况复杂的车辆跟驰行驶场景时，通过采集驾驶员的车辆行驶数据，训练隐马尔可夫模型参数，以表征驾驶员的驾驶特征。

作者使用了改进的隐马尔可夫模型，通过改进的安全距离模型标记车辆数据危险状态，可以进一步提高预测准确率；同时，设计引入 *k*-means 算法对车辆数据进行分类离散化，提高模型预测的实时性。

7.2.2 车辆跟驰原理分析

车辆跟驰理论是微观交通流理论中的一个重要理论分支，主要研究单一车道上后方车辆跟随前方车辆行驶的过程。在进行跟驰行驶时，受交通流、路况、环境的影响，后方车辆会一直保持合理的安全距离；根据交通流的特性，在前方车辆改变行驶状态时，后方车辆会相应地改变车辆行驶状态使车辆间保持安全距离，又因为需要紧跟前方车辆，致使前后两车距离基本保持在驾驶员认定的安全距离范围内[4-6]。

车辆跟驰模型大量应用于交通流研究和交通仿真领域，主要跟驰模型有 GHR 模型①、安全距离模型、线性距离模型、心理模型及基于模糊理论的模型等。

1981 年，Gipps 提出了一种安全距离模型[4]，该模型在交通领域得到了广泛认可，成为研究微观交通流领域常见的模型之一。Gipps 安全距离模型能够很好地研究车辆跟驰行驶的特征，同时，基于该模型的众多车辆跟驰模型能够在研究交通流理论时对车辆的跟驰行为进行还原、仿真。Gipps 安全距离模型能研究车辆跟驰行为的一个重要优势是模型的参数都基于车辆行驶时驾驶员和车辆的特点，可以通过车辆网、数据分析等方法，通过统计、分析驾驶员的驾驶行为极大地简化模型建立时参数的标定。Gipps 安全距离模型充分考虑到了驾驶员反应时间、车辆限速、车辆加速度等，模型参数的有效标定使得模型可以更加精确地对跟驰行为进行还原[7]。

Gipps 安全距离模型充分考虑了车流量较大和车流量较小这两种情况：当车流量较大时，车辆行驶速度较低，道路拥挤，车辆之间的行驶距离较小，车辆紧急制动时需要较小的安全距离；当车流量较小时，车辆行驶速度较高，车辆之间的行驶距离较大，车辆紧急制动时需要较大的安全距离，如式（7.1）[4,7]所示。

$$v_{\mathrm{h}}(t+\tau)=\min\begin{cases}v_{\mathrm{h}}(t)+2.5a_{\mathrm{h}}\tau\left(1-\dfrac{v_{\mathrm{h}}(t)}{V}\sqrt{0.025+\dfrac{v_{\mathrm{h}}(t)}{V}}\right)\\ -h_{\mathrm{h}}\left(\dfrac{\tau}{2}+\theta\right)+\sqrt{b_{\mathrm{h}}^{2}\left(\dfrac{\tau}{2}+\theta\right)^{2}+b_{\mathrm{h}}\left\{2\left[x_{\mathrm{f}}(t)-x_{\mathrm{h}}(t)-d\right]-\tau v_{\mathrm{h}}(t)+\dfrac{v_{\mathrm{f}}^{2}(t)}{b_{\mathrm{f}}}\right\}}\end{cases} \tag{7.1}$$

① 由 Gazis（加齐斯）、Herman（赫尔曼）和 Rothery（罗瑟里）提出。

式中，v_h 表示前车速度；t 表示行驶时间；τ 表示驾驶员反应时间；a_h 表示跟驰车加速度；V 表示其他车辆速度；h_h 表示车辆之间的时间间隔；θ 表示反应滞后时间；b_h 表示跟驰车减速度；x_f 表示前车位移；x_h 表示跟驰车位移；d 表示制动后车辆最小安全距离；b_f 表示前车减速度。

Berkeley 模型也是车辆跟驰原理中的一个重要模型，该模型主要研究在最大制动力和制动减速度的情况下，前后两车所需要的最小安全距离。该模型通过对安全距离模型的研究可以有效地避免车辆在行驶时因安全距离不足而造成的制动追尾等事故，能够有效地提高驾驶安全。Berkeley 模型安全距离如式（7.2）[8-9]所示。

$$
\begin{aligned}
s = {} & v_h\left(t_1 + t_2 + \frac{a_{t_3} t_s}{a_{\max}}\right) + \left(v_h + \frac{a_{t_3}^2 t_s}{2a_{\max}}\right)\left(t - t_1 - t_2 - \frac{a_{t_3} t_s}{a_{\max}}\right) \\
& - \frac{1}{2} a_{t_3}\left(t - t_1 - t_2 - \frac{a_{t_3} t_s}{a_{\max}}\right) - \left(v_f t + \frac{1}{2} a_f t^2\right) + d
\end{aligned}
\tag{7.2}
$$

式中，a_h 表示跟驰车加速度；a_{t_3} 表示 t_3 时刻车辆减速度；t_s 表示制动系统的响应时间；v_f 表示前车速度；v_h 表示跟驰车速度；t_1、t_2 表示特定时间点；t 表示当前时间点；$a_{\max}$ 表示车辆能达到的最大加速度；a_f 表示前车减速度；d 表示制动后车辆最小安全距离。

该模型充分考虑了车速、最大制动减速度、驾驶员反应时间、制动延迟时间等因素，可以准确地反映出车辆跟驰行为。然而，该模型在进行安全距离计算时采用最大制动减速度计算安全距离，这在一定程度上限制了该模型的广泛运用。车辆在进行制动时一般不会一直处于最大制动减速度状态，该模型未有效考虑车辆数据的准确性和驾驶员驾驶倾向的不同对安全距离的影响，使得其得到的安全距离与实际安全距离存在较大偏差，防撞预警系统准确率下降，从而影响驾驶安全。

7.2.3　车辆制动行为分析

车辆跟驰理论为分析车辆制动状态来判断碰撞可能提供了理论依据。通过分析车辆的制动行为，可对车辆的制动行为进行分解，分析车辆制动的每一个过程[10]。

如图 7.7 所示，在车辆运行时，当驾驶员发现前方危险状况而进行车辆制动时，右脚踏下制动踏板直至本车与前方车辆的距离在驾驶员可以接受的最小安全距离，整个车辆制动过程完成。车辆制动过程指的是驾驶员踏下制动踏板进行制动，直至车辆脱离危险状态制动结束的整个过程[11]。

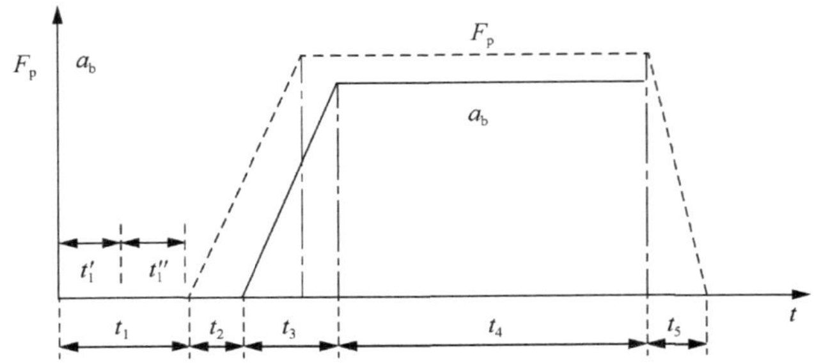

图 7.7 汽车制动过程

其中，F_p、a_b 为车辆制动力和减速度。车辆制动过程分为驾驶反应阶段、消除制动间隙阶段、制动力增长阶段、持续制动阶段和放松制动器阶段。该过程的划分依据为制动器的作用程度和作用效果。

驾驶反应阶段：当危险出现时，驾驶员观察到危险的出现并意识到存在危险的这段时间为 t_1'，驾驶员意识到危险的存在并对车辆进行制动使车辆脱离危险的这段时间为 t_1''。整个驾驶反应时间为 $t_1 = t_1' + t_1''$，不同人的驾驶习惯、驾驶倾向和反应时间不同，所以整个过程的时间也不同，一般为 0.3～1.0s[12-13]，饮酒驾驶、疲劳驾驶、驾驶员年龄较大、道路环境较为恶劣等因素都会增加驾驶反应时间，造成该阶段用时较长，增加发生交通事故的概率。

消除制动间隙阶段：主要是指驾驶员在进行车辆制动操作时，由于车辆制动器本身的设计特性，在驾驶员进行制动开始的一段时间，制动器存在一段执行制动操作和制动产生效果的间隔时间 t_2。在这段间隔时间里，驾驶员进行了制动操作，但是车辆制动器并没有产生制动效果。

制动力增长阶段：驾驶员进行制动的同时车辆制动器产生制动效果，因为制动原理本身的设计特性，在制动过程中，制动器的制动力呈线性增加，不断增大制动器的制动效果，车辆制动时的减速度也呈线性增加。此制动过程的制动时间为 t_3。

制动力增长阶段：消除制动间隙阶段和制动力增长阶段都是制动器起作用的时间，在这两个阶段中，车辆制动开始产生制动效果，制动力也开始呈线性增加，车辆进入一个变化的制动过程中，这两个过程一般为 0.2～0.9s[12-13]，但具体制动时间受车辆性能、道路状况、环境状况及驾驶员状态等多种因素影响[6]。

持续制动阶段：主要是车辆制动器达到稳定效果的阶段，此时车辆的制动力基本稳定为 F_p，制动加速度也稳定为 a_b，直到车辆静止。在车辆制动过程中，由于车辆性能不同、制动时对制动器施加压力不同，产生的最大制动力也不同，同时，恶劣天气（如结冰、雨雪）、沙石路面都会影响车辆制动过程中的最大制动减速度，使最大制动减速度变小，制动距离增加，增大了事故发生的概率。持续制动阶段是整个制动过程中最重要的阶段，制动过程中的大多数制动效果都是在该制动阶段完成的。该阶段的制动时间为t_4，是车辆性能评估中的重要指标[4]。

放松制动器阶段：即制动停止阶段，驾驶员解除制动，整个过程中制动力随着驾驶员逐渐松开制动踏板而逐渐减小。可以认为此阶段中制动力线性减小，记放松制动器阶段的制动时间为t_5。由于驾驶员、路况、环境、车况等因素不同，放松制动器阶段的制动时间也不同，一般为 0.2～1.0s[13-14]。放松制动器阶段的车辆制动力存在但车辆已经静止，车辆制动距离没有增加，其只是在驾驶员进行制动操作的过程中，制动完成后消除制动效果的一个过程。

制动过程主要集中在持续制动阶段，该过程制动力稳定，车辆减速度保持不变，汽车做匀减速运动。在持续制动阶段，初速度为$u_{t_3}=u_0-\dfrac{a_b}{2}t_3$，并在该时间段内做匀减速运动，直至车辆速度减到安全的跟驰速度。因此，车辆从t_4时间开始到减速到u_2时所驶过的距离为S_3[12,15]，且

$$S_3=\frac{u_{t_3}^2-u_2^2}{2a_b}=\frac{u_0^2}{2a_b}-\frac{u_0t_3}{2}+\frac{a_bt_3^2}{8}-\frac{u_2^2}{2a_b} \tag{7.3}$$

式中，u_2表示安全跟驰速度；u_0表示本车初始速度；u_{t_3}表示t_3时刻的车速。

驾驶反应阶段、消除制动间隙阶段这两个阶段是驾驶员进行制动反应并产生制动效果的阶段，作者将这两个阶段中车辆的运动状态视作匀速直线运动。记车辆初始速度为u_0，期间所驶过的距离为S_1[16]。

$$S_1=u_0(t_1+t_2) \tag{7.4}$$

在制动力增长阶段，驾驶员采取有效的制动手段使得车辆的制动力不断增加，车辆的减速度也在不断变大。$\dfrac{du}{dt}=kt$，且$k=-\dfrac{a_b}{t_3}$，其中a_b是最大制动减速度，因此车辆在制动力增长阶段的速度表达式[16]为

$$u=u_0-\frac{a_b}{2t_3}t^2 \tag{7.5}$$

记t_3时间内所驶过的距离为S_2

$$S_2=\int_0^{t_3}u\mathrm{d}t=u_0t_3-\frac{a_b}{6}t_3^2 \tag{7.6}$$

车辆从出现危险状况（t_1时间开始）至车辆速度减为u_2时，所驶过的距离为车辆的总制动距离，记为S[4,15]：

$$S=S_1+S_2+S_3=\frac{t_1+t_2+t_3}{2}u_0+\frac{u_0^2-u_2^2}{2a_b}-\frac{a_bt_3^2}{24} \tag{7.7}$$

式中，t_3为制动力增长阶段的作用时间。在该阶段中，车况和驾驶员状态不同，作用时间也不同，但是该阶段时间较短，式（7.7）中$\frac{a_b t_3^2}{24}$项较小，在精度要求的范围内，可采用一个统计平均值常数项C来代替该项，这样既可以降低公式复杂度，又可以提高计算速率。最后，得到总制动距离S_L为

$$S_L = S_1 + S_2 + S_3 = \frac{t_1 + t_2 + t_3}{2} u_0 + \frac{u_0^2 - u_2^2}{2a_b} - C \tag{7.8}$$

防撞预警模型依据获取到的车辆数据进行防撞危险判断，而随着车联网技术的快速发展，车–车通信技术实时性显著提高，车辆位置和姿态传感器的精确度也变得越来越高。

7.3 改进的安全距离模型

改进的安全距离模型在驾驶员反应时间、消除制动间隙时间、looming 效应方面进行了改进，同时通过 V2X 通信的防撞预警技术，建立车辆行驶坐标模型，将目标车辆统一至本车的行驶坐标系中，计算车辆安全距离，实现车辆行驶过程中的防撞预警危险判断，提醒驾驶员及时进行制动，保持车辆安全距离、合理车速，并基于车辆跟驰原理为驾驶员提供跟驰建议车速。

7.3.1 车辆行驶坐标模型设计

车联网中的车辆位置通过接收 V2X 消息、提取车辆位置数据来获取，获取的车辆位置数据是 GPS/BDS 芯片采集到的基于地球坐标的经纬度、海拔数据，而要将这些数据用到防撞预警模型中需要将车辆位置数据统一到位置坐标系中，作者设计并提出了基于车辆自身位置和车辆航向角建立车辆行驶坐标系的方法来统一车辆的位置数据。车辆行驶坐标模型可以保障防撞预警计算的有效性、统一性，避免因坐标系不统一而出现位置误差。

车辆经纬度坐标系以本车的位置为坐标原点，正北方向为坐标系y轴，正东方向为坐标系x轴，记为xOy坐标系。但是该坐标系是以车辆的经纬度为基础的，无法直接得到防撞预警功能所需的距离、角度等。

车辆行驶坐标系以本车的位置为坐标原点，本车的航向角方向为坐标系y轴，右手垂直方向为x轴，记为$x'Oy'$坐标系。

采用车辆行驶坐标系可以有效地实现车辆位置坐标系的一致性，同时可以直接计算车辆间的距离、角度等，用于防撞预警判断。

将车辆按照 θ_1 进行坐标转换即可得到车辆的行驶坐标系。车辆行驶坐标系与车辆经纬度坐标系的转换关系如式（7.9）和式（7.10）[17]所示。

$$\begin{cases} y' = x\sin\theta_1 + y\cos\theta_1 \\ x' = x\cos\theta_1 - y\sin\theta_1 \end{cases} \tag{7.9}$$

或者

$$\begin{cases} y = -x'\sin\theta_1 + y'\cos\theta_1 \\ x = x'\cos\theta_1 + y'\sin\theta_1 \end{cases} \tag{7.10}$$

式中，θ_1 表示车辆航向角方向与 y 轴的顺时针夹角。

通过坐标转换将其他车辆映射到本车车辆行驶坐标系中，如式（7.11）和式（7.12）所示。

$$\begin{cases} y'' = x'\sin(\theta_2 - \theta_1) + y'\cos(\theta_2 - \theta_1) - L\sin(\theta_2 + \theta_3) \\ x'' = x'\cos(\theta_2 - \theta_1) - y'\sin(\theta_2 - \theta_1) - L\cos(\theta_2 + \theta_3) \end{cases} \tag{7.11}$$

或者

$$\begin{cases} y' = x''\sin(\theta_1 - \theta_2) + y''\cos(\theta_1 - \theta_2) - L\sin(\theta_1 + \theta_3) \\ x' = x''\cos(\theta_1 - \theta_2) - y''\sin(\theta_1 - \theta_2) + L\cos(\theta_1 + \theta_3) \end{cases} \tag{7.12}$$

式中，L 表示两车的直线距离；x'、y' 表示车辆经纬度坐标系；x''、y'' 表示其他车辆的车辆行驶坐标系；θ_1 表示车辆航向角方向与 y 轴的顺时针夹角；θ_2 表示其他车辆航向角方向与 y 轴的顺时针夹角；θ_3 表示其他车辆相对于本车的航向角的偏差。

7.3.2　改进的安全距离模型设计

作者通过对车辆制动过程的分析，借鉴 Berkeley 模型[14-15]通过模拟车辆当进行车辆制动时在车辆制动减速度最大的情况下的车辆安全距离（图 7.8），来判断车辆当前危险状态。Berkeley 模型未能有效考虑车辆数据的准确性和驾驶员驾驶倾向的不同对安全距离的影响，使得模型得到的安全距离与实际安全距离存在较大偏差，影响驾驶体验。

改进的安全距离模型基于 Berkeley 模型，结合 V2X 车联网通信技术，以车辆的实时制动减速度作为车辆制动时的减速度，充分考虑安全时距对驾驶员的影响。同时，该模型引入了 Berkeley 模型中驾驶员反应时间参数、车辆制动时间参数进行优化，并可以实时地获取危险车辆的速度、减速度等数据，可以实时地计算安全预警距离。改进的安全距离模型提高了传统的安全距离模型的预测准确率，可以有效地进行驾驶提醒，安全合理地控制车距、车速，极大地提高了驾驶安全。

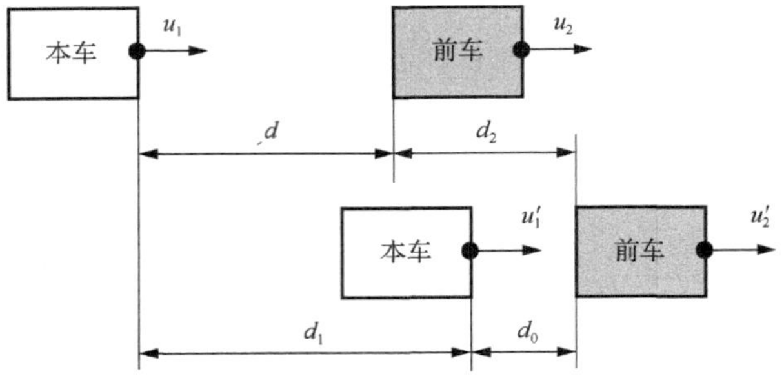

图 7.8　车辆安全距离

d ：本车与前车之间的纵向距离；d_1 ：本车与本车在不同时间段的纵向距离；
d_2 ：前车与前车在不同时间段的纵向距离；u_1 ：本车特定时间的速度；
u_2 ：前车特定时间的速度；u_1' ：本车特定时间的加速度；u_2' ：前车特定时间的加速度。

当车辆进行跟驰时，正常行驶状态下两车之间的距离满足正态分布，均值为车辆安全距离。但根据交通反应时间模型，后方车辆会根据前方车辆的操作相应地进行驾驶操作以保持车辆距离满足车辆安全距离。驾驶员在进行安全距离判断时主要基于个人经验进行模糊判断，判断结果误差较大，准确性较低，会影响驾驶安全。

1．驾驶员反应时间数据处理

驾驶员反应时间受驾驶员状态、年龄，以及道路状况、环境状况等因素的影响。驾驶员反应时间在数值上满足正态分布，根据辛钦大数定律，通过采集大量驾驶员反应时间数据计算驾驶员平均反应时间，平均反应时间会根据数据量的不断增大而趋近于均值，可作为驾驶员反应时间均值的估计值。辛钦大数定律如式（7.13）[4]所示：

$$\lim_{n\to\infty}\left\{\left|\frac{1}{n}\sum_{k=1}^{n}X_k-\mu\right|<\varepsilon\right\}=1 \tag{7.13}$$

2．消除制动间隙时间数据处理

消除制动间隙时间受车辆、驾驶员等因素的影响，根据辛钦大数定律，通过采集大量消除制动间隙时间数据计算驾驶员平均反应时间，并采用均值以消除制动间隙时间。

3．looming 效应优化处理

在车辆驾驶过程中，looming 效应普遍存在于驾驶员感知前方车辆、行人或障碍物的情况中，即目标物在驾驶员眼中的投影取决于目标物与驾驶员之间的距离，距离越大，目标物在驾驶员眼中的投影就越小。looming 效应由式（7.14）表示：

$$w = \theta R \tag{7.14}$$

式中，R 表示驾驶员与目标物之间的距离；w 表示目标物在驾驶员眼中的大小；θ 表示 looming 效应参数。

本书使用碰撞时间倒数 T_{c}^{-1} 来表征 looming 效应，可以有效反映出 looming 效应对驾驶员驾驶反应的影响状况。

$$T_{\mathrm{c}}^{-1} = \lambda \frac{v_{\mathrm{h}} - v_{\mathrm{f}}}{R} \tag{7.15}$$

式中，λ 表示 looming 效应参数；v_{h} 表示本车速度；v_{f} 表示跟随车速度；R 表示两辆车之间的相对距离。

通过获取前车数据可以得到前车的车速 v_{f} 和前车减速度 a_{f}，由此可以推算出前车的位移 s_2 为

$$s_2 = \int_0^T v_{\mathrm{f}} + a_{\mathrm{f}} t \mathrm{d}t \tag{7.16}$$

在驾驶员反应时间 t_1 和消除制动间隙时间 t_2 [18]内，任务车辆处于匀速行驶状态，后方车辆位移 D_1 为

$$D_1 = v_{\mathrm{h}}(t_1 + t_2) \tag{7.17}$$

式中，v_{h} 表示后方车辆速度。

在制动力增长时间 t_3 内，车辆制动系统持续增加制动效果，车辆减速度也在逐渐增大，但该阶段时间较短，在模型中可将该阶段认定为匀速行驶状态。这样可以在保证准确性的条件下，降低计算难度，提高系统计算实时性。该阶段的位移 D_2 为

$$D_2 = v_{\mathrm{h}} t_3 \tag{7.18}$$

在持续制动阶段，车辆制动力保持稳定、车辆加速度也保持稳定，车辆维持匀减速运动状态，v_{t_4} 为车辆速度 v_{h} 经过 t_3 阶段加速后的车辆速度，即 $v_{t_4} = v_{\mathrm{h}} - a_{\mathrm{h}} t_3$，则该段时间后车减速位移 D_3 [19]为

$$D_3 = v_{t_4} t_4 + \frac{1}{2} a_{\mathrm{h}} t_4^2 \tag{7.19}$$

式中，t_4 为本车减速时间。

在车辆的反应、制动过程中后方车辆的位移 s_1[20]为

$$s_1 = D_1 + D_2 + D_3 \tag{7.20}$$

整个车辆的反应、制动过程中车辆的安全距离 s 为

$$s = s_1 - s_2 + d \tag{7.21}$$

式中，d 表示驾驶员认定的车辆应保持的最小安全距离。

在该模型中，将前车视为匀加速运动或匀减速运动，并引入 looming 效应参数对模型进行优化，可以得到车辆安全距离 s 为

$$\begin{aligned} s = &(1+T_{\mathrm{c}}^{-1})v_{\mathrm{h}}(t_1+t_2+t_3)+(v_{\mathrm{h}}-a_{\mathrm{h}}t_3)t_4-\frac{1}{2}a_{\mathrm{h}}t_4^2 \\ &-v_{\mathrm{f}}(t_1+t_2+t_3+t_4)+\frac{1}{2}a_{\mathrm{f}}(t_1+t_2+t_3+t_4)^2+d \end{aligned} \tag{7.22}$$

式中，a_{h} 表示本车减速度；v_{f} 表示前车速度；v_{h} 表示本车速度；a_{f} 表示前车减速度；d 表示制动后车辆最小安全距离；t_1 为驾驶员反应时间；t_2 为消除制动间隙时间；t_3 为制动力增长时间；t_4 为本车减速的时间。如图 7.9 所示，在车速较小时，改进的安全距离模型的优化效果较小，而随着车速的不断增加，改进的安全距离模型的优化效果越来越明显，防撞预警效果越来越好[21-22]。

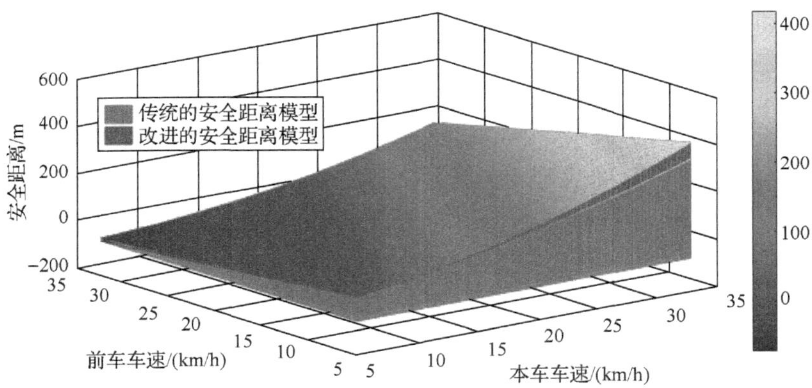

图 7.9　不同车速下的安全距离对比

改进的安全距离模型在驾驶员反应时间、消除制动间隙时间以及车驶过程中的 looming 效应方面进行了优化，使其预测更加准确。另外，通过采集大量驾驶员驾驶数据可以更好地估计出驾驶员反应时间、消除制动间隙时间以及车辆驾驶过程中的 looming 效应参数，进一步提高模型的预测准确率。

如图 7.10 所示，结合 V2X 车联网通信技术，通过对前方车辆的驾驶分析，

判断车辆的危险状况，可以提前对驾驶员进行危险提醒。采用防撞预警技术可以有效地降低驾驶员的反应时间，并通过提前制动降低车速，减小车辆制动距离，提高驾驶安全。

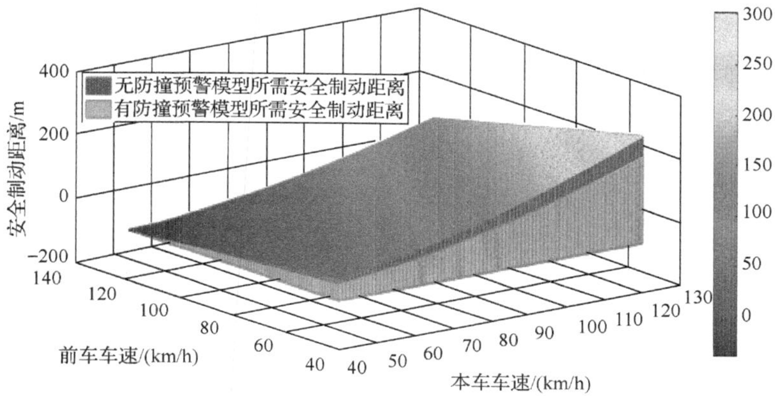

图 7.10　有/无防撞预警模型所需安全制动距离

7.4　基于改进的隐马尔可夫模型预警预测算法设计

改进的安全距离模型在判断车-车防撞预警时，单一地通过车辆当前时刻的数据进行危险判断，无法充分量化驾驶员驾驶行为与驾驶习惯，存在判断准确性不高的问题[23-24]。

车辆行驶过程中，车辆间的危险状态可视作马尔可夫过程，满足马尔可夫性，可采用隐马尔可夫模型对车辆间的危险状态进行预测。

针对连续车辆数据处理实时性较差的问题，作者提出了一种通过 k-means 算法对车辆数据进行分类的方法[25-26]。该方法通过获取车辆行驶数据（包括速度、加速度、航向角、与前车距离、经纬度等），设计采用改进的安全距离模型对车辆数据进行危险标记，以车辆实际距离与安全距离的比值 d_v 对车辆状态进行标记，估计隐马尔可夫模型的转移概率矩阵 $\boldsymbol{A}$ 、观测概率矩阵 $\boldsymbol{B}$ [27-28]，最终通过维特比算法对车辆危险进行预测。在进行防撞预警模型应用设计时，设计实现了一种根据本车速度自适应观测序列长度的方案，即根据车辆速度及时改变观测序列的长度以进行危险状态预测，该方案可以有效地保证预测的实时性。

7.4.1　车辆危险状态的马尔可夫性分析

在一段连续时间内，车辆间的危险状态依赖于上一时刻驾驶员的驾驶操作，且车辆交通状况观测值依赖于当前时刻的车辆间的危险状态。可将车辆行驶过程中车辆间的危险变化过程视作马尔可夫过程。由此引入了隐马尔可夫模型，通过车辆数据训练模型参数预测车辆危险状态。

根据车辆行驶过程中的特征，驾驶员当前时刻的驾驶行为决策依赖于上一时刻的驾驶行为，即驾驶员根据当前时刻车辆间的危险状态进行相应的驾驶操作，而这决定了下一时刻的车辆间的危险状态[4,6,17]。根据以上特征，车辆行驶过程可视作马尔可夫过程，将车辆驾驶过程危险状态视作马尔可夫状态，设任意时刻 t 的车辆危险状态在马尔可夫链中的状态为 i_t。车辆行驶过程中，t 时刻的车辆危险状态 P 只依赖于 $t-1$ 时刻的车辆危险状态，与其他时刻的车辆危险状态和观测无关。

$$P(i_t \mid i_{t-1}, o_{t-1}, \cdots, i_1, o_1) = P(i_t \mid i_{t-1}) \tag{7.23}$$

式中，i_t 表示 t 时刻车辆间的危险状态；o_t 表示 t 时刻车辆间的观测。

根据马尔可夫过程的性质，车辆行驶状态中的车辆状态数据作为马尔可夫过程的观测值，设任意时刻 t 车辆行驶状态的观测为 o_t，该观测只依赖于当前时刻车辆间的危险状态，即该马尔可夫过程中的状态 i_t 与其他时刻的观测无关。

$$P(o_t \mid i_t, o_t, i_{t-1}, o_{t-1}, \cdots, i_1, o_1) = P(o_t \mid i_t) \tag{7.24}$$

式中，i_t 表示 t 时刻车辆间的危险状态；o_t 表示 t 时刻车辆间的观测。

根据车辆行驶过程中的马尔可夫性，可以通过使用车辆数据的观测值以及改进的安全距离模型标记危险状态的方法来训练改进的隐马尔可夫模型参数，并由观测序列通过模型预测车辆间的危险状态。车辆行驶时，改进的隐马尔可夫模型可以高效预测车辆间的危险状态，充分考虑车辆上一时刻的状态，提高改进的安全距离模型单一通过计算车辆危险状态时的准确性。

7.4.2 改进的隐马尔可夫模型优化设计

针对车辆行驶时，车辆速度变化较大、对实时性要求较高的情况，改进的隐马尔可夫模型采用了改进的安全距离模型进行行驶数据标记，根据数据充分分析驾驶员的一系列驾驶行为[29-30]，通过维特比算法预测当前时刻的预警状态，提高预测的准确率。改进的隐马尔可夫模型防撞预警功能流程如图 7.11 所示。

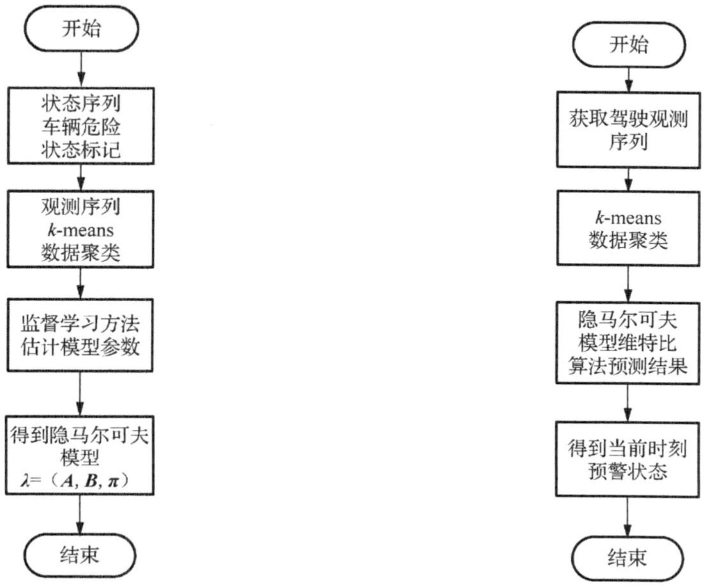

（a）改进的隐马尔可夫模型训练流程　　（b）改进的隐马尔可夫模型预测流程

图 7.11　改进的隐马尔可夫模型防撞预警功能流程

1. 改进的安全距离模型标记危险状态

通过改进的安全距离模型对跟驰状态的车辆危险状态进行标记，状态值分类方法如式（7.25）所示，d_{v} 通过计算车辆间实际距离和安全距离的比值表征当前危险状态。

$$d_{\mathrm{v}} = f(L,s) = \begin{cases} 1, & \dfrac{L}{s} \geqslant 1.2 \\ 2, & 1.1 \leqslant \dfrac{L}{s} < 1.2 \\ 3, & 1 \leqslant \dfrac{L}{s} < 1.1 \\ 4, & 0.8 \leqslant \dfrac{L}{s} < 1 \\ 5, & 0 \leqslant \dfrac{L}{s} < 0.8 \end{cases} \tag{7.25}$$

式中，s 表示车辆安全距离；L 表示车辆实际距离。

采用改进的安全距离模型标记车辆状态后，可通过观测序列和状态序列训练得到模型的状态转移概率矩阵 $\boldsymbol{A}$、观测概率矩阵 $\boldsymbol{B}$，优化车辆危险判断的准确性。改进的隐马尔可夫模型基于标记数据采用监督学习方法训练模型参数，可以有效利用改进的安全距离模型在判断危险状态方面的优势，同时，考虑上一时刻车辆的危险状态，通过观测序列预测当前时刻车辆的危险状态。

本节中的模型参数训练采用监督学习对参数进行估计[27]，该方法能够有效地发挥改进的安全距离模型危险判断的优势，极大地提高模型预测的准确率。改进的隐马尔可夫模型参数在模型参数初始值的基础上，对训练数据集通过监督学习算法进行反复迭代，估计状态转移概率矩阵 $\boldsymbol{A}$、观测概率矩阵 $\boldsymbol{B}$ 中的元素值，使状态转移概率矩阵 $\boldsymbol{A}$、观测概率矩阵 $\boldsymbol{B}$ 达到最优解[31-34]，即

$$
\begin{aligned}
&\hat{a}_{ij}=\frac{A_{ij}}{\sum\limits_{j=1}^{N}A_{ij}} \qquad (i=1,2,\cdots,N;\, j=1,2,\cdots,N)\\
&\hat{b}_{j}(k)=\frac{B_{jk}}{\sum\limits_{k=1}^{M}B_{jk}} \qquad (j=1,2,\cdots,N;\, k=1,2,\cdots,M)
\end{aligned} \tag{7.26}
$$

式中，A_{ij} 表示从状态 q_i 转移到状态 q_j 的频数；B_{jk} 表示从状态 q_i 转移到状态 o_k 的频数。

通过上述算法求得状态转移概率矩阵 $\boldsymbol{A}$、观测概率矩阵 $\boldsymbol{B}$，完成模型参数的估计。

隐马尔可夫模型通过训练数据中的防撞预警分类，进行模型参数的独立训练，得到状态转移概率矩阵 A、观测概率矩阵 B，模型通过维特比预测算法进行当前场景的预警预测[35-36]。

2. *k*-means 算法分类观测数据

改进的 *k*-means 算法对获取的车辆行驶数据按照相对速度、相对距离、相对加速度、相对航向角、两车相对角度进行聚类，对多维连续观测数据进行离散化及分类，并将其作为改进的隐马尔可夫模型的观测序列值。

车辆行驶状态数据 $\left\{x^1,x^2,x^3,x^4,x^5\right\}$ 包括相对速度、相对距离、相对加速度、相对航向角、两车相对角度，通过 *k*-means 算法进行聚类，将数据分类为由质心 $c^{(i)}$ 表征的 k 种类别的车辆驾驶状态数据，通过类别质心 $c^{(i)}$ 快速识别当前时刻的交通状况类别。

在车辆状态数据分类模块中，通过对当前路段中的车辆相对航向角进行统计，分析当前路段中车辆航向角的分布情况，判断当前路段航向角的类别，以识

别当前路段的预警场景，并判断出识别车辆所属的预警场景，通过 k-means 算法对车辆行驶数据进行聚类，同时使用聚类类别与车辆的预警场景判断结果标记当前状态数据，用于预测模型的学习。

隐马尔可夫模型的 V2X 车联网防撞预警系统基于获取到的本车以及周围车辆的车辆状态数据选取两车的相对距离 d 、相对速度 v 、相对加速度 a 、相对航向角 h 和角度 angle 作为 k-means 算法的特征，将车辆状态数据聚类为 k 类，每个聚类中心为 $C=\{c_1,c_2,\cdots,c_k\}$ ，通过反复迭代聚类，寻求最优聚类中心，直至聚类准则函数收敛。采用平法误差作为聚类准则函数[25]，即

$$E=\sum_{i=1}^{k}\sum_{j=1}^{n}(f_{ij}-c_i)^2 \tag{7.27}$$

式中， f_{ij} 表示车辆状态数据集中的数据元素。

通过 k-means 算法分类车辆数据，对模型训练和预测中的观测数据进行离散化，有利于特征提取，提高模型的稳定性、处理效率，可以有效地提高模型预测的实时性。

3. 隐马尔可夫模型预测危险状态

如图 7.12 所示，先通过大量训练数据集来训练模型参数，包括初始状态概率向量 $\boldsymbol{\pi}$ 、状态转移概率矩阵 $\boldsymbol{A}$ 、观测概率矩阵 $\boldsymbol{B}$ ，得到隐马尔可夫模型。在进行防撞预警模型应用设计时，设计实现了一种根据本车速度自适应观测序列长度的方案，根据车辆速度的大小及时变化观测序列的长度以进行危险状态预测，该方法可以有效地保证预测的实时性，即 $\boldsymbol{\lambda}=(\boldsymbol{A},\boldsymbol{B},\boldsymbol{\pi})$ [26-27]。

$$\boldsymbol{A}=[a_{ij}]_{N\times N} \tag{7.28}$$

式中， a_{ij} 表示从状态 i 转移到状态 j 的概率。

$$a_{ij}=P(i_{t+1}=q_j\mid i_t=q_i)\qquad (i=1,2,\cdots,N;j=1,2,\cdots,N) \tag{7.29}$$

式中， q_j 表示车辆危险状态。

$$\boldsymbol{B}=[b_j(k)]_{N\times M} \tag{7.30}$$

$$b_j(k)=P(o_t=v_k\mid i_t=q_j)\qquad (i=1,2,\cdots,M;j=1,2,\cdots,N) \tag{7.31}$$

式中， k 表示观测序列中的时间步； o_t 表示 t 时刻车辆间的观测； v_k 表示时间步 k 观测到的车辆速度； i_t 表示 t 时刻车辆间的危险状态； q_j 表示车辆观测数据。

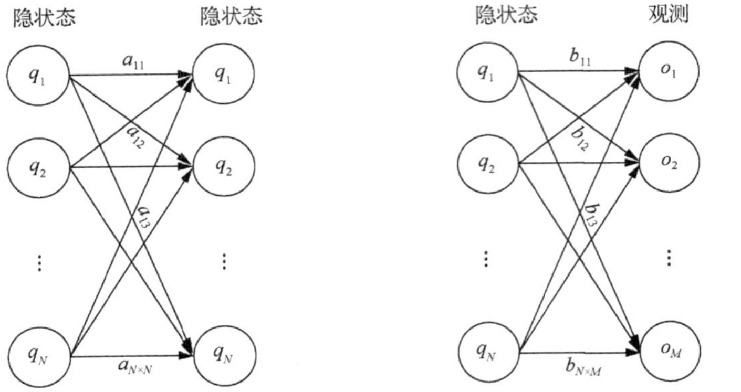

（a）各隐状态之间的转移过程　　（b）隐状态到观测之间的转移过程

图 7.12　各隐状态之间和隐状态到观测之间的转移过程

如图 7.13 所示，隐马尔可夫模型的维特比预测算法对该驾驶状态时间序列数据进行分析计算，应用动态规划高效地求解出当前驾驶状态时间序列数据支持下的当前时刻的最大概率的预警类别，即系统在 t 时刻处于状态 q_i，而在系统到达 $t+T$ 时刻时的状态为 q_j，则系统从 q_i 转移到 q_j 状态的所有可能路径中，计算概率最大的路径作为模型预测的最优路径，继而得到当前时刻的预测状态。

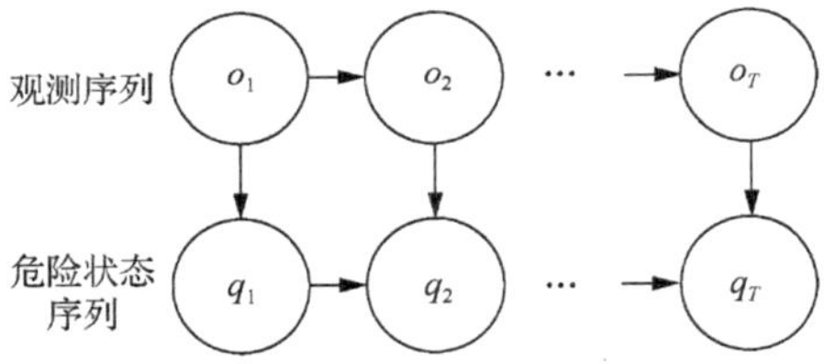

图 7.13　维特比算法预测过程

根据模型的状态转移概率矩阵 $\boldsymbol{A}$、观测概率矩阵 $\boldsymbol{B}$ 得到时刻 t 时状态 q_i 进行状态转移的所有路径中的最大概率 δ_t：

$$\delta_t(q_i) = \max P(i_t = q_t, i_{t-1}, \cdots, i_1, o_t, \cdots, o_1 \mid \lambda) \qquad (i = 1, 2, \cdots, N) \tag{7.32}$$

式中，P 表示 t 时刻状态 q 进行状态转移的路径的概率；o_t 表示 t 时刻车辆间的观测；λ 表示 looming 效应参数。

对 $t+1$ 时刻路径最大概率进行递推：

$$\begin{aligned}\delta_{t+1}(q_i) &= \max_{i_1, i_2, \cdots, i_{t-1}} P(i_{t+1} = q_i, i_t, \cdots, i_1, o_t, \cdots, o_1 \mid \lambda) \qquad (i = 1, 2, \cdots, N) \\ &= \max_{1 \leqslant j \leqslant N} \left[\delta_i(q_i) a_{ji} \right] b_i(o_{t+1}) \qquad (i = 1, 2, \cdots, N; t = 1, 2, \cdots, T-1)\end{aligned} \tag{7.33}$$

同时得到 t 时刻 q_i 状态最优路径的 $t-1$ 节点为

$$\psi_t(i) = \arg\max_{1 \leqslant j \leqslant N}\left[\delta_{t-1}(j)a_{ji}\right] \qquad (i=1,2,\cdots,N) \tag{7.34}$$

最后通过动态规划思想对结果进行迭代计算得到当前 T 时刻的状态：

$$i_T^* = \arg\max_{1 \leqslant i \leqslant N}\left[\delta_T(q_i)\right] \tag{7.35}$$

将该模型预警结果提示给驾驶员，实现提前预警，可以优化采用单一驾驶状态时间序列长度作为观测序列进行预测时在速度差异较大的情况下预测实时性较差的问题，提高车辆驾驶安全，降低交通事故发生率。

改进的安全距离模型是基于 Berkeley 模型提出的一种改进模型，参考了 Mazda 模型（马自达株式会社开发的技术模型）、Time to Collision 模型（碰撞时间模型）等，考虑了车辆数据的准确性和驾驶员驾驶倾向的不同对安全距离的影响。

改进的隐马尔可夫模型通过获取、处理车辆状态数据集，并对数据进行去噪、滤波等处理，通过 k-means 算法对当前时刻驾驶状态时间序列进行聚类得到驾驶状态数据集；通过改进的安全距离模型对当前时刻驾驶状态进行标记，分析当前时刻的预警场景；采用监督学习方法，根据驾驶状态数据集对模型进行参数估计得到隐马尔可夫模型 $\boldsymbol{\lambda} = (\boldsymbol{A}', \boldsymbol{B}', \boldsymbol{\pi})$；采集当前时刻驾驶状态时间序列，通过速度自适应方法合理调整预测序列的长度。本节隐马尔可夫模型采用维特比算法进行预测，得到当前时刻预警状态，通过改进的安全距离模型表征车辆的危险状态，反馈预测结果，不断优化模型参数。

7.5　测试与验证

本节针对各防撞预警场景的性能和指标要求，通过 IPG CarMaker 对车路协同防撞预警功能进行测试，包括预警的准确性和实时性，在遵守交通法规的前提下，对部分防撞预警场景进行外场环境测试。

7.5.1　防撞预警仿真测试平台环境搭建

在车路协同防撞预警开发测试过程中，仿真测试平台由 IPG CarMaker 平台、Simulink 工具、信道仿真器、V2X 车载终端、V2X 路侧设备组成。IPG CarMaker 平台负责仿真场景的搭建及仿真参数的配置；Simulink 工具负责搭建信道模型、仿真场景和真实场景映射模型、控制模型及通信模型等；信道仿真器用于对 C-V2X 通信协议进行性能测试；V2X 车载终端通过与 Simulink 工具的通信模型建立连接获取场景信息实现在环仿真；V2X 路侧设备将获取到的真实场景的信息导入到仿真场景中实现外场环境测试。各个模块相辅相成，形成一个完善的在环仿真系统，为车联网应用提供一个良好的测试与验证平台，如图 7.14 所示。

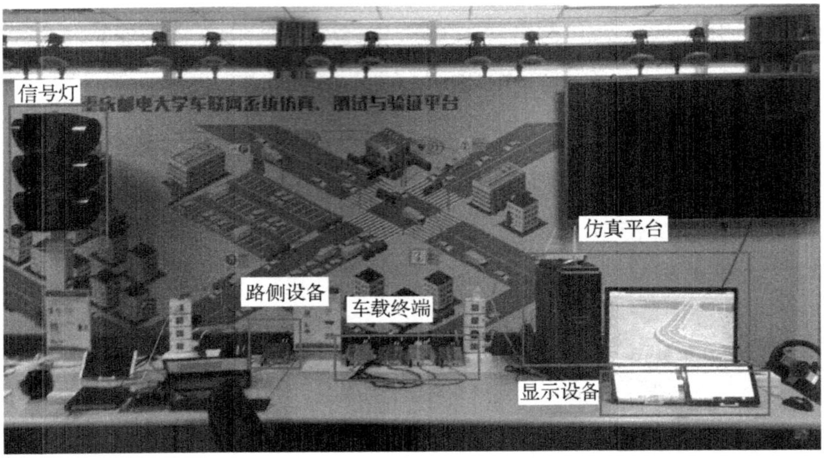

图 7.14 车路协同防撞预警仿真测试平台

如图 7.15 所示，在进行外场环境仿真测试时，车辆作为真实场景中 V2X 终端的载体，产生车辆控制与运行参数并输入终端，通过终端上传到仿真场景中控制仿真车辆，动态显示场景中车辆的实际状态；同样，交通对象作为真实场景中 V2X 路侧设备的管理单元，实时地把产生的状态、位置等参数输入到路侧设备，再通过路侧设备上传到仿真场景中控制仿真的交通对象[37]。另外，在进行车联网应用功能和标准一致性测试验证时，可运行车联网应用，接收仿真环境的交通信息，对不同场景进行在环测试验证。

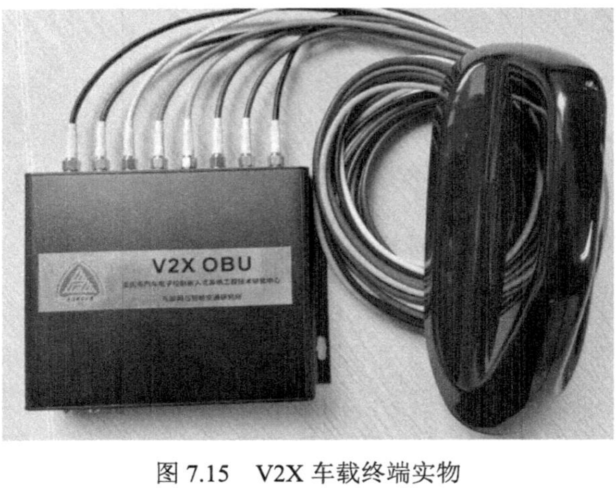

图 7.15 V2X 车载终端实物

车联网是一个庞大的网联系统，其中包含车辆、行人、信号灯等交通对象，

IPG CarMaker 平台用于设计一种车联网仿真场景。其可针对不同的测试环境建立不同的道路类型和道路信息，其中道路类型包括城市道路、乡村道路、高速公路等，道路信息包含直道、弯道、丁字路口、十字路口等。IPG CarMaker 平台还可以根据真实的经纬度将仿真场景与谷歌地图进行映射，模拟出真实的道路场景，如图 7.16 所示。图 7.17 所示为 IPG CarMaker 平台。

图 7.16　IPG CarMaker 平台与谷歌地图同步映射

图 7.17　IPG CarMaker 平台

如图 7.18 所示，车联网涉及的主要交通对象有车辆、行人、信号灯、房屋、电子设备等信息。这些交通对象可以根据实际需要放置在场景中指定的位置，并设定不同的功能。IPG CarMaker 平台拥有更强大的驾驶员模型，场景中设置的任何车辆都可以控制自己的行驶行为和行驶路径，这为车联网仿真系统的搭建奠定了基础[38]。

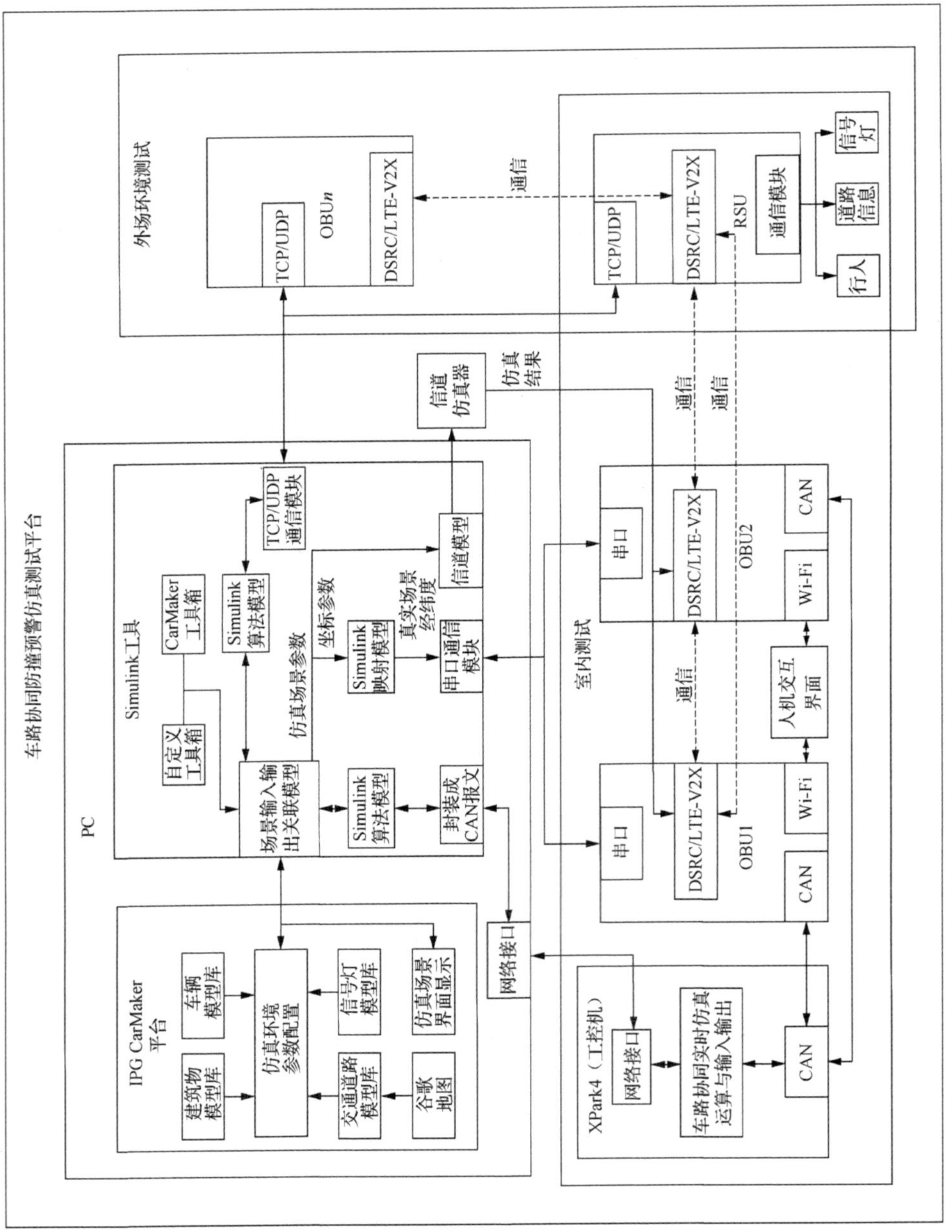

图 7.18 车路协同防撞预警仿真测试平台结构

针对真实场景中的运动对象，把它们的位置、速度、方向角参数传入到仿真场景中对应的运动对象上，并通过信息交互使真实运动对象和仿真运动对象的参数保持同步。此外，其还可以将运动对象的位置、速度和运动方向信息，交通灯的位置、状态和剩余秒数信息模拟到仿真场景中。

如图 7.19 所示，IPG CarMaker 平台中的交通道路模型库可以在场景中设置弯道、直道、斜坡、十字路口等道路类型，可以在场景中设置交通灯。通过调用这些模型库可以进行仿真环境的参数配置，这些参数既可以实时显示在仿真场景中，又可以通过场景输入输出实时传递到 Simulink 环境中，为 Simulink 模型的搭建提供数据基础。

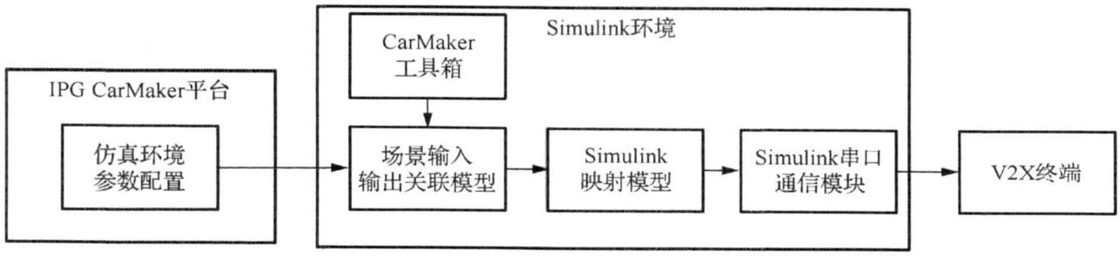

图 7.19　车路协同防撞预警仿真测试平台使用流程

7.5.2　车路协同防撞预警功能测试与验证

车路协同防撞预警仿真测试平台可以对防撞预警场景进行仿真，按照标准要求，提供数据支持、场景支持，模拟真实的驾驶环境。该仿真测试平台可以实现车路协同防撞预警功能、防撞预警模型实时性、防撞预警系统实时性、防撞预警模型准确性等多个方面的测试和验证。

1. 防撞预警场景功能测试与验证

车路协同防撞预警场景分为 V2V 和 V2I 两种预警类型，主要包括前向/后向碰撞预警、紧急制动预警、交叉路口防撞预警、道路危险状况提醒、限速预警、车内标牌、交通信息显示及闯红灯预警、前方静止/慢车提醒、异常车辆提醒。作者将通过车路协同预警仿真测试平台模拟各预警场景并进行测试、验证。

考虑到交通安全和交通规则，对部分场景进行了外场测试和验证工作，通过多台车辆模拟预警场景并验证预警功能。

为了更好地提醒驾驶员安全驾驶，注意前方危险状况，有效地避免交通事故发生，本章中的防撞预警设计方案在驾驶员端采用了弹出图片和语音同时进行的方式。

1）前向/后向碰撞预警

在车路协同防撞预警仿真测试平台中，IPG CarMaker 平台可仿真车辆前向/

后向碰撞场景；Simulink 工具通过与 IPG CarMaker 平台同步，为车载终端提供数据支持，通过计算机串口通信将车辆的定位仿真数据和加速度计、陀螺仪仿真数据发送到车载终端，模拟真实的驾驶环境。

如图 7.20 所示，车路协同防撞预警仿真测试平台对前向车辆碰撞预警场景进行了仿真测试，测试结果如图 7.21 所示，在前方或后方出现碰撞危险时，根据改进的隐马尔可夫防撞预警模型对当前的危险状况进行判断，并通过驾驶员端设备以图片和语音的形式对驾驶员进行预警，提醒驾驶员安全驾驶，可以有效降低碰撞危险。同时，也对该防撞预警场景进行了外场测试，验证防撞预警功能的实现。

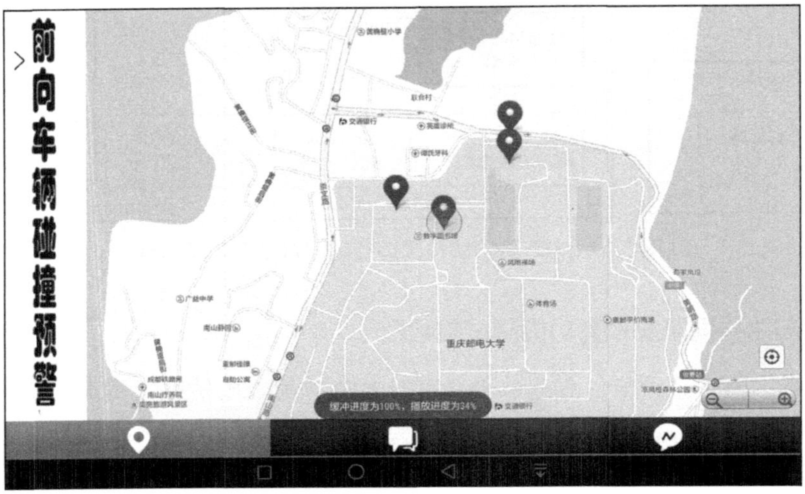

图 7.20　前向车辆碰撞预警场景仿真测试

图 7.21　前向车辆碰撞预警场景仿真测试结果

2）紧急制动预警

紧急制动预警场景的测试和验证：通过车路协同防撞预警仿真测试平台中的 IPG CarMaker 仿真车辆前向/后向碰撞场景，同时按照车辆实际状况对前方车辆进行紧急制动，Simulink 工具通过与 IPG CarMaker 平台同步，为车载终端提供实时车辆数据，如图 7.22 所示。车载终端通过计算机串口读取车辆数据，通过防撞预警模型判断危险状况并提醒驾驶员安全驾驶，避免交通事故发生。如图 7.23 所示，对紧急制动预警进行了外场测试，进一步验证了该预警功能。

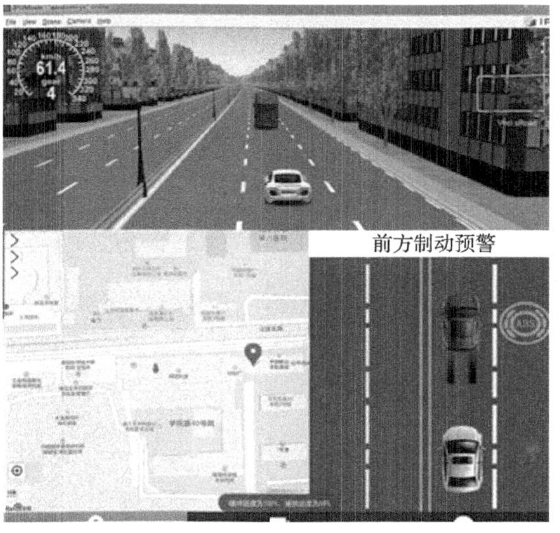

图 7.22　紧急制动预警仿真测试

图 7.23　紧急制动预警外场测试

3）交叉路口防撞预警

交叉路口防撞预警场景的测试和验证：同样采用车路协同防撞预警仿真测

试平台进行环境仿真，由 IPG CarMaker 平台和 Simulink 工具共同提供预警场景和数据仿真。图 7.24 所示为交叉路口防撞预警仿真测试，图 7.25 所示为交叉路口防撞预警外场测试。防撞预警应用准确地完成了车辆防撞预警的功能，通过弹出图片和语音的方式及时提醒驾驶员安全驾驶。

图 7.24　交叉路口防撞预警仿真测试

图 7.25　交叉路口防撞预警外场测试

4）道路危险状况提醒

车路协同防撞预警仿真测试平台的 IPG CarMaker 平台和 Simulink 工具可以仿真预警场景和车载终端设备数据，并可以仿真路侧设备数据。Simulink 工具通过 TCP/IP 网络通信将道路危险状况数据发送到路侧设备，路侧设备通过 V2X 通信广播到周围车辆，如图 7.26 所示。

图 7.26　道路危险状况提醒仿真测试

5）限速预警

限速预警同样通过车路协同防撞预警仿真测试平台的 IPG CarMaker 平台和 Simulink 工具仿真预警场景和车载终端设备数据。Simulink 工具通过 TCP/IP 网络通信发送限速数据到路侧设备，路侧设备通过 V2X 通信广播到周围车辆，如图 7.27 所示。

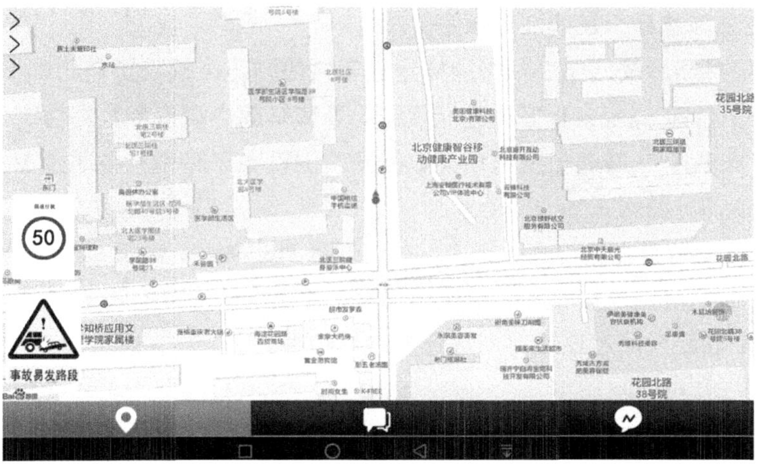

图 7.27　限速预警仿真测试

6）车内标牌

车内标牌同样通过车路协同防撞预警仿真测试平台的 IPG CarMaker 平台和 Simulink 工具进行预警场景和车载终端设备数据仿真。Simulink 工具通过 TCP/IP 网络通信发送车内标牌数据到路侧设备，路侧设备通过 V2X 通信广播到周围车辆，如图 7.28 所示。

图 7.28 车内标牌仿真测试

7）交通信息显示及闯红灯预警

交通信息显示及闯红灯预警同样通过车路协同防撞预警仿真测试平台的 IPG CarMaker 平台和 Simulink 工具进行预警场景和车载终端设备数据仿真。Simulink 工具通过 TCP/IP 网络通信发送相关数据到路侧设备，路侧设备通过 V2X 通信广播到周围车辆，如图 7.29 所示。

图 7.30 所示为交通信息显示及闯红灯预警外场测试，根据该场景功能要求车辆在 V2X 通信范围内接收并显示交通信息，并根据信号灯的剩余时间、车速、距离等判断车辆能否通过该路口，进行闯红灯预警。

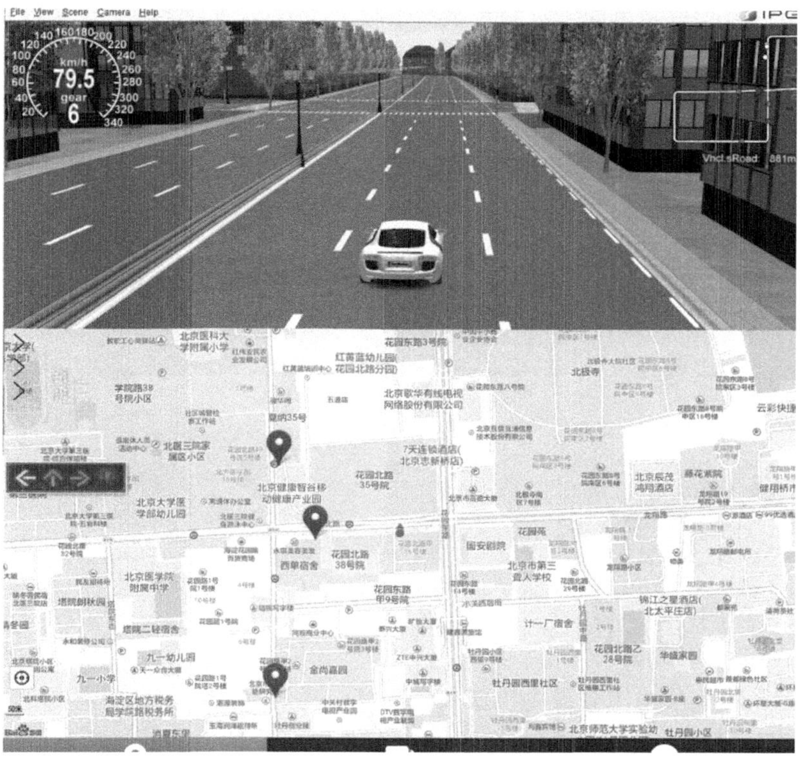

图 7.29　交通信息显示及闯红灯预警仿真测试

图 7.30　交通信息显示及闯红灯预警外场测试

8）前方静止/慢车提醒

前方静止/慢车提醒由车载设备 V2X 广播本车车辆数据，周围车辆接收到数据后分析、提醒驾驶员前方有静止/慢车，防止交通事故发生。车路协同防撞预警仿真测试平台仿真车辆静止或者慢速行驶状态，通过串口通信将车辆数据发送给车载终端，来模拟实际驾驶状况下的前方静止/慢车提醒，如图 7.31 所示。

图 7.31　前方静止/慢车提醒仿真测试

9）异常车辆提醒

异常车辆提醒由车载设备检查车辆异常，通过 V2X 通信向周围车辆广播提醒。车路协同防撞预警仿真测试平台仿真车辆异常情况，通过串口通信将车辆异常数据发送给车载终端，以模拟实际驾驶状况下的车辆异常提醒，如图 7.32 所示。

图 7.32　异常车辆提醒仿真测试

2. 防撞预警模型准确性测试

在改进的安全距离模型中，模型对安全距离的判断在不同车速情况下的优化效果不同，前后车速度差值越大，改进的安全距离模型的性能越好，改进的安全距离模型整体安全距离大于原始的安全距离模型，即对车辆危险的判断更准确。在车辆速度差较小时，这两种模型的安全距离判断基本一致。根据图 7.33 可知，改进的安全距离模型在速度或速度差较大时，预警效果优于原始的安全距离模型。

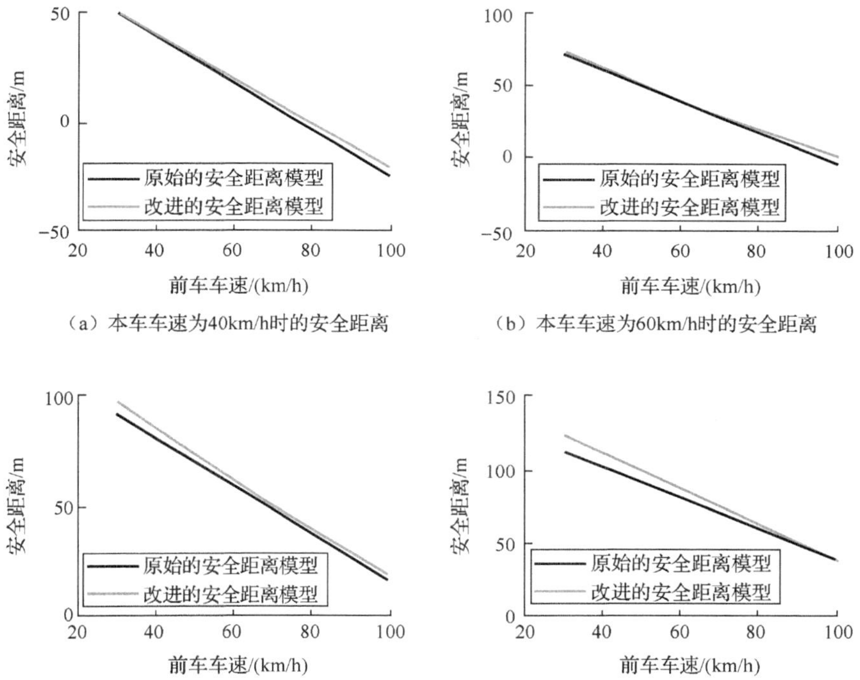

（a）本车车速为40km/h时的安全距离　（b）本车车速为60km/h时的安全距离

（c）本车车速为80km/h时的安全距离　（d）本车车速为100km/h时的安全距离

图 7.33　不同速度下的改进的与原始的安全距离模型对比

如图 7.34 所示，引入防撞预警功能后，改进的安全距离模型在同样情况下所需的安全距离更短，车辆在进行制动时相对更安全。

如图 7.35 所示，与原始的安全距离模型相比，随着车速的增大，改进的安全距离模型的效果更好。这表明改进的安全距离模型在处理车辆高速运行的防撞预警判断时，安全性更高，性能更好；而在处理车辆低速运行的防撞预警判断时，改进前后的安全距离模型的预测效果相近。

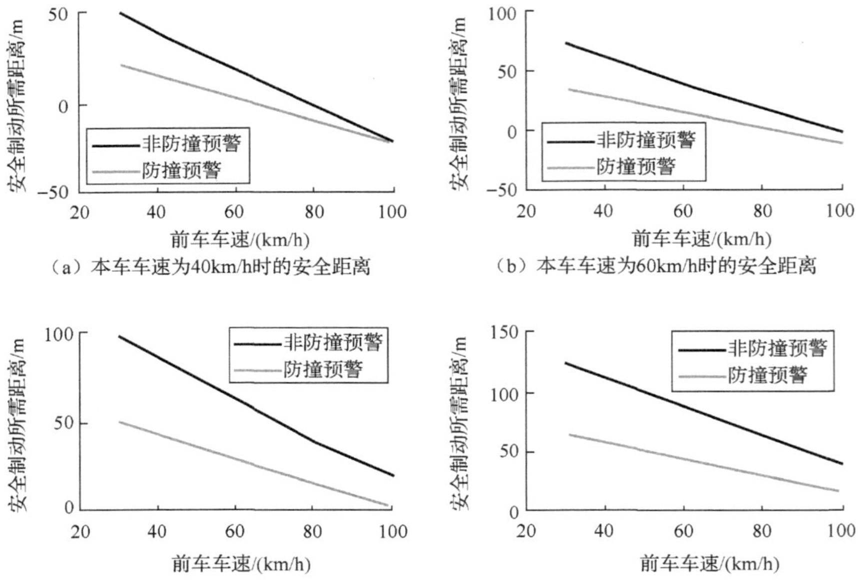

（a）本车车速为40km/h时的安全距离

（b）本车车速为60km/h时的安全距离

（c）本车车速为80km/h时的安全距离

（d）本车车速为100km/h时的安全距离

图 7.34 防撞预警与非防撞预警情况下不同速度所需的安全距离

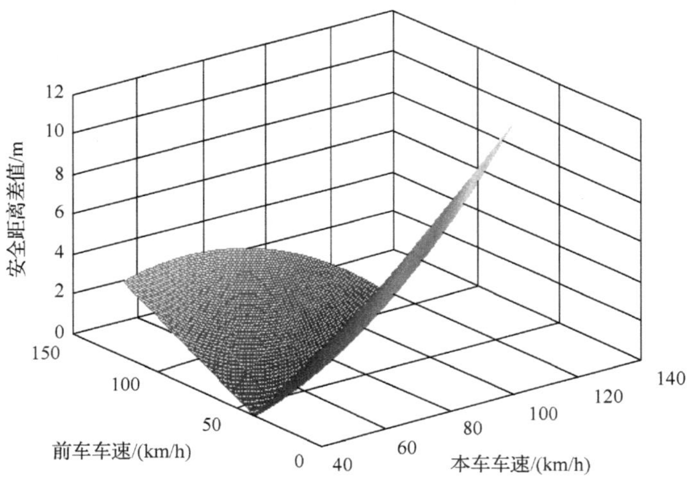

图 7.35 车辆安全距离差值图

在改进的隐马尔可夫模型中采用速度自适应的时间序列，可以有效地缓解在速度较高时因模型时延而造成的安全距离增加、碰撞危险增加的问题。

如图 7.36 所示，使用隐马尔可夫模型在进行预测分析时，观测序列长度增加后，模型的预测准确率也会增加。如图 7.37 和图 7.38 所示，采用速度自适应算法适当调节时间序列长度的方法，可以在速度较高时有效地降低时延，与此同时，模型的准确率会略有下降。考虑到车辆运行时实时性的重要性，在保证准确率较高的前提下适当地提高系统的实时性可以有效提升系统的性能。

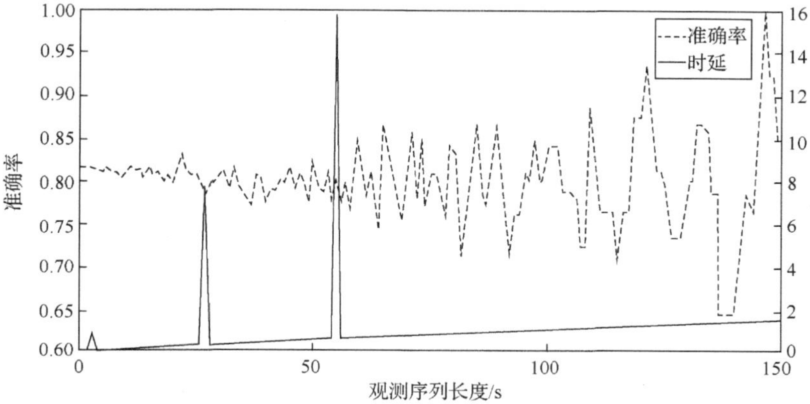

图 7.36　准确率和时延与观测序列长度的变化关系

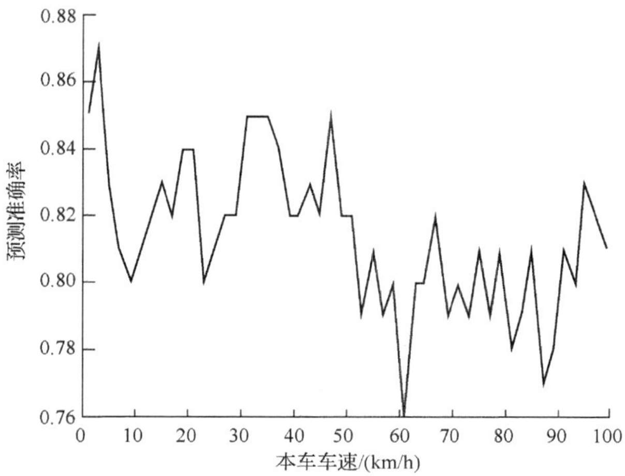

图 7.37　交通信息显示仿真测试

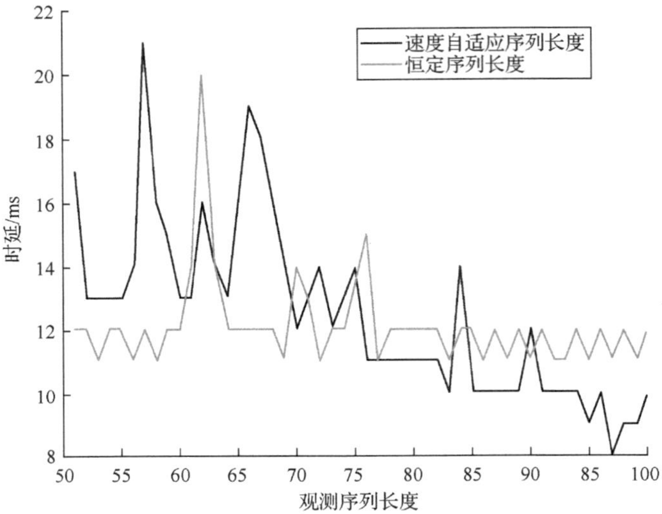

图 7.38 速度自适应算法时延测试

在前向/后向碰撞预警、交叉路口防撞预警、紧急制动预警等场景中进行危险判断时，改进的安全距离模型和改进的隐马尔可夫模型性能对比，如表 7.1 所示。改进的安全距离模型实时性较好，准确率较低，对交通驾驶影响过大，危险判断过于谨慎，在以上场景中采用先进的安全距离模型进行危险判断容易在车流量较大的路段造成交通拥堵。

表 7.1 改进的安全距离模型和改进的隐马尔可夫模型性能对比

性能指标	改进的安全距离模型	改进的隐马尔可夫模型
准确性	较低	0.66～0.88
系统时延/ms	70～110	80～150
预测模型时延/ms	<2	10～18
对交通的影响	较高	较低

3. 防撞预警系统实时性测试

表 7.2 所示为改进的安全距离模型和隐马尔可夫模型的性能对比，根据《合作式智能运输系统　车用通信系统　应用层及应用数据交互标准》（T/CASE 53—2017）的要求，该系统满足系统时延小于 100ms 的要求，包括 V2X 通信和数据采集/处理的时延为 70～90ms，符合各场景的系统时延要求。其中，部分场景中采用改进的安全距离模型时，防撞预警判断模块时延较小；采用改进的隐马尔可夫模型系统时，防撞预警判断模块时延较大。

表 7.2　改进的安全距离模型和隐马尔可夫模型性能对比

<table>
<tr><th colspan="2">性能指标</th><th>时延/ms</th></tr>
<tr><td colspan="2">V2X 通信</td><td>20～30</td></tr>
<tr><td colspan="2">数据采集/处理</td><td>50～60</td></tr>
<tr><td rowspan="2">系统整体功能</td><td>改进的安全距离模型</td><td>60～80</td></tr>
<tr><td>改进的隐马尔可夫模型</td><td>70～110</td></tr>
</table>

参 考 文 献

[1] 曾素华，蒋建春．一种基于 DSRC 车车通信技术的防撞预警方法：CN105427669B[P].2019-05-31.

[2] 蒋建春，杨允新．一种基于 HMM 的 V2X 车联网车辆防撞预警系统：CN109686125B [P].2021-05-18.

[3] 陈山枝，胡金玲，时岩．LTE-V2X 车联网技术、标准与应用[J]．电信科学，2018，34（4）：1-11.

[4] 臧利国，滕飞，彭志洋．改进 Berkeley 模型的汽车防碰撞预警算法[J]．机械科学与技术，2018，37（7）：1082-1088.

[5] 张荣辉，游峰，初鑫男．车-车协同下无人驾驶车辆的换道汇入控制方法[J]．中国公路学报，2018，176（4）：184-195.

[6] 柴琳果，蔡伯根，王化深．车联网关键指标对车辆安全影响仿真测试方法[J]．汽车工程，2017，39（11）：1316-1324.

[7] 杨达，蒲云，祝俪菱．改进的基于安全距离的车辆跟驰模型[J]．北京工业大学学报，2013，39（9）：1335-1342.

[8] 余朝蓬，王营，高峰．车辆跟驰安全距离的区间分析方法[J]．农业机械学报，2009，40（11）：31-35.

[9] 王登贵，张敬东，张健．车辆纵向安全距离算法及其防撞预警系统研究[J]．计算机测量与控制，2014，22（7）：2203-2205.

[10] 马雷，陈珂，王明露．车路协同环境下驾驶员行为识别方法研究[J]．汽车工程，2018，40（11）：1330-1338.

[11] 刘志强，吴雪刚，倪捷．基于 HMM 和 SVM 级联算法的驾驶意图识别[J]．汽车工程，2018，40（7）：113-119.

[12] 宋保林，周汽一．汽车主动防撞系统的规避控制研究[J]．汽车技术，2014（8）：28-32.

[13] 罗文慧，董宝田，王泽胜．基于车路协同的车辆定位算法研究[J]．西南交通大学学报，2018，53（5）：198-203.

[14] QIN L J，WANG T．Design and research of automobile anti-collision warning system based on monocular vision sensor with license plate cooperative target[J]．Multimedia tools and applications，2017，76(13)：14818-14828.

[15] 余朝蓬，王营，高峰．车辆跟驰安全距离的区间分析方法[J]．农业机械学报，2009，40（11）：31-35.

[16] 王登贵，张敬东，张健．车辆纵向安全距离算法及其防撞预警系统研究[J]．计算机测量与控制，2014，22（7）：2203-2205.

[17] 王立锋，李正熙．基于车辆跟驰理论的交通流动力学模型与数值仿真[J]．东南大学学报（自然科学版），2005（s2）：165-167.

[18] 蔡晓禹，蔡明，张有节．基于车联网环境的驾驶员反应时间研究[J]．计算机应用，2017，37（s2）：270-273.

[19] 刘庆华，邱修林，谢礼猛．基于行驶车速的车辆防撞时间预警算法[J]．农业工程学报，2017，33（12）：107-114.

[20] 李占利，陈佳迎，李洪安．安全时间模型下的井下运动目标防撞预警方法[J]．西安科技大学学报，2016，36（6）：875-881.

[21] HAGIWARA T, UCHIBORI D, HAMAOKA H, et al. Data transmission performance of DSRC(5.8GHz) typed pedestrian-vehicle communication to avoid conflict between right-turn vehicles and pedestrians, part2[J]. International journal of intelligent transportation systems research, 2010, 13(2): 75-83.

[22] HU M, WU J, QIN H, et al. Coordinated collision avoidance for connected vehicles using relative kinetic energy density[J]. International journal of automotive technology, 2017, 18(5): 923-932.

[23] MA LU, YAN X D, LIU X Y. Exploring multi-stage driving behaviours prior to potential vehicle-pedestrian collisions[J]. Proceedings of the Institution of civil engineers-transport, 2018, 171(4): 216-224.

[24] BIAN C T, YIN G D, XU L W, et al. Active collision algorithm for autonomous electric vehicles at intersections[J]. IET intelligent transport systems, 2019, 13(1): 90-97.

[25] WANG Z Q, CATHERINE D C, MATHIEU R, et al. Comparison of K-means and GMM methods for contextual clustering in HSM[J]. Procedia manufacturing, 2019, 28: 154-159.

[26] 艾倩楠. 基于驾驶员指标的驾驶员风险感知水平评价[J]. 中国安全科学学报，2018，28（12）：144-149.

[27] 宋晓琳，郑亚奇，曹昊天. 基于 HMM-SVM 的驾驶员换道意图辨识研究[J]. 电子测量与仪器学报，2016，30（1）：58-65.

[28] 刘志强，吴雪刚，倪捷. 基于 HMM 和 SVM 级联算法的驾驶意图识别[J]. 汽车工程，2018，40（7）：113-119.

[29] 肖献强，任春燕，王其东. 基于隐马尔可夫模型的驾驶行为预测方法研究[J]. 中国机械工程，2013，24（21）：2972-2976.

[30] XIONG X X, CHEN L, LIANG J. A new framework of vehicle collision prediction by combining SVM and HMM[J]. IEEE transactions on intelligent transportation systems, 2018, 19(3): 699-710.

[31] MARWA K, HEMANT S, HUSSEIN A, et al. Automatic estimation of differential evolution parameters using hidden Markov models[J]. Evolutionary intelligence, 2018, 10(3): 77-93.

[32] WANG C L, WU J D, WANG X, et al. Application of the hidden Markov model in a dynamic risk assessment of rainstorms[J]. Stochastic environmental research and risk assessment, 2018, 32(7): 2045-2056.

[33] MALEKINA R, KAVISHE A F, MAHARAJ B T, et al. Smart vehicle navigation system using hidden Markov model and RFID technology[J]. Wireless personal communications. 2016, 90(4): 1717-1742.

[34] 李四辉，上官伟，蔡伯根. 车路协同系统仿真实时性优化方法[J]. 中南大学学报（自然科学版），2015，46（10）：3944-3953.

[35] 王相海，丛志环，方玲玲. 基于 HMM 的车辆行驶状态实时判别方法研究[J]. 自动化学报，2013，39（12）：2131-2142.

[36] 王小妮. 具有资源约束的自适应聚类算法[J]. 计算机工程与设计，2015，36（1）：246-249.

[37] 杨允新. 基于 V2X 的车路协同系统防撞预警研究与实现[D]. 重庆邮电大学，2019.

[38] 蒋建春，白杰文. 一种 V2X 车联网在环仿真系统：CN107728491B[P]. 2020-09-29